贛文化通典

——

地理及行政區劃沿革卷　第四冊

目錄

▌ 上篇 ▌　自然概貌與資源

▌中篇▌　江西人口與民族

▌下篇▌　行政區劃沿革

江西省各市縣行政區劃沿革

第一節 ▶ 南昌市及所轄各縣沿革

南昌市是江西省省會，位於江西省中部偏北，贛江下游，鄱陽湖西南岸。地處東經 115°26'—116°34'和北緯 28°09'—29°08'。北鄰九江市，東毗上饒市，東南接撫州市，西連宜春市。面積 7194 平方千米。市人民政府駐紅谷灘新區。

夏、商、周，據《尚書‧禹貢》載，南昌屬揚州之域。

春秋時期，南昌屬「吳頭楚尾」之地。戰國時期，南昌隸屬楚。

秦分天下為三十六郡，南昌屬九江郡轄地。

西漢初年，南昌始建郡，郡名豫章，並設南昌縣為附郭縣。武帝元封五年（前 106），全國設十三州刺史部，豫章郡屬揚州刺史部。新王莽始建國元年（9），易郡縣名。豫章郡改為九江郡。東漢建武元年（25），復稱豫章郡，郡治南昌。

三國吳，南昌仍為豫章郡郡治。

西晉，豫章郡初屬揚州，惠帝元康元年（291），以「荊、揚二州疆土廣遠，統理尤難，於是割揚州之豫章、鄱陽、廬陵、臨川、南康、建安、晉安，荊州之武昌、桂陽、安成，合十郡，

因江水之名而置江州」[1]州治南昌。咸康六年（340），徙治潯陽。南朝宋、齊、梁，豫章郡屬江州，郡治均設南昌。

　　隋，開皇九年（589），廢豫章郡，設洪州總管府，府治南昌。大業二年（606），改洪州總管府為豫章郡，南昌為郡治。

　　唐，武德五年（622），改豫章郡為洪州，州治南昌。天寶元年（742），洪州復改豫章郡。乾元元年（758），豫章郡又改稱洪州，南昌均為郡（州）治。「洪州上都督府，隋豫章郡。武德五年（622），平林士弘，置洪州總管府，管洪、饒、撫、吉、虔、南平六州，分豫章置鐘陵縣。洪州領豫章、豐城、鍾陵三縣。八年（625），廢昌州、米州，以南昌、建昌、高安三縣來屬，省鐘陵、南昌二縣入豫章……天寶元年（742），改為豫章郡。乾元元年（759），復為洪州。」[2]

　　五代南唐時，升洪州為南昌府，府治南昌。961 年，李璟從建康遷都南昌，前後約四個月。

　　宋，開寶八年（975），改南昌府為洪州，州治南昌。至道三年（997），全國劃為十五路，洪州屬江南路。天禧四年（1020），江南路分東、西兩路，洪州屬江南西路，路治南昌。建炎元年（1127），升洪州為帥府。四年（1130），江南東、西兩路合併為江南路。紹興元年（1131），復分東、西兩路，洪州仍屬江南西路。隆興元年（1163），孝宗升洪州為隆興府，府治

1　《晉書》卷十五《地理志》，中華書局，1974 年版，463 頁。，

2　《二十五史‧舊唐書》卷四十《地理志二》，上海古籍出版社，1986 年版，3675 頁。

南昌。《宋史》卷八十八《地理三》載：「隆興三年，以孝宗潛藩，升為府。」

元，至元十四年（1277）改隆興府為隆興路，設總管府，立江西行中書省，省治隆興。十七年（1280），撤江西行中書省，併入福建行中書省。十九年（1282），復置江西行中書省，省治仍設隆興。二十一年（1284），改隆興路為龍興路，南昌為路治。至正二十二年（1362）朱元璋占領南昌，改龍興路為洪都府，仍置江西行省。次年，改洪都府為南昌府。

明，洪武九年（1376）改江西行中書省為江西承宣佈政使司，司治南昌。

清沿明制，江西省省治設南昌。

民國九年（1920），南昌成立市政籌備處，十四年（1925），市政籌備處改市政處。十五年（1926），南昌正式設市，成立市政廳。十七年（1928），市政廳改為市政府。二十一年（1932）撤銷南昌市政府，轄區由省府有關廳處直接領導。二十四年（1935），成立南昌市政委員會。二十六年（1937）7 月，復置南昌市政府。

1949 年 5 月 22 日，南昌市解放，直屬江西省政府，為省政府駐地。1958 年 8 月，省人民委員會決定，南昌、新建兩縣由南昌專區劃歸南昌市管轄；1961 年 7 月，劃屬宜春專區。1967年，南昌、新建 2 縣由宜春專區劃歸南昌市管轄。1983 年 10 月，進賢縣由撫州地區、安義縣由宜春地區劃歸南昌市管轄。現南昌市轄 6 區：東湖區、西湖區、青雲譜區、灣里區、青山湖區、紅谷灘新區，4 縣：南昌縣、新建縣、進賢縣、安義縣。

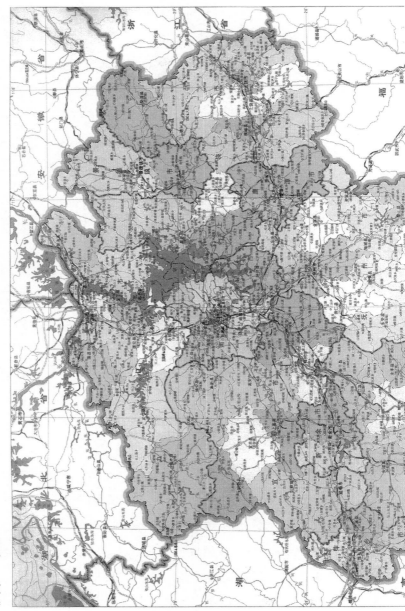

政　區 3

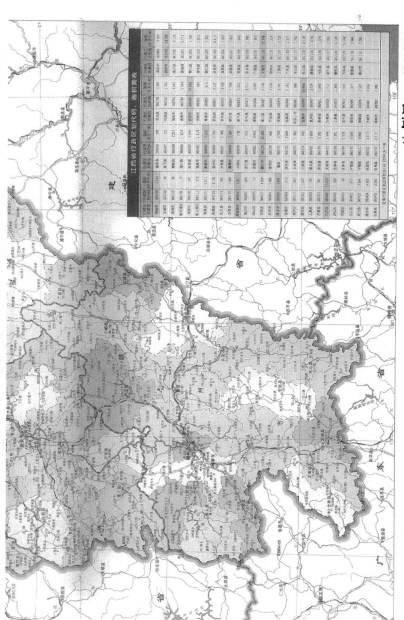

比例尺1:1 600 000

3 引自《江西省地圖集》，第6-7頁。

附：羅珠與漢初豫章郡治南昌城的修築俞兆鵬俞暉

一、南昌城非漢高祖六年灌嬰或陳嬰所築

漢代豫章郡治南昌城，究竟在何時由何人所築？目前，大多數人都以為南昌城是漢高祖六年（前201）灌嬰所築。此說最早出自南朝劉宋時雷次宗的《豫章古今記》和北魏酈道元的《水經注》，此後的《江西通志》和《南昌縣志》皆承襲此說。

南宋學者趙與時在其《賓退錄》中對灌嬰築南昌城說提出了質疑，認為漢初築南昌城者不是潁陰侯灌嬰而是堂邑侯陳嬰。

主張漢高祖六年灌嬰築城的唯一依據是《史記·灌嬰傳》中的一句話：漢高祖五年十二月（前202年1月，漢朝以十月為歲首，十二月是漢高祖五年的第三個月）楚霸王項羽死後，灌嬰「渡江，破吳郡，長吳下，得吳守，遂定吳、豫章、會稽郡」。而認為陳嬰築城者，其依據也只是《史記·高祖功臣侯年表·堂邑侯陳嬰》中的一句話：項羽死後，陳嬰「定豫章、浙江，都漸」。其實，以這兩條史料為依據來證明漢高祖六年灌嬰或陳嬰修築南昌城都不可靠，原因有三：第一，漢高祖五年十二月灌嬰與陳嬰所平定之「豫章」非江西之「豫章郡」。據杜預在《左傳》注中說，豫章「在江北淮水南」，又說「豫章，漢東、江北地」，並非漢初的豫章郡。又梁玉繩《史記志疑》中認為「豫章」當作「鄣」，即鄣郡，地跨今江、浙、皖三省，也與今天的江西無關。第二，灌嬰「定豫章」後，即北返去「定淮北」，陳

嬰在「定豫章」後在浙江停了下來，他們都未到過江西，怎能去築南昌城？第三，秦代只有九江郡，並無豫章郡。項羽在西元前二〇六年（漢高祖元年）改秦朝九江郡為九江國並封英布為九江王時，下轄只有九江、廬江兩郡。漢高祖五年正月（前202年2月，正月是漢高祖五年的第四個月）正式剖符封英布為淮南王時，淮南國轄區內才有九江、廬山、衡山、豫章四郡。[4]既然漢高祖五年後豫章郡歸淮南王英布管轄，顯然也就輪不到潁陰侯灌嬰或堂邑侯陳嬰來主持修築豫章郡治南昌城。

二、羅珠的家世與仕漢

事實真相是：漢初豫章郡治南昌城由灌嬰於漢高祖十二年（前195）始築，羅珠於漢惠帝三年至七年（前192—前188）繼成，而承擔築城工程者主要是羅珠。

羅珠，戰國時代楚國長沙郡（今屬湖南）人，楚幽王七年（前231）七月十五日卯時生於今瀏陽東鄉繩江（一作灄江、純江，皆今湖南瀏陽東鄉沔江）。[5]秦王嬴政二十四年（前223），秦國滅亡楚國。羅珠之父羅君用曾任秦武陵縣

4　《史記》卷三四《黥布列傳》，中華書局，1959年版，第2597頁。

5　《豫章羅氏世系（始祖羅珠）》，見《柏林羅氏重修大成族譜》，1993年木刻本。

令，因「督運官鐵，溺死洞庭」[6]。其弟羅君同、女兒羅鞭[7]「尋屍不獲，俱赴水歿，邦人感其義，即長沙城東故居建祠焉」[8]，並祀於巴陵南津港濱。後來，宋朝為了旌表他們的孝義行為，封贈羅君同為孝感侯、羅鞭為孝烈靈妃，立廟以祀。[9]

　　西漢建立後，倡導以孝治天下，因羅君同、羅鞭的孝行名聞遐邇，又由於羅珠「幼而岐嶷，長而好學，以通經術、敦品行受知遇於漢高帝」[10]，因而被任為治粟內史[11]。羅珠在治粟內史任內，能使「賦稅寬平，國用優給」[12]，可見其愛國恤民，政績十分可觀。

三、平定英布反叛與灌嬰始築南昌城

　　漢高祖十一年（前 196）七月，淮南王英布起兵反叛朝廷。劉邦聞訊，御駕親征；並任灌嬰為車騎將軍充當先鋒；

6　〔南唐〕羅穎：《豫章羅氏源流總序》，見《羅珠暨南昌築城學術文集》，2009 年內刊。

7　〔宋〕羅願：《歙西羅氏宗譜序》，見《羅珠暨南昌築城學術文集》。

8　〔南唐〕羅穎：《豫章羅氏源流總序》，見《羅珠暨南昌築城學術文集》，2009 年內刊。

9　盧景和：《羅氏族譜序》，見《柏林羅氏重修大成族譜》。

10　羅正平：《西漢大農令豫章羅氏始祖懷漢公家傳》，見《五修豫章羅氏祠志錄》，1935 年。

11　〔南唐〕羅穎：《豫章羅氏源流總序》，見《羅珠暨南昌築城學術文集》，2009 年內刊。

12　〔宋〕汪剛中：《大農祠記》，見《柏林羅氏重修大成族譜》。

同時立皇子劉長為淮南王，領英布原封之地，共有九江、廬江、衡山、豫章四郡。

漢高祖十二年（前 196 年）十月，不到四個月時間，劉邦打敗了英布，英布逃走。但劉邦在與英布作戰時，被流矢射中，他只得班師回朝，把平叛任務交給灌嬰等其他將領。英布最後逃到番陽（今江西鄱陽）被當地人殺死於閩舍。英布叛亂終於被最後平定。

灌嬰在平定英布叛亂的戰爭中，平定封國一個、郡二個。據宋人李誼在《豫章台記》中記載「西漢初灌嬰仕高祖定九江」，雍正《江西通志》卷六七《人物志‧南昌府》中記載「灌嬰定豫章」，可見灌嬰所平定的封國一個、郡二個，顯然就是原由英布統治的淮南國及其管轄之九江郡和豫章郡。

漢高祖十二年十月，劉邦因箭傷班師回朝，新任命的淮南王劉長尚未到位，故灌嬰占領九江郡和豫章郡後，暫時由他負責守衛。當灌嬰占據九江郡和豫章郡時，英布尚未最後敗亡，即有南昌人章交來獻地圖，認為南昌當諸道之沖，是個戰略要地，建議灌嬰興建豫章郡城。灌嬰接受了章交的意見，開始在南昌築城。由於平叛戰爭結束後，灌嬰要離開南昌，回朝覆命，便令章交暫時負責築城工程。

四、呂后專政與羅珠出守九江郡繼築南昌城

劉邦在班師回朝時，因箭傷發作，終於在漢高祖十二年（前 195）四月甲辰駕崩。皇后呂雉怕劉邦死去，諸將會造反奪取劉家天下，便秘不發喪，並與其寵信之辟陽侯審食其

密謀殺盡諸將，下詔命灌嬰率軍屯守滎陽（今河南滎陽東北），阻止他回京。後因將軍酈商的勸阻，呂后才於四月丁未發喪，大赦天下。五月丙寅葬高祖，己巳立太子劉盈為皇帝，史稱孝惠帝，呂雉則成為太后。灌嬰回到長安，知高祖已死，便以列侯身分侍奉孝惠帝和呂太后。

孝惠帝雖是呂太后親生，但他為人仁德柔弱，而呂太后卻生性強悍。他對母親殘酷迫害劉邦親幸的戚夫人及毒殺其子趙王如意非常不滿，卻又無可奈何，並因受驚和憂鬱而久病不癒，不理政事。

漢惠帝三年（前 192），羅珠仍在朝任治粟內史。他為人耿直，忠君愛國。可能是他對呂雉寵信辟陽侯審食其、欲殺功臣、架空惠帝的政局心生不滿，因而常會「忤廷臣」[13]，「以直道不容」於朝廷[14]。既然朝廷不容羅珠在京為官，而這時正巧灌嬰將築南昌城未畢之事上奏朝廷，他就建議朝廷，調羅珠出任九江郡守，並命他去築南昌城。朝廷同意了灌嬰的建議。關於這件事，在各地羅氏宗譜中記載很多。如，南宋高宗紹興十一年（1141）二月，工部尚書資政殿學士李誼撰《豫章台記》云：「豫章郡禹貢揚州之域。……西漢初，灌嬰佐高祖定九江，始築郡城。惠帝三年，表大農令羅珠來守斯土。……及偕妹婿石固繕完城郭，

---

13 〔宋〕羅願：《歙西羅氏宗譜序》，見《羅珠暨南昌築城學術文集》。
14 〔宋〕汪剛中：《大農祠記》，見《柏林羅氏重修大成族譜》。

以終灌侯之績。」又如，南宋時，羅願在《歙西羅氏宗譜序》中說：羅珠「忤廷臣，適灌嬰侯以地服築城事聞，因命令珠同郡人張交司其事」。再如，宋寧宗嘉定二年（1209）正月，侍御史汪剛中所撰《大農祠記》中也說：羅珠「至孝惠帝時，以直道不容，出守九江。適灌侯有築城之事未畢，公偕妹婿石固繼其功。……恪完城郭，即豫章城也」。

五、羅珠築成南昌城並定居豫章溝

羅珠出任九江郡守後，即到豫章郡治，以其妹夫石固和章交為助手，全力修築南昌城。西漢初期，經過秦末農民大起義和楚漢之爭，戰後社會經濟十分蕭條。南昌築城，因朝廷財政困難，不可能撥給很多經費，全靠官民群策群力，艱苦奮鬥。當時磚石及其他物資均不足，城牆主要由夯土版築而成。豫章郡的百姓為了鞏固城防，求得生活安定，築城積極性十分高漲。「民亟趨之，勞而無怨。」[15]唐代詩人陸龜蒙曾題詩讚頌羅珠築城功績曰：

> 城上一培土，手中千萬杵。
>
> 築城畏不堅，城堅人何處？
>
> 莫嘆將軍逼，將軍要卻敵。
>
> 城高功亦高，爾命何在惜！[16]

大約到漢惠帝六年後，南昌城終於築成，「環十里許，

15 〔宋〕汪剛中：《大農祠記》，見《柏林羅氏重修大成族譜》。

16 〔唐〕陸龜蒙：《漢相大農令像贊》，見《柏林羅氏重修大成族譜》。

辟六門」。於是，羅珠便定居於南昌城內豫章溝，在住處庭院中「手植豫樟為記」[17]，並把在長沙老家的親屬也遷到豫章溝一帶居住。從此，羅珠成了豫章羅氏宗族的始祖，其族人開始在南昌及豫章郡境內大量繁衍，人稱「豫章羅」。漢初豫章溝的位置在今天南昌老城區的東北角，相當於今佑民寺以北、下沙窩以南這一帶。

六、羅珠因不滿外戚擅權而隱居洪崖

漢惠帝七年（前188）八月，孝惠帝病死，年僅二十四歲。九月，太子即位為帝。呂太后因見少帝年幼，害怕朝中元老大臣及諸將不忠，便於少帝元年（前187）臨朝稱制，代行天子之事。她重用娘家呂氏之人，立其兄子呂台、呂產、呂祿及呂台之子呂通為王，封諸呂6人為侯。她還以辟陽侯審食其為左丞相，審食其不理政事，只監管宮中之事，因而受到太后寵幸，常藉太后之權用事。

羅珠在南昌，他對呂太后廢少帝、重用佞臣和外戚專權的政局非常不滿。為此，他對朝廷採取不合作態度，為避「諸呂之亂」，稱病隱居於西山洪崖（今屬南昌市）山巔。他托跡仙學，結草為廬，書其廬曰：「昔張子房為赤松之遊，吾今為洪崖之遊。蓋上友洪崖異人，與禽鳥為樂，天子不得而臣之。」[18]從此，羅珠號稱「洪崖先生」。雖然如此，

---

17 〔宋〕羅願：《歙西羅氏宗譜序》，見《羅珠暨南昌築城學術文集》。
18 〔宋〕汪剛中：《大農祠記》，見《柏林羅氏重修大成族譜》。

但羅珠對漢朝仍有感情，就自稱羅漢、字懷漢，「蓋亦不忍忘漢之意，不與逆節之臣同朝故也」[19]。於是，後人稱羅珠隱居洪崖結廬講道之處為「羅漢壇」。羅珠為了表示自己志節堅定難奪之意，便遍植松柏，並稱之為「羅漢松」「羅漢柏」。

七、文景二帝表彰羅珠功績

漢高後八年（前 180）七月，呂雉逝世。呂產等人欲作亂謀奪劉氏政權。劉邦的舊臣灌嬰、周勃、陳平等立即發動政變，盡誅諸呂，立劉邦與薄夫人所生之子代王劉恆為皇帝，史稱孝文帝。漢文帝前元元年（前 180 年）十月，灌嬰被封為太尉，成為全國軍事首腦。前元三年（前 178 年）十一月，潁陰侯灌嬰由太尉改任為丞相，仍執掌兵權。前元四年（前 176），灌嬰逝世，諡號為懿侯。

灌嬰在任丞相期間，因有感於羅珠反對諸呂、忠君愛國、品行高潔、築城有功，曾親臨洪崖探望羅珠，這年羅珠五十五歲。也許當時因諸呂被誅，開國元老大臣在世者不多，灌嬰便上奏文帝，以羅珠「宏才鉅略，智識超群，督運糧餉，靜洗秦暴奸黨」，有功於國，請起用，「官拜相國」。[20]但羅珠已習慣清靜的隱居生活，早無意於政壇，雖

19 〔宋〕汪剛中：《大農祠記》，見《柏林羅氏重修大成族譜》。
20 《漢相大農令（像傳）》，見《柏林羅氏重修大成族譜》。

文帝「詔遷丞相」，而他仍「固以疾辭」，[21]

漢文帝前元六年（前174），淮南王劉長反，王位被廢，淮南國領土收歸朝廷，淮南國建制一度取消。但前元十二年（前168），又徙城陽王劉喜為淮南王。前元十六年（前164），文帝因憐憫劉長，也為了削弱王國勢力，將劉喜遷回仍去當城陽王，把原淮南王的領土分成三份，分封給劉長的三個兒子：劉安為淮南王，劉勃為衡山王，劉賜為廬江王。這樣一來，淮南王劉安的領地只剩下了原淮南國的九江、豫章兩郡。但當今史學界最新研究成果認為，劉安的淮南國是「以故淮南國九江郡復置。轄境相當今安徽霍山、潛山以東的淮南（除天長縣外）地區，河南東南角、湖北東部一小部分及江西省」[22]。由此可見，在淮南王劉長被廢時曾恢復了淮南國建立前的建制，即豫章郡又併入了九江郡。

漢景帝前元三年（前154），太尉周亞夫領兵平定了以吳王劉濞為首的「吳楚七國之亂」。周亞夫在平叛過程中，見到九江郡下屬之南昌有羅珠所築之新城，認為在諸王經常發動反叛的多事之秋，地處諸道要沖的南昌城，對於漢朝鎮守江南和穩定政局具有重大戰略意義，便奏請朝廷重置豫章郡，以南昌為治所，並擴大其領域，下屬十八縣。南宋初，

---

21 〔宋〕程霆炎：《漢大農令羅公墓表》，見《柏林羅氏重修大成族譜》。不再出仕。

22 史為樂等：《中國歷史地名大辭典》，中國社會科學出版社，2005年版，第2444頁。

李誼撰《豫章台記》云:「景帝三年,太尉周亞夫滅吳王濞,始以(南昌城)遺跡請命,稱其郡為豫章。所領南昌、盧陵、彭澤、鄱陽、歷陵、餘干、柴桑、贛、浙(應為建成)、淦、艾、南城、宜春、海昏、雩都、陽、南壄、安平共十八縣,皆郡屬也。」[23]此豫章郡之十八縣,大致奠定了今天江西省行政區域的規模,尤其是其治所南昌城逐漸形成為豫章郡的政治、軍事、經濟、文化中心,對推動此後整個江西社會的向前發展起了很大作用,具有重要的歷史意義。

八、羅珠逝世與後人紀念

漢景帝后元二年(前 142),羅珠逝世,享年九十歲,葬於西山南嶺(墓在今南昌市灣裡區招賢鎮南嶺村蜈蚣山腰)。

雖然由於正史和其他各種史籍的疏漏,羅珠之名不見經傳,但他的豐功偉績和高尚品德卻一直受到後人的稱頌與紀念。如,早在漢景帝后元二年(前 142)羅珠逝世的當年,由於周亞夫上奏羅珠築城功績,朝廷就命在洪崖之東建祠祭祀。此後,東漢、三國、晉、唐、宋、元、明、清各代官民,曾不斷修建羅珠祠。唐宣宗大中年間(847-859),甚至還封灌嬰為輔德王,封羅珠為真惠王。[24]

---

23 〔宋〕李誼:《豫章台記》,見《柏林羅氏重修大成族譜》。

24 《豫章羅氏世系(始祖羅珠)》,見《柏林羅氏重修大成族譜》,1993年木刻本。

時至今日，我們回顧二千二百多年前羅珠的生平及修築南昌城的功績，認為他那愛國愛家、親民勤政、清廉正直、不慕權勢、淡泊名利的高風亮節，是中華民族的一種優秀傳統文化，值得繼承和弘揚。它將對人們尤其對江西人民起到較大的鼓勵作用，並具有一定的教育意義。

一、南昌縣

南昌縣位於江西省中部偏北，贛江、撫河下游，地處東經115°47'—116°19'和北緯 28°16'—28°58'。東接進賢，南連豐城，東北瀕鄱陽湖，西與北隔江與新建縣相望，中西部與南昌市區毗鄰。面積 1811 平方千米。縣人民政府駐蓮塘鎮。

秦，統一六國，南昌地屬九江郡。

西漢，高祖五年（前 202）始置南昌縣，寓「昌大南疆」之意，隸豫章郡。新（王莽）改制，南昌縣更名宜善縣，隸九江郡（豫章郡改名）。東漢，復為南昌縣，屬豫章郡。三國吳，孫權析縣東南境為富城縣，仍屬豫章郡。

南朝陳，又析縣西境置西昌縣，南昌縣仍屬豫章郡。

隋，開皇九年（589），改南昌縣為豫章縣，隸屬洪州。大業六年（605），洪州改稱豫章郡。

唐，武德五年（622），復置南昌縣，旋以南昌縣置孫州。八年（625），孫州廢，南昌縣屬洪州。寶應元年（762），避代宗（李豫）諱，豫章更名為鍾陵，仍屬洪州。《舊唐書》卷四十《地理志》載：「鍾陵，漢南昌縣，豫章郡所治也。隋改為豫章縣，置洪州，煬帝復為豫章郡。寶應元年六月，以犯代宗諱，改

為鍾陵，取地名。」貞元元年（785），改鍾陵縣為南昌縣，此後縣名均稱南昌。

北宋，南昌縣仍屬洪州管轄。南宋，隆興元年（1163），升州為府，南昌縣屬隆興府（洪州改名）。

元，至元十四年（1277），改隆興府為隆興路，南昌屬之。二十一年（1284），避裕宗諱，隆興路更名為龍興路，南昌縣屬其管轄。

明，洪武八年（1375），南昌縣屬洪都府，九年（1376），洪都府改稱南昌府。

清沿舊制，南昌縣仍隸屬南昌府。

光緒《江西通志》卷二《地理沿革表・南昌府》載：「南昌縣，漢置附郭。莽曰宜善，東漢復舊縣名。《豫章記》曰：『江、淮唯此縣及吳、臨湘三縣是令。』豫章郡治，後漢以後因之。隋平陳，改為豫章縣。唐貞觀十一年（637），自灌城移置東湖之太一觀西。寶應元年（762）六月，避代宗諱，改豫章曰鍾陵，因山為名。貞元中，又改曰南昌。宋元明仍舊。縣凡三改五移，隋開皇中，自郡西南徙至城北。唐貞觀中徙附郡城，明初又移今治。隋為洪州治，大業初為豫章郡治，唐仍為洪州治。宋初亦為洪州治，隆興後為隆興府治。元為龍興路治，明為南昌府治。」

民國元年（1912），廢府及直屬州，南昌縣直屬江西省。三年（1914），全省設四道，南昌縣屬豫章道。十五年（1926），道廢，縣直屬省，南昌設市，市縣分治。二十一年（1932），全省劃為十三個行政區，二十四年（1935），縮為八個行政區，南昌縣均屬第一行政區。二十八年（1939），全省調整為十一個行

政區，南昌縣屬第十一行政區。三十一年（1942），江西省調整為九個行政區，南昌縣屬第一行政區。民國期間，縣治屢遷。二十七年（1938），遷萬舍，次年遷三江口蔡家。三十四年（1945），遷蓮塘，次年遷謝埠。

1949 年 5 月 21 日，南昌縣解放，隸屬南昌專區。同年 8 月，縣治遷蓮塘。1958 年 9 月，南昌縣劃歸南昌市管轄。1961 年 7 月，改屬宜春專區。1967 年 11 月，復由南昌市轄，至今。

附：南昌縣隸屬沿革考異

關於南昌縣的隸屬沿革，涉及南昌、新建、豐城、進賢諸縣，跨越兩千餘年。在歷代各種方志史籍中對此曾有詳略不等的記述與考證，但由於各家所據資料之不同，因而結論並不一致。此次新修縣志，我們又針對舊志再作考證，凡遇有歧義之處必以正史為據審度正誤，名曰「考異」，特記之以作存史。

春秋戰國時期　一說「春秋時地屬楚，厥後屬吳。周元王三年（前 473）越滅吳，地屬越；顯王三十五年楚滅越乃盡取吳地，復屬楚。楚滅越，《史記·越王世家》集解云：周顯王之四十六年。未詳孰是。」

另說：「西元前五八五到西元前四七六年為吳之西境，西元前四七一年（越勾踐二十六年）越滅吳地為越地。西元前三五四年（楚宣王十六年）楚滅越為楚東境。」

據考，越滅吳：《史記·楚世家》為惠王十六年、《吳太伯世家》為夫差二十三年即越勾踐二十二年、《齊世家》

為平公八年，均為周元王三年（前473）；《年表》作周元王
四年。

楚滅越：當代《戰國史》中為楚懷王二十三年（前
306）；《史記‧越世家》《楚世家》《六國年表》均作楚威王
六、七年事，即周顯王三十五或三十六年事。《竹書紀年》
作前三三三年，即顯王三十六年、楚威王七年。

故春秋時南昌之地理位置為楚之東境吳之西境。當時並
無行政區劃設置，與吳楚均無管轄關係，而是仍以原始部落
的集居地獨立存在。周元王三年越滅吳，屬越地；楚威王
六、七年楚滅越，屬楚地。

秦漢時期　史家一般認為「秦始皇二十六年（前221）
分全國為三十六郡，南昌地屬九江郡，郡治壽春」。

據《史記‧秦始皇本紀》：「秦始皇二十四年（前223）
秦將王翦、蒙武破楚國，滅楚為郡。」集解注曰：「三郡
者，九江郡、章郡、會稽郡。」故南昌地之始屬郡轄當在秦
始皇二十四年。

南昌設縣，《南昌府志》作漢景帝三年（前154）；《元
和郡縣圖志》《南昌縣志（清）》作高帝六年（前201）；今
一般稱為高帝五年。

據《漢書‧高帝紀》：「高帝四年秋七月，立英布為淮
南王，都壽春。高帝五年，詔曰故衡山王吳芮……有大功，
諸侯立以為王。項羽侵奪之地，謂之番君，其以長沙、豫
章、桂林、南海立番君為長沙王。」「高帝六年冬十月，令
天下縣邑城。」

又《史記》《漢書》灌嬰傳及功臣侯者年表中有「遂定吳、豫章、會稽郡」「定豫章、浙江」之說。

據此可以推定豫章郡在灌嬰到達之前已設。秦始皇二十四年既設九江郡、章郡、會稽郡，此後在江南大片土地上設郡時難免不設豫章郡。漢高祖元年立英布為九江王，四年又立為淮南王，在九江王國與淮南王國屬下亦可能增設豫章郡。這僅僅是推論。但是，豫章郡之設「最遲當在高帝四年」或者說「在秦末漢初」應是無疑的。

南昌縣之設，最遲當在高帝五年。

三國時期　《南昌縣志（清）》載：「建安十五年（210）孫權析縣南境為富城縣，東境為鍾陵縣，西境為宜豐縣，即今之豐城、進賢、新建縣。」

另說鍾陵析置為晉太康初（280）；宜豐置縣，一說「析建城置」，另說「黃武中析上蔡置」，「與南昌無涉」。

據考三國吳時豫章郡統縣 16，《晉書地理志》載，至元康時（290 後）仍為 16，未曾增刪，則鍾陵於太康初析置不可信。至懷帝永嘉元年（307）彭澤改隸尋陽郡，存 15；省宜豐、鍾陵，存 13；《宋書地理志》載，元嘉二年（425）廢海昏縣，豫章郡統縣 12，則與吳時統縣 16 相吻合，可見宜豐、富城、鍾陵三縣均為孫權所設置。

然孫權於建安二十四年方封南昌侯，黃初二年（221）方封吳王，故三縣設置當在此後不在此前。難以確證，姑存疑。

唐時期　一說「武德五年（622）置洪州總管府，豫章

東劃為新洲縣，即今南昌縣地；西劃為西昌縣，即今新建縣地」

另說「武德五年復置鍾陵縣，屬江南西道洪州管轄」。

據《唐書》載，武德五年置洪州總管府，析置鍾陵縣。於豫章縣西境置南昌縣（又名西昌，即今新建縣地）。以南昌縣置孫州，以建昌縣置南昌州總管府，孫州隸之。武德八年，廢孫州、南昌州總管府；省鍾陵、南昌（西昌）入豫章縣。

關於設道，一說「永徽二年（651）洪州隸江南西道」，另說「開元二十年隸江南西道」。

據《唐書》，太宗貞觀元年（627）始設道，洪州隸江南道；開元二十一年分十道為十五道，洪州隸江南西道。故上說俱誤。

豫章縣更名為鍾陵縣，一說於寶應二年（763），誤。考代宗（李豫）於寶應元年四月即帝位，六月，為避諱，改豫州為蔡州，改豫章為鍾陵。

此後，德宗貞元中復名南昌縣，迄今未變。

一說「咸通六年（865）於洪州置鎮南軍，改南昌縣為豫章縣；乾符元年（874）改鎮南軍為江西觀察使，縣名仍為豫章。龍紀元年（889）復為鎮南軍，至南唐保大十年（952）方改南昌縣」。未詳所據。

五代十國 一說「南唐李璟交泰二年建洪州為南都南昌府」，另說「中興元年改洪州為南昌府」。

據《五代史》，周顯德五年（958）升洪州為南昌府，

建南都；建隆二年（961）李璟遷都南昌。按李璟於保大十六年正月改元「中興」，三月改元「交泰」，五月即下令去帝號，奉周正朔，為周顯德五年。實無交泰二年。上說誤。

宋朝時期　一說「太平興國元年（976）分江南西路，洪州隸之」；另說「建炎四年（1130）通江東西為江南路，隸江州，紹興初復為洪州江南西路」。俱誤。

案太宗至道三年（997）始分天下為十五路；天聖析為十八；元豐又析為二十三；洪州隸江南西路。建炎四年合江東西為江南路，紹興初復為東西路，洪州隸江南西路。南昌縣當隸洪州而不隸江州，且理應以州隸路而不是以路隸州，上說誤。

洪州升府，一說「隆興二年」；另說「隆興三年」，俱誤。

按《宋史》載，孝宗隆興元年（1163）十月，升洪州為隆興府。《南昌縣志（清）》云：「孝宗接位，因以紀年並以名府」，可信。

元明時期　一說「至元二十三年（1286）為江西行中省，龍興路、富州」。另說「元貞元年（1295）以江南西道為江西行中書省，改隆興府為隆興路」。疑誤。

據《元史・本紀・地理志》載：至元十二年（1275）設行都元帥府及安撫司，領縣八；至元十四年改元帥府為江西道宣慰司，改隆興府為隆興路總管府，立行中書省。十五年立江西湖東道提刑按察司，移省於贛州，十六年復還隆興。十七年併入福建行省，十九年復立，二十一年（1284）改隆

興路為龍興。

改龍興路為府，一說「元至正十八年壬寅明太祖取龍興路，改為洪都府」；另說「洪武元年改隆興路為洪都府，次年再改南昌府」。俱誤。

據《明史·本紀》，元至正十八年夏四月，徐壽輝將陳友諒遣趙普勝陷池州，是月，友諒據龍興，朱元璋據應天。二十二年正月，友諒江西行省丞相胡廷瑞以龍興降；乙卯，朱元璋如龍興，改為洪都府。次年八月改為南昌府，領州一、縣七，隸江西行省。且至正十八年乃「戊戌」年，非「壬寅」；乙卯，為洪武八年（1375）。故上說誤。

自清至今，如表，未有歧義。

（《南昌縣志》 南海出版公司 1990 年版，
第 5-7 頁。）

二、新建縣

新建縣地處江西省中部偏北，贛江下游西岸。位於東經 115°31'—116°25'和北緯 28°20'—29°08'。東隔贛江與南昌市、南昌縣相望，南與豐城毗鄰，西連高安、安義及南昌市灣裡區，北、西北與永修接壤，東北共鄱陽湖與都昌、餘干為鄰。面積 2160 平方千米，縣人民政府駐長埈鎮。

秦統一六國，新建地屬九江郡。

漢，新建屬南昌縣，隸豫章郡。

隋，開皇九年（589），新建屬豫章縣轄，大業二年（606），改屬南昌縣。

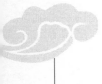

唐，武德五年（622），析豫章縣置西昌縣。八年（625），省入豫章縣。寶應元年（762），為鍾陵縣地。咸通六年（865），新建復為豫章縣地。

宋，太平興國六年（981），分南昌縣西北境洪崖、太平、盡忠、遊仙、忠孝、忠信、善政、桃花、五諫、儀鳳、昌邑、從善、南、北、東、西等十六鄉置新建縣，隸洪州豫章郡。與南昌縣分治郭下。《南昌府志》載「蓋本縣南昌西境，取南昌舊地而新建之」，新建縣名由此而來，縣治石頭津。隆興二年（1164），新建縣隸屬隆興府。

元，至元十四年（1277），改隆興府為隆興路，二十一年（1284），又改為龍興路，新建均隸屬其下設的南昌府。

明清沿舊制。新建縣仍隸屬南昌府。

光緒《江西通志》卷二《地理沿革表·南昌府》載：「新建縣，自漢至唐為南昌縣地。武德五年，析置鍾陵縣，又置南昌縣，以南昌置孫州。八年，州廢，又省南昌、鍾陵。宋太平興國六年，分南昌縣西北境洪崖等十六鄉置新建縣，與南昌分治郭下。元為龍興路治，明為南昌府治。」

民國元年（1912），廢府，新建直屬江西省。三年（1914），新建屬豫章道。十五年（1926），廢道，復直屬江西省。二十一年（1932），劃全省為 13 個行政區，二十四年（1935），縮為 8 個行政區，新建均屬第一行政區。二十八年（1939），全省調整為 11 個行政區，新建屬第十行政區，縣治遷松湖夏家村。三十四年（1945），新建復直屬江西省，縣治遷樂化。

1949 年 5 月 22 日，新建解放，隸南昌專區。6 月 18 日，縣

治遷瀛上，1951 年 5 月遷生米街。1958 年 9 月 18 日，新建縣劃屬南昌市管轄。1961 年 3 月，縣治再遷長堎。同年 7 月，新建縣改隸宜春專區。1967 年 11 月，復由南昌市轄，至今。

三、安義縣

安義縣位於江西省中部偏北，修水支流潦河流域。地處東經 115°26'—115°46'和北緯 28°35'—29°02'之間。東鄰南昌市灣裡區，東南連新建縣，南接高安市，西南與奉新縣交界，西北毗靖安縣，北與永修縣接壤。面積為六百六十平方千米。縣人民政府駐龍津鎮。

西周以前，安義地屬《禹貢》揚州之域。

春秋戰國，安義地與武寧、修水、銅鼓、永修、靖安、奉新合稱艾，迭屬吳、越、楚。

秦，分全國為三十六郡，安義地屬九江郡。

西漢，安義與永修、奉新、靖安、武寧皆為豫章郡海昏縣屬地，新莽改海昏為宜生。

東漢，改海昏縣為海昏侯國，仍屬豫章郡。永元十六年（104），析海昏置建昌。中平二年（185），又析海昏、建昌置永修、新吳二縣，安義為永修縣屬地，隸豫章郡。

隋，開皇九年（589），並永修、豫寧、新吳、艾四縣入建昌縣，屬洪州。安義為建昌縣屬地。煬帝時，廢州為郡，建昌縣屬豫章郡。

唐初，改郡為州，安義地屬南昌州。武德五年（622），復置永修縣，又析建昌地置龍安縣（龍安故城在安義縣北三十里新

民鄉烏溪境內），安義地屬永修、龍安二縣。武德八年（625），廢南昌州，永修、龍安併入建昌縣，屬洪州。

宋，太平興國七年（982），建昌縣改隸南康軍，軍治設星子縣。

元，元貞元年（1295），升建昌縣為州，屬南康路。至正二十一年（1361）八月，改南康路為西寧府。次年四月，復改為南康府。

明，洪武二年（1369），建昌降為縣，仍屬南康府。正德十三年（1518），割建昌西南之安義、南昌、卜鄰、控鶴、依仁五鄉置安義縣，屬南康府。

清，安義縣仍屬南康府。

光緒《江西通志》卷四《地理沿革表·南康府》載：「安義縣，本漢海昏縣地。靈帝中平中，立永修縣，屬豫章郡。吳晉以下因之，梁陳屬豫寧郡。隋開皇九年，省入建昌。唐武德五年，復置永修縣。又析建昌地置龍安縣，屬南昌州。八年，州廢，縣亦俱省。五代至元，皆為建昌縣地。明正德中，以建昌所屬地廣，供輸不時，劇賊憑山，嘯集士民，請立縣治之。巡撫都御史孫燧、副使宗璽疏請割建昌所轄安義、南昌、卜鄰、控鶴、依仁五鄉置縣。正德十三年二月，遂立安義縣，以其鄉之名名之，屬南康府。」

民國元年（1912）冬，廢府，安義直屬於省。三年（1914），劃全省為豫章、盧陵、贛南、潯陽四道，安義縣屬潯陽道。十五年（1926）廢道，安義屬省直轄。二十一年（1932），劃全省為十三個行政區，安義屬第一行政區。二十四年（1935），全省縮

改為八個行政區，安義仍屬第一行政區。二十八年（1939），全省改劃十一個行政區，安義屬第十行政區。三十一年（1942），全省調整為九個行政區，安義屬第九行政區。

一九四九年五月三十日，安義解放，隸南昌專區。一九五八年，改屬宜春地區。

一九八三年九月三十日，根據國函字 146 號文件批覆，安義劃歸南昌市管轄。

四、進賢縣

進賢縣位於江西省中部偏北，鄱陽湖南岸，撫河和信江下游。地處東經 116°01'15″—116°34'18″ 和北緯 28°09'41″—28°46'13″。東界東鄉縣，南接撫州市臨川區，西隔撫河與豐城市、南昌縣相望，北與餘干縣毗連。面積為 1946 平方千米。縣人民政府駐民和鎮。

漢，進賢屬豫章郡南昌縣地。建安年間（196-220），孫權據吳，析南昌縣地置富城、鍾陵、宜豐三鎮。

晉，太康元年（280），升鍾陵鎮為縣，不久省入南昌縣。南朝梁、陳復置鍾陵縣，隸豫章郡。進賢屬鍾陵縣地。

隋，省鍾陵入豫章縣，隸洪州。

唐，武德五年（622）析豫章再復置鍾陵縣，屬江南西道洪州管轄。八年（625），廢鍾陵縣，改設進賢鎮，隸豫章縣，屬洪州都督府。寶應元年（762），代宗李豫即位。為避代宗名諱，將豫章縣改為鍾陵縣，治所設南昌。德宗貞元中，鍾陵縣改名南城縣，進賢鎮屬南城縣。

　　宋，崇寧二年（1103），由豫章郡守張綬呈請，將南昌縣的歸仁、崇禮、崇信、真隱四個鄉和新建縣玉溪東和玉溪西二鄉劃歸進賢，升鎮為縣，正式成立進賢縣（縣治即今治民和鎮），屬江南西路隆興府。

　　元，進賢縣屬江西行中書省隆興府，後改龍興路。

　　明、清，進賢縣屬南昌府。

　　光緒《江西通志》卷二《地理沿革表·南昌府》載：「進賢縣，漢南昌縣之東境也。晉太康初，析南昌縣置鍾陵縣，尋省入南昌。梁、陳時復置。南史梁武帝擢郭祖深為豫章鍾陵令，又陳武帝封從子褒為鍾陵縣侯是也。隋平陳，省入豫章縣。唐武德五年，復析豫章置鍾陵縣。八年，省，後為南昌縣地。宋初，置進賢鎮。崇寧二年，從郡守張綬請，升鎮為縣，而割南昌之歸仁、崇禮、崇信、真隱四鄉及新建之玉溪東、西鄉置進賢縣。大觀二年，復返新建二鄉，而割南昌欽風鄉益之。宋屬隆興府，元屬龍興路，明清屬南昌府。」

　　民國元年（1912），廢府，進賢直屬省。三年（1914），劃全省為豫章、贛南、廬陵、潯陽四道，進賢縣屬豫章道。十五年（1926）取消道制，進賢縣直屬省轄；二十一年（1932）六月，劃全省為 13 個行政區，進賢隸屬第一行政區。二十四年（1935）四月，全省改為 8 個行政區，進賢隸屬第一行政區。二十八年（1939），全省劃為 11 個行政區，進賢縣隸屬十一行政區。三十一年（1942）十一月，全省改劃為 9 個行政區，進賢隸屬第一行政區。

　　1949 年 5 月 16 日，進賢縣解放，隸屬貴溪專區。同年 8

月，改隸南昌專區（地區）。1952 年 9 月，袁州、南昌兩地區合併，進賢縣仍隸屬於南昌地區；1958 年 12 月，南昌地區專員公署遷宜春，改稱宜春地區專員公署，進賢縣隸屬於宜春地區；1968 年 2 月 20 日，江西省革命委員會將進賢縣劃歸撫州地區管轄。1983 年 9 月 30 日，根據國務院文件批覆，撫州地區的進賢縣劃歸南昌市管轄。

第二節 ▶ 景德鎮市及所轄各縣（市）沿革

景德鎮市位於江西東北部，贛、皖兩省交界處。地處東經 116°57'—117°42'和北緯 28°42'—29°56'之間。東鄰婺源縣，東北接安徽省休寧縣，西毗鄱陽縣，西北靠安徽東至縣，南連萬年、弋陽兩縣，東南與德興市接壤，北界安徽祁門縣。面積 5261 平方千米。市人民政府駐昌江區。

春秋戰國時期，景德鎮市屬古番地域，為楚東境。

秦，始皇二十六年（前 221），統一全國，分天下為 36 郡，景德鎮地屬九江郡番縣管轄。

西漢，高帝五年（前 202），番縣改為番陽縣，東漢又改為鄱陽縣，均屬豫章郡。

唐，武德二年（619），於鄱陽縣東境置新平鄉，二年後，安撫使李大亮置新平縣，景德鎮為其轄區。新平鎮因處昌江之南，故又名昌南鎮。八年（625），新平縣併入鄱陽縣，景德鎮地歸其管轄。開元四年（716），復置縣，改名為新昌縣。天寶元年（742），新昌縣更名為浮梁，為上縣，屬鄱陽郡（肅宗乾

元元年改稱饒州）。關於縣名之來源：《唐書·地理志》云：「本新平也。」《郡縣釋名》說：「以溪水時泛，民多伐木為梁也。」舊志曾說：「洪水泛梁木橫新昌江，人因以濟，故曰浮梁。」代宗永泰二年（766）析縣北境與翕州合黟縣東南境置祁門縣。

南唐，景德鎮地屬永平軍。

宋，開寶八年（975），浮梁屬饒州，為望縣，隸江東路。景德元年（1004），因昌南鎮燒造瓷器貢於朝有名，而置景德鎮，屬浮梁縣。《宋會要輯稿·方域》十二之十七載：「江南東路饒州浮梁縣景德鎮，景德元年置。」

元，浮梁縣屬饒州路。

明、清兩朝，浮梁縣景德鎮均屬饒州府。

民國元年（1912），廢府，浮梁縣直屬省。三年（1914）劃全省為 4 道，浮梁屬潯陽道。十五年（1926）廢道，各縣直隸於省。十六年（1927）春，景德鎮稱市，二年後撤銷市建制，復為鎮，仍歸浮梁縣轄。二十一年（1932），全省劃分為 13 個行政區，浮梁屬第四行政區；二十四年（1935）縮為 8 個行政區，浮梁屬第五行政區。

1949 年 4 月 29 日，景德鎮解放，改鎮為市，直屬贛東北行署。9 月，景德鎮市定為縣級市，與浮梁縣同屬樂平專區。1952年，改屬上饒專區管轄。1953 年 6 月 15 日，景德鎮市為江西省直轄市。1958 年 10 月，浮梁縣改屬景德鎮市轄。1960 年 9 月，浮梁縣建置撤銷，併入景德鎮市。1983 年 7 月，樂平縣從上饒地區劃歸景德鎮市管轄。1988 年 11 月，浮梁縣恢復建制，仍屬景德鎮市管轄。1992 年 9 月，樂平縣撤縣建市（縣級），仍隸景

德鎮市。景德鎮市轄樂平市、浮梁縣和珠山、昌江兩區。

一、樂平市

　　樂平市位於贛東北腹地，樂安河中游。地處東經 116°57'—117°33'和北緯 28°42'—29°14'之間。東鄰婺源縣、德興市，南界弋陽、萬年兩縣，西接鄱陽縣，北毗景德鎮市昌江區、浮梁縣。面積 1980 平方千米。市人民政府駐洎陽街道。

　　秦，樂平為九江郡餘汗縣地。

　　漢，樂平為餘汗縣樂安鄉，隸豫章郡。光和元年（178），置樂平縣，縣治銀城堡（今德興市銀城畈）。因縣城「南臨樂安江，北接平村」而名「樂平」（《元和郡縣志》）。興平二年（195），縣治西遷樂安鄉洎口（今洺口鄉戴村），並改縣名為樂安縣。建安十五年（210），孫權分豫章郡置鄱陽郡，樂安縣隸之。

　　南朝梁，承聖三年（554）鄱陽郡改稱吳州，樂安縣隸之。陳，天嘉元年（560）撤樂安縣建制，轄區併入鄱陽縣。太建十三年（581），以原樂安縣轄地置銀城縣，仍治洎口。

　　隋開皇元年（581），改吳州為饒州，銀城縣隸之。十年，廢銀城縣入鄱陽縣。

　　唐武德四年（621），復置樂平縣，仍治洎口。九年，廢樂平縣入鄱陽縣。開元四年（716），樂平縣重建，治長樂水口（今銅山港口村），隸饒州。《舊唐書》卷四十《地理三》載：「樂平，武德中置，九年省，後又置。」二十八年（740），析縣東北境懷金鄉與休寧縣回玉鄉合併置婺源縣。元和七年（812）又析

縣東北境丹陽鄉入隸婺源縣。中和三年（883），遷縣城至花蠶鎮（今樂平鎮）。

南唐，升元二年（938）析縣東境樂平、銀山、南部 3 鄉置德興縣。

宋，熙寧年間（1068-1077）再劃樂平縣盡節鄉入隸德興縣。

元，元貞元年（1295）升樂平縣為樂平州，屬饒州路。

明，洪武初，樂平降州為縣，隸饒州府。樂平縣仍隸饒州府。正德七年（1512），析樂平縣南部新進鄉全部與豐樂鄉大部與鄱陽、餘干兩縣劃出的部分地區合併建萬年縣。

清沿舊制，樂平縣仍隸饒州府。

光緒《江西通志》卷四《地理沿革表・饒州府》載：「樂平縣，本漢餘汗縣地。後漢至梁，俱為鄱陽郡樂安縣地。陳改樂安為銀城，樂平縣地屬焉。唐武德四年，以銀城故壞改置樂平縣，在今德興縣界。九年，省，後徙置於此。南臨樂安江，北接平林，因曰樂平，屬饒州。宋因之。元屬饒州路，元貞元年，升為樂平州。洪武初，仍降為縣，屬饒州府。」

民國元年（1912），撤府，樂平直屬於省。三年（1914），全省份為四道，樂平縣隸屬潯陽道。十五年（1926），道撤，樂平縣直屬省轄。二十一年（1932），樂平縣屬江西省第四行政區。二十四年（1935）改屬第五行政區管轄。

1949 年 4 月 29 日，樂平解放，初屬浮梁專區，旋改屬樂平專區。同年 10 月，復改屬浮梁專區。1952 年 10 月，樂平劃歸上饒專區管轄。1983 年 10 月，樂平縣改屬景德鎮市領導。1992 年 9 月 21 日，撤縣置樂平市，縣級，由景德鎮市代管。

附：樂平縣始建年代考

樂平縣始建年代，正史失載，歷代輿地志各說不一。綜觀歷代輿地志和有關地方志，樂平縣始建年代共有五說：

一是「元光」說。同治《樂平縣志》載：「漢武帝元光五年立樂平縣。期以平歙為樂，且地接平林，故名。」二是「永元」說。《太平寰宇記》載：「樂平縣……後漢東安縣也（光緒《江西通志》謂「東」為「樂」之誤字）。雷次宗《豫章記》云：「永安中（註：漢無「永安」年號，應為「永元」）置在銀城。」三是「靈帝」說。《元和郡縣志》云：「樂平縣，本漢餘汗縣地。後漢靈帝於此置樂平縣。南臨樂安江，北接平林，因曰樂平。」四是「建安」說。《讀史方輿紀要》云：「樂平縣……漢餘汗縣地。後漢建安中孫氏析置樂安縣。」五是「唐置縣」說。新編《辭海》載：「樂平……唐置縣。」

此次重修《樂平縣志》，對以上諸說進行了全面考核，現分述如下：

第一，「元光」說。出自南宋時本縣人李士會《樂平廣記》，該書明清間已失傳。按《史記》和《漢書》都無「歙亂」記載。據《舊唐書》和《太平寰宇記》，只唐初有「歙人據險與朝廷抗爭」和「歙寇程海亮剽掠」樂平的記載。故「元光」說「期以平歙為樂」，難以置信。

第二，「永元」說。除《太平寰宇記》轉引晉、宋間雷次宗《豫章記》外，尚有南朝陳顧野王《輿地志》操此說。但《太平寰宇記》以後，很少有人持此說。按元人陶宗儀

《說郛‧豫章古今記》載，「雷次宗云：靈帝元和中（註：漢靈帝無「元和」年號，當為「光和」之誤），又立樂安縣，復改樂平」。兩書同云引自雷次宗文，卻互相舛異，難辨一是。關於「永元」說的產生，道光《饒州府志稿‧史事考》云，「《後漢書‧郡國志》載：青州樂安國有樂安縣，永元二年以千乘為之」。永元中（89-105年）立郡樂安縣，當是由此所產生之誤。雷氏作《豫章記》當《後漢書》撰成不久、流傳未廣之時，產生如此誤會，也是有可能的。

第三，「靈帝」說。除《元和郡縣志》和《說郛》外，尚有多種輿地志和地方志採此說。《歷代地理沿革表》云：「靈帝光和元年析餘汗置，曰樂平。」康熙《餘汗縣志》云：「光和元年析餘汗樂安地銀城置樂平縣。」《輿地紀勝》云，樂平「本漢餘汗縣，後漢靈帝於此置」。明正德《饒州府志》載：「靈帝光和析餘汗置樂平。」樂平、德興二縣舊志都曾採此說。《補三國疆域志》云：「漢末立樂平縣，吳改樂安」，也與「靈帝」說基本一致。按《後漢書‧郡國志》豫章郡雖無樂平縣，但考《郡國志》終於和帝，故永初以後所立縣都不見於志。所以，《後漢書‧郡國志》豫章郡失載靈帝光和中所置樂平縣有因，似可置信。

第四，「建安」說。《讀史方輿紀要》之前，《宋書‧州郡志》云：「樂安男相，吳立。」《通典》云：「樂平吳舊樂安縣。」《輿地廣記》云：「樂平縣本吳樂安縣。」光緒《江西通志》和吳宗慈《江西通志稿》都從此說，清代府縣舊志也曾采此說。按《三國志‧吳書》有建安八年（203年）「程

普討樂安」的記載。雖未說此時立樂安縣，但證明此時確有樂安縣。由是，「建安」說似有正史依據。

第五，「唐置縣」說。按《新唐書‧地理志》有「樂平，武德四年置」，似為有據之說。但是此說忽略了樂平縣唐以前的建置情況。樂平建縣之始雖存爭議，然孫吳有樂安縣見於《三國志》記載，晉和南朝宋齊三代也分別將「鄱陽樂安縣」載入正史。南朝陳銀城縣，在《隋書‧地理志》中有「廢入鄱陽」的記載。故《太平寰宇記》云：「樂平縣……後漢樂安縣也……唐朝建立，亦在銀城。」證明唐武德四年是在銀城故壤重置樂平新縣。銀城縣只存了十餘年，不為很多史家所注意，而樂安縣自三國吳至南朝陳，歷時三百六十餘年，為多數方輿家所熟知。故《通典》《輿地廣記》等都云：樂平縣是吳樂安縣。《大明一統志》《大清一統志》都將樂安列入樂平縣沿革表中。新編《辭海》「樂安」詞條下所列三條五款中，沒有收錄「古鄱陽郡樂安縣」，這是與正史相違的。可見新編《辭海》說「樂平唐置縣」，是由於忽略了「古鄱陽郡樂安縣」所產生的錯誤。

綜上所述，「元光」和「永元」說難以成立，「唐置縣」說不可成論，只「靈帝」和「建安」說似可置信。但是檢閱《三國志》的有關記載，「建安」說還是乏據。

其一，樂安見正史之始是建安八年。《三國志‧吳主傳第二》云：「八年，權西伐黃祖，破其舟軍，惟城未克，而山寇復動。還過豫章，使呂範平鄱陽……程普討樂安，太史慈領海昏。韓當、周泰、呂蒙等為劇縣令長。」這說明樂安

在建安八年已經是縣,並且原不為孫吳控制。

其二,《三國志·吳書》雖無地理志,但建縣置郡事都附於《吳主傳》。三國吳割據東南的八十餘年中,自荊,揚至高趾置數十郡縣,《吳主傳》中都載具體年代,唯獨不載建樂安縣。由是可明:樂安縣並非孫吳所建。

其三,檢閱《三國志》,孫吳只有將軍、侯等封爵,沒有男相之封,故《宋書·州郡志》所謂「樂安男相,吳立」實屬張冠李戴,不可為據。

「靈帝」說,除前述證據外,還有以下佐證:

1.靈帝光和中所置樂平縣,治銀城堡,現名新崗山墾殖場銀城畈,在德興縣東五十餘公里。當地口碑相傳村旁墓林崗(今新崗山中學)是古縣治遺址。古縣廢遷後,附近數十里因承廢縣名,稱「樂平鄉」,直至民國。

2.今德興新崗山墾殖場位於一山間大盆地中央的田畈,仍名銀城畈。北面有廣闊的山林,南臨樂安江支流銀港水(亦稱銀川)。唐以前樂安江與今樂安河含義不同。樂平銅山港口以下稱「鄱水」,以上連同今南港河稱長樂水,洺口戴村以上連同銀港水稱樂安江。所以,銀城堡是「南臨樂安江,北接平林」(廣袤的森林)的漢靈帝時樂平縣治。

3.《元和郡縣志》的作者李吉甫曾任饒州刺史。樂平是饒州屬縣。李對其地情況很熟悉,如《元和郡縣志》關於當時樂平縣銀山鄉(今德興縣)銀的開採量、課稅都記載得非常具體。所以,《元和郡縣志》關於樂平縣始建年代的記載是比較可信的。

清代方輿家陳芳績作《歷代地理沿革表》，對李吉甫「靈帝立樂平縣」說，進行了考證，確立「東漢靈帝光和元年立樂平縣」。

　　基於上述理由，樂平縣始建年代從「靈帝」說，並依《歷代地理沿革表》所載，確定為靈帝光和元年（178年）。但是必須說明：由於年代古遠，史料多湮滅，這次所定始建年代，雖屬比較可信，但仍將其他諸說存異，以備後人考核。

（《樂平縣志》，上海古籍出版
社1987年版，第26-28頁）

二、浮梁縣

　　浮梁縣位於江西省東北部，贛皖兩省交界處。地處東經117°01'—117°42'和北緯29°08'—29°56'之間。東界婺源縣和安徽休寧縣，西鄰鄱陽縣，南連樂平市和景德鎮市昌江區，北與安徽省祁門縣和東至縣接壤。面積2859平方千米。縣人民政府駐浮梁鎮。

　　西周以前，浮梁縣屬古番地域，春秋時為楚國東境。越滅吳歸越，楚滅越屬楚轄地直至戰國末年。

　　秦始皇二十六年（前221）統一六國後，分全國為三十六郡，浮梁地屬九江郡番縣。「漢改九江曰淮南國，即封（英）布為淮南王。」（《晉書・地理下》）高祖五年（前202），分淮南國置豫章郡，番縣改稱番陽縣，隸豫章。新（王莽）改稱鄉亭縣。

東漢復稱鄱陽縣，隸廬陵郡。建安十五年（210），「孫權分豫章立（鄱陽郡），治鄱陽縣」。（《宋書‧州郡二》）三國吳時，鄱陽郡隸揚州。

西晉元康元年（291），鄱陽郡改隸江州。東晉於鄱陽地設新平鎮。

南朝梁，承聖二年（553），鄱陽郡屬吳州。陳光大元年（567），鄱陽郡復隸江州。

唐，武德二年（619），於鄱陽東界置新平鄉，四年（621）於新平鎮置新平縣，縣治設新定、化鵬二鄉之間（今江村鄉沽演村）。八年（625）新平縣撤，重入鄱陽縣。開元四年（716），鄱陽縣更名新昌縣，隸饒州，縣治設新昌江口，稱南城，今名東河口。天寶元年（742），更名為浮梁縣。《郡縣釋名》曰：「以溪水時泛，民多伐木為梁也。」《舊唐書‧地理志》載：「饒州，隋鄱陽郡。武德四年，平江左，置饒州，領鄱陽，新平……九縣。」「浮梁，武德中，廢新平縣。開元四年，分鄱陽置，後改新昌。天寶元年復置。」元和年間（806-820），縣治被水淹，觀風使裴戡遷縣治至河西西北高阜（今名舊城）。

宋，開寶八年（975），浮梁縣屬鄱陽郡，隸江東路饒州，元豐四年（1081），饒州改隸江南東路。

元時，浮梁縣屬饒州路，隸浙江行中書省，元元貞年（1295），浮梁縣升為州，隸饒州路總管府。

明，洪武元年（1368），饒州路改鄱陽府，浮梁州屬之，隸江西行中書省。次年，改州為縣，浮梁屬饒州府，隸江浙行中書省。十年（1377），改隸江西布政使司，屬九江道饒州府。

清初，沿明制，浮梁隸屬關係不變。康熙二十一年（1682）裁道，浮梁隸江西省饒州府。

光緒《江西通志》卷四《地理沿革表·饒州府》載：「浮梁縣，本漢鄱陽縣地，東晉立新平鎮於昌南。至唐武德四年，即鎮置縣，號曰新平。八年，省入鄱陽。開元四年，刺史韋玢再置，改名新昌，於昌水之北，因鄉名焉。其年，又移新昌江口西岸正東臨江，地當江沖，前後縣宰，多不終秩。二十四年，鄧昕為新昌縣令，因移於舊縣城正北百步。天寶元年，更名浮梁縣。以溪水時泛，民多伐木為梁也。永泰二年，析北境為歙之祁門。元和中，以縣治被水，更徙西北，是為今治。唐屬饒州，宋因之。元屬饒州路，元貞元年，升為浮梁州。明洪武初，仍降為縣，屬饒州府。」

民國元年（1912），廢府，浮梁直屬江西省。三年（1914），劃全省為四道，浮梁屬潯陽道。五年（1916），知事陳安遷縣治於景德鎮。十五年（1926），廢道，浮梁縣隸於省。二十一年（1932），劃全省為 13 個行政區，浮梁縣屬第四行政區。二十四年（1935），縮改為 8 個行政區，浮梁屬第五行政區。

1949 年 4 月 29 日，浮梁解放，隸浮梁專區。1952 年 9 月，隸上饒專區。1958 年 10 月，改屬景德鎮市。1960 年 9 月撤縣，分設蛟潭、鵝湖兩區，隸景德鎮市。1988 年 11 月，撤並兩區恢復浮梁縣，仍由景德鎮市管轄。

第三節 ▶ 萍鄉市及所轄各縣沿革

　　萍鄉市位於江西省最西部。地處東經 113°34'—114°17'和北緯 26°57'—28°01'之間。東靠宜春市和安福縣，南鄰蓮花縣、湖南攸縣，西接湖南長沙、株洲，北毗湖南瀏陽縣。面積 3830 平方千米。市人民政府駐安源區。

　　西漢，高祖時，萍鄉為宜春縣地，屬豫章郡。元光六年（前129）萍鄉屬宜春侯國。元鼎五年（前112），廢宜春侯國，萍鄉復為宜春縣地，屬豫章郡。東漢襲西漢制。

　　三國吳，萍鄉為揚州豫章郡宜春縣地。寶鼎二年（267），析宜春置萍鄉縣，以地多生萍草而得名，屬安成郡，縣治設蘆溪古崗（今蘆溪鎮古城村）。《舊唐書卷》四十《地理三》載：「萍鄉，吳分宜春置萍鄉縣，屬安成郡。」

　　晉泰始、咸寧年間（265-280），避鄭太后諱，改宜春為宜陽，萍鄉屬宜陽郡。太康年間（280-289），萍鄉隸安城郡，屬江州。

　　南朝宋、齊、梁、陳萍鄉仍屬江州安城郡。

　　隋，開皇十一年（591），廢安城郡置袁州，萍鄉隸屬袁州。大業年間（605-618），袁州改稱宜春郡，萍鄉屬宜春郡轄域。

　　唐，武德二年（619），縣治由蘆溪古崗遷至萍鄉鳳凰池。五年（621），宜春郡復改為袁州，萍鄉隸屬之。貞觀元年（627），劃全國為十道，萍鄉屬江南道袁州。開元二十一年（733），江南道分東、西兩道，萍鄉屬江南西道袁州。天寶元年（742），袁州復改為宜春郡，萍鄉仍屬之。乾元二年（759），宜

春郡復改稱袁州，萍鄉隸之。

五代十國，萍鄉先為吳國屬地（907-937），後為南唐（937-961）屬地。

宋，萍鄉屬江南西道袁州。

元，至元十三年（1276），萍鄉屬江南西道袁州安撫司。次年，袁州安撫司改為總管府，隸屬湖南行省，萍鄉隸屬之。十九年（1282），萍鄉隸屬江西袁州總管府。元貞元年（1295），升萍鄉縣為州，隸袁州路。至正二十四年（1364），袁州路改袁州府，萍鄉屬之。

明，洪武二年（1369），萍鄉改州為縣，隸江西布政使司袁州府。

清沿明制，萍鄉仍屬江西省袁州府。

光緒《江西通志》卷二《地理沿革表·袁州府》載：「萍鄉縣，本漢宜春縣地，屬豫章郡。吳寶鼎二年，分立萍鄉。以地多生萍草，因以為名。一云楚昭王渡江獲萍實於此。今縣北有萍實裡楚王台也。自吳至陳皆為安城郡屬。隋開皇十一年，屬袁州。大業初，改屬宜春郡。唐仍屬袁州，五代及宋因之。元元貞元年，升州，屬袁州路。洪武二年，改州仍為縣，屬袁州府。」

民國元年（1912），廢府，萍鄉屬江西省。三年（1914），全省份為四道，萍鄉屬廬陵道。十五年（1926），萍鄉直屬省，二十一年（1932），全省劃為十三個行政區，萍鄉屬第八行政區。二十四年（1935），全省縮改八個行政區，萍鄉屬第二行政區。

1949 年 7 月 23 日，萍鄉解放，設有萍鄉市、萍鄉縣。同年

九月，撤市留縣，隸袁州分區。1950 年 9 月，屬袁州專區。
1952 年 9 月，袁州專區、南昌專區合併，名南昌專區，萍鄉隸
屬之。1959 年 1 月，南昌專區改名宜春專區，萍鄉隸屬之。
1960 年 3 月省委、省人委決定設立萍鄉市，屬省管轄，保留萍
鄉縣建制，市、縣合署辦公。9 月 30 日經國務院批准，萍鄉撤
縣，設萍鄉市，由宜春專區代管。1970 年 3 月 10 日，經國務院
批准，萍鄉改為省轄市。1979 年元月，萍鄉市下設城關、蘆
溪、湘東、上栗四個縣級區。1992 年 6 月，蓮花縣從吉安地區
劃歸萍鄉市管轄。1993 年城關區更名安源區。1997 年撤銷上栗
區、蘆溪區，設立上栗縣、蘆溪縣。萍鄉市下轄蓮花、上栗、蘆
溪三縣和安源、湘東兩區。

一、上栗縣

上栗縣位於江西省西部，地處東經 113°42'—114°03'和北緯
27°39'—28°01'之間。東靠宜春市，西接湖南省醴陵市，南鄰萍
鄉市，北連湖南省瀏陽市，面積 727 平方千米。縣人民政府駐上
栗鎮。

漢，上栗地屬醴陵縣。

晉至南朝宋、齊、梁、陳，上栗為康樂縣轄域。

隋，開皇九年（589），廢康樂縣，上栗地屬萍鄉縣管轄。
此後，歷唐、宋、元、明、清及民國時期隸屬不變。

中華人民共和國成立後，上栗仍屬萍鄉縣管轄。1960 年 3
月，設萍鄉市，與萍鄉縣合署辦公；9 月，撤銷萍鄉縣建制。
1970 年 3 月，萍鄉市升為省轄地級市。1979 年元月，萍鄉市下

設城關、蘆溪、湘東、上栗四個縣級區。1997 年 11 月，上栗撤區設縣，仍屬萍鄉市管轄。

二、蘆溪縣

蘆溪縣位於江西省西部，地處東經 113°50'—114°17'和北緯 27°24'—27°47'之間。東鄰宜春市袁州區，南毗安福縣、蓮花縣，西接萍鄉市安源區、湘東區，北接上栗縣。面積 961 平方千米。縣人民政府駐蘆溪鎮。

相傳古代在該縣境內的袁河流經之處，兩岸多蘆葦，因此境內袁水有「蘆溪」之名，縣城蘆溪鎮以河名而名之。春秋時期，蘆溪地先屬吳，後屬越；戰國時期，屬楚。

秦統一中國，實行郡縣制，分天下為三十六郡，蘆溪地屬長沙郡。

兩漢時期，蘆溪地屬豫章郡宜春縣。

三國時期，吳國前期和中期，蘆溪屬豫章郡宜春縣。寶鼎二年（267），孫皓分豫章、廬陵、長沙三郡接壤之地，設置安成郡。又分宜春西境，置萍鄉縣。萍鄉縣隸屬於安成郡，縣治蘆溪古崗（現蘆溪鎮古城村）。

晉，太康元年（280），晉武帝滅吳，將揚州的安成郡劃屬荊州，萍鄉縣隸屬荊州安成郡，縣治蘆溪。元康二年（291），設置江州。安成郡劃屬江州。萍鄉縣隸屬江州安成郡。

南北朝時期，萍鄉縣一直隸屬江州安成郡。

隋，開皇九年（589），萍鄉縣隸屬江州安成郡。十一年（591），廢安成郡，設置袁州，萍鄉縣隸屬袁州，縣治蘆溪。大

業元年（605），改袁州為宜春郡，萍鄉縣隸屬宜春郡。

唐，武德二年（619），萍鄉縣治由蘆溪古崗遷至現萍鄉市城區鳳凰池。貞觀元年（627），萍鄉縣屬江南道袁州，開元二十一年（733），屬江南西道袁州。

宋，開寶八年（975），萍鄉縣屬江南西路袁州。

元，至元十九年（1282），萍鄉縣屬江西行省袁州路。

明，洪武八年（1376），萍鄉縣屬江西布政使司袁州府。

清，順治二年（1645），萍鄉縣屬江西省袁州府。

民國元年（1912），萍鄉直屬江西省；三年（1914），全省份為四道，萍鄉縣屬蘆陵道；二十一年（1932），全省劃分為 13 個行政區，萍鄉屬江西省第八行政區；三十一年（1942），全省設九個行政區，萍鄉縣屬第二行政區。

新中國成立後，1949 年至 1970 年，蘆溪地隸屬萍鄉縣不變。1970 年，萍鄉市升格為省轄市，1979 年 1 月，萍鄉市下設縣級區，蘆溪境地設置為蘆溪區，隸屬萍鄉市。1997 年 11 月，經國務院批准，蘆溪撤區設縣，蘆溪區改為蘆溪縣，隸屬萍鄉市。

三、蓮花縣

蓮花縣位於江西省西部，地處東經 113°46'—114°09'和北緯 26°57'—27°28'之間，東北鄰安福縣，東南連永新縣，西南與湖南省茶陵縣、攸縣接壤，北與萍鄉市湘東區和蘆溪縣交界。面積 1072 平方千米。縣人民政府駐琴亭鎮。

秦，蓮花地屬長沙郡安成縣。

西漢，蓮花為豫章郡盧陵縣地。

三國吳，寶鼎二年（267）析長沙郡的安成、萍鄉，豫章郡的宜春、新喻，盧陵郡的平都、永新共六縣置安成郡，隸揚州，蓮花分屬安成、永新縣轄域。

晉，太康元年（280）安成改稱安復縣，析永新縣置廣興縣，蓮花分隸江州安成郡的廣興、安復兩縣。

南朝宋、齊，廣興、安復兩縣仍屬安成郡，隸江州。梁，太平元年（556），置高州轄安成、臨川、豫章、巴山四郡，廣興、安復兩縣屬安成郡，隸高州。陳，永定二年（559）以安成郡中部，廣興六洞設置安樂郡，郡治設廣興。

隋，開皇十年（590），廢安成郡，並安復入平都縣，改平都曰安成；同時並廣興縣入泰和縣。

唐，武德五年（622），分泰和復置廣興縣，隸南平州；並於安復縣置穎州，蓮花分屬兩州轄地。七年（624），廢除穎州，改安復稱安福，隸吉州。廣興仍隸南平州。八年，廢南平州，並廣興入泰和，隸吉州。顯慶二年（657），又析太和（泰改太）置廣興、永新縣。未幾，廣興併入永新。蓮花分屬永新、安福縣地。

宋，太平興國元年（987），永新、安福隸江南西路之吉州盧陵郡。建炎四年（1130），置鄂州路，吉州盧陵郡屬之。

元，至元十四年（1277），吉州升為吉州路總管府。元貞元年（1295），吉州路改稱吉安路，升永新、安福為州。

明，洪武元年（1368）改吉州路為吉安府。次年，永新、安福降州為縣。

清，康熙三十九年（1700），設分防府於蓮花橋。雍正五年（1727），吉安府同知駐蓮花橋。乾隆八年（1743），割永新、安福兩縣地置蓮花廳（縣級），隸吉安府，廳治仍設蓮花橋。相傳今縣城一帶古代多蓮花，唐宋時有蓮花市，市內有蓮花橋，因此，廳以蓮花命名。

光緒《江西通志》卷三《地理沿革表・吉安府》載：「蓮花廳，本漢廬陵縣地。後漢至吳，屬永新縣。晉太康初，於永新縣西北立廣興縣，屬安成郡，歷宋齊梁陳不改。陳高祖永定二年，以廣興六洞置安樂郡。至隋省郡，又省廣興、永新二縣入泰和，省安復入平都，改曰安成，尋又改安成為安復縣。唐顯慶二年，復置永新。自是以來，至於國朝乾隆八年以前皆未立廳治，為永新、安復之西境焉。」

民國二年（1913），蓮花廳改稱蓮花縣。三年（1914），全省劃分為四道，蓮花縣隸廬陵道。十五年（1926），廢道，蓮花縣直隸於省。二十一年（1932），省設十三個行政區，蓮花縣屬第十行政區。二十四年（1935），全省縮改為八個行政區，蓮花屬於第三行政區。此後，省行政區有多次調整，蓮花縣一直屬第三行政區。

1949 年 8 月 14 日，蓮花縣解放，隸屬吉安地區。1968 年，吉安地區改稱井岡山地區；1979 年，井岡山地區復稱吉安地區，蓮花縣隸屬關係依舊。1992 年 6 月，蓮花縣劃歸萍鄉市管轄。

第四節 ▶ 九江市及所轄各縣（市）沿革

　　九江市位於江西省北部，長江中下游結合部南岸，地處東經 113°56'—116°54'和北緯 28°41'—30°05'之間。東鄰安徽省東至縣、本省鄱陽縣，西連湖南省平江縣及湖北省陽新、通山、崇陽、通城縣，南與本省新建、安義、靖安、奉新、銅鼓縣接壤，北與湖北省武穴、黃梅縣及安徽省宿松、望江縣襟江為界。面積 19078 平方千米。市人民政府駐潯陽區。

　　夏、商、西周時期，九江地屬《禹貢》荊、揚二州之域。春秋，九江地為吳之西境，楚之東境，故有「吳頭楚尾」之稱。戰國，九江地初屬吳，後屬楚。

　　秦，分天下為三十六郡，九江屬九江郡。

　　漢，九江始設縣，時豫章郡下領十八縣中有六縣在今九江市轄區內，即彭澤、歷陵（今德安）、柴桑（今九江、瑞昌、星子）、艾（今修水、銅鼓）、海昏（今永修、安義、奉新、靖安、武寧）、陽（今都昌、鄱陽部分地區）。此外，時屬廬江郡的尋陽縣，也有部分地在今九江域境。新莽始建國元年（9），改豫章郡為九江郡，改柴桑為九江亭，改歷陵為蒲亭，改艾為治翰，改海昏為宜生，改陽為豫章。東漢建武元年（25），郡縣恢復舊名。

　　三國時，九江地屬吳，設九縣分隸三郡。其中海昏，永修，靖安，彭澤，艾隸豫章郡；陽，歷陵隸鄱陽郡；尋陽、柴桑隸武昌郡。

　　晉，永興年間（304-306），九江地設十縣，分屬江州下轄的

三郡，其中海昏、永修、豫寧、艾隸豫章郡；尋陽、柴桑、彭澤、上甲隸尋陽郡；歷陵、陽隸鄱陽郡。義熙八年（412），尋陽併入柴桑縣，上甲併入彭澤縣。《晉書》卷十五《地理下》載：「懷帝永嘉元年，又以豫章之彭澤縣屬尋陽郡。……元帝渡江，尋陽郡又置九江、上甲二縣，尋又省九江縣入尋陽。」

　　南朝宋，永初八年（421），因彭蠡湖盆地沉降，撤陽縣建置，境域併入彭澤縣。元嘉元年（424），歷陵併入柴桑縣；次年，海昏併入建昌縣。梁，太清二年（548），分柴桑置汝南縣。陳，天嘉六年（565），九江設七縣，分屬江州的二郡。其中汝南、紫桑、上甲隸尋陽郡，豫寧、建昌、艾、永修隸豫寧郡。

　　隋，開皇九年（589），廢潯陽郡，並柴桑，汝南復立尋陽縣；並上甲入彭澤，合為龍城縣；廢豫寧郡，以其地置建昌縣。十八年（598），尋陽改名彭蠡，龍城改名彭澤。大業三年（607），改彭蠡為湓城，時九江地設三縣，分屬三郡。其中湓城、彭澤二縣屬九江郡，建昌縣屬豫章郡。

　　唐，武德四年（621），分湓城置潯陽縣。次年，又分湓城置楚城縣；以彭澤為中心設浩州，分彭澤置都昌縣同隸屬浩州；將建昌縣升為南昌州，領建昌、新吳、龍安（原豫寧改）、永修4縣。八年（625），廢浩州，彭澤，都昌劃歸江州；廢南昌州，地域併入建昌縣，隸洪州。長安四年（704），分建昌設武寧縣。貞元十六年（800），析武寧八鄉設分寧縣。時九江地設六縣屬二州，其中，潯陽、彭澤、都昌三縣屬江州；建昌、武寧、分寧三縣屬洪州。

　　南唐昇元元年（937），析武寧、建昌、奉新部分地置靖安

縣。次年，析彭澤置湖口縣。三年（939），以潯陽之赤烏場升設瑞昌縣，改潯陽為德化縣。

宋，太平興國三年（978），以潯陽星子鎮升設星子縣。七年（982），以星子縣建南康軍，析洪州之建昌縣、江州之都昌縣歸其管轄。時九江地設十縣，分屬江南東西兩路的二州一軍。其中德化、彭澤、德安、湖口、瑞昌屬江州，星子、都昌、建昌屬南康軍，南康軍及江州皆隸屬江南東路；分寧、武寧屬洪州，隸屬江南西路。

元，改江州為江州路，改南康軍為南康路，皆設總管府。大德八年（1304），將戶口較多的分寧縣升為寧州，建昌縣升為建昌州。時九江地設十縣，分屬江州、南康、龍興三路。其中德化、德安、瑞昌、湖口、彭澤五縣隸江州路；星子、都昌二縣及建昌州隸南康路；武寧縣及寧州隸龍興路。元末陳友諒自稱皇帝，建都江州，國號漢。

明，改路為府，府之上設道。洪武九年（1376），九江地設八縣二州，分屬南瑞道和饒南九道的三府。其中，德化、德安、瑞昌、湖口、彭澤隸九江府；星子、都昌縣和建昌州隸南康府；武寧縣和寧州隸南昌府。南昌府隸南瑞道，九江府和南康府隸饒南九道。

清初，九江地區各府、縣隸屬、名稱與明朝相同，嘉慶六年（1801），改寧州為義寧州。

民國元年（1912），廢府、州建制；次年，改設省、道、縣三級管理體制。三年（1914），德化縣改為九江縣，建昌縣改為永修縣，義寧州改為修水縣。同年，全省劃分為四道，潯陽道轄

九江、瑞昌、湖口、彭澤、星子、都昌、德安、永修、武寧、修水、安義、鄱陽等二十縣，道尹公署設九江縣。十五年（1926），廢道，各縣直隸江西省。十六年（1927），九江城區設市政廳，次年改稱市政府。十九年（1930），撤銷九江市政府，市政併入九江縣。二十一年（1932），全省劃分為十三個行政區，九江地區十縣分屬第三、四行政區。二十四年（1935），全省縮改為八個行政區，九江地區十縣分屬第一、五行政區。二十八年（1939），全省劃分為十一個行政區，九江地區十縣分屬第一、五、九、十行政區。三十一年（1942），全省減為九個行政區，九江地區十縣分屬第五、九行政區。

1949 年 5 月 17 日，九江解放；7 月，置九江專員公署，轄九江、瑞昌、武寧、永修、星子、德安、靖安七縣，原九江縣城區潯陽鎮劃為九江市，為省轄。同年九月，原屬袁州專署的修水縣及原屬鄱陽專署的都昌、彭澤、湖口三縣劃歸九江專署管轄，靖安縣從九江專署劃出，省轄九江市降為縣級市劃歸九江專署管轄。1968 年 4 月，成立九江專區革命委員會。1971 年 2 月，改為九江地區革命委員會。1979 年，改稱九江地區行政公署。1980 年，九江市從九江地區劃出，升為省轄市。1983 年 7 月，地市合併，實行市管縣制，原九江地區轄縣歸屬九江市。1989 年，瑞昌縣改市，由九江市代管。九江市下轄潯陽、廬山兩區，瑞昌市和九江、湖口、彭澤、都昌、星子、德安、永修、武寧、修水九縣。

一、九江縣

九江縣位於江西省北部、長江中游南岸。地處東經115°37′—116°15′和北緯29°21′—29°50′之間，東界湖口縣和潯陽、廬山兩區，南鄰星子縣、德安縣，西毗瑞昌市，北與湖北黃梅縣、安徽宿松縣隔江相望。面積917平方千米。市人民政府駐沙河街鎮。

商、周，九江地處荊、揚二州界。

春秋時，為吳之西境，楚之東境，俗有「吳頭楚尾」之稱。

戰國時，九江初屬吳，繼屬越，後屬楚。

秦統一全國，九江地屬九江郡。

漢，九江為豫章郡柴桑縣地。新莽改柴桑縣為九江亭，東漢復舊稱。

三國魏，黃初二年（221），孫權置武昌郡，柴桑縣屬武昌郡。

晉，永興元年（304），分廬江郡之尋陽，武昌郡之柴桑二縣合立尋陽郡。《宋書》卷三十六《州郡二》載：「惠帝永興元年，分廬江、武昌立尋陽郡……柴桑男相，二漢屬豫章，晉屬武昌。郡即立，治此。」永嘉元年（307），北民遷入，境內增置九江縣，不久併入尋陽縣。義熙八年（412），省尋陽縣入柴桑縣。

南朝梁，太清二年（548），分柴桑置汝南縣。

隋，開皇九年（589），廢柴桑、汝南縣，復立尋陽縣，十八年（589），尋陽縣改名彭蠡縣。大業三年（607）。改彭蠡為湓城縣，隸九江郡。

　　唐武德四年（621），析溢城置潯陽縣；五年，又析溢城置楚城縣。八年，並溢城入潯陽縣，為江州治。貞觀八年（634），並楚城入潯陽縣。《舊唐書》卷四十《地理三》載：「潯陽，州所理。漢縣，屬廬江郡。晉置江州。隋改為彭蠡縣，取州東南五十二里有彭蠡湖為名。煬帝改為溢城，取縣界溢水為名。武德四年，復為潯陽，潯水至此入江為名。」

　　五代南唐，昇元三年（939），江州改為奉化軍，潯陽改名德化縣，為奉化軍治。

　　宋初，德化縣為江州治。

　　元，德化縣為江州路治。

　　明、清，德化縣為九江府治。

　　光緒《江西通志》卷四《地理沿革表·九江府》載：「德化縣，本漢柴桑縣，屬豫章郡。莽曰九江亭，東漢初復故。魏黃初二年四月，孫權置武昌郡，以柴桑為之屬。晉初因之，永興元年，徙廬江之尋陽縣於此，與柴桑同屬尋陽郡。尋陽者，水南注江，因水為名也。元帝渡江，又置九江縣，尋省。咸和中，移尋陽郡來治。義熙八年，尋陽縣省入柴桑。宋齊以後因之。梁析柴桑置汝南縣，郡亦治焉。隋平陳，廢汝南、柴桑二縣立尋陽縣。開皇十八年，改曰彭蠡，大業初更名溢城縣，屬九江郡。唐武德四年，復置潯陽縣，取潯水至此入江為名。五年，又分溢城置楚城縣。八年，省溢城入潯陽為江州治。貞觀八年，又省楚城縣入焉。南唐改為德化縣，仍屬江州，言德化之所暨也。宋因之，元為江州路治，明為九江府治。」

　　民國元年（1912），廢府，德化縣直屬省。三年（1914），

屬江西省潯陽道，因與福建省德化縣同名，改稱為九江縣。十五年（1926），廢道，九江縣直屬省。二十一年（1932），屬江西省第四行政區。二十四年（1935），屬第五行政區。二十八年（1939），屬第九行政區。

1949 年 5 月 17 日，九江解放，隸九江專區。1959 年 1 月，撤縣併入九江市。1961 年 9 月，恢復九江縣建置，仍屬九江專區。1968 年 9 月，縣治由潯陽城區遷至南郊的沙河街鎮。1971年，九江專區改稱九江地區，九江縣隸屬九江地區。1983 年 7月，撤地並市，實行市管縣體制，九江縣由九江市管轄。

　　附：九江名源

　　今縣九江，名源九水。最早做地理概念見載《禹貢》：荊州，「九江孔殷」「九江納錫大龜」。下文「導山」「導水」二章還有「過九江至於敷淺原」「過九江至於東陵」等。

　　對九江地望的解釋歷來有三種。（一）《漢書·地理志》「尋陽」縣下載：「《禹貢》九江在南，皆東合為大江。」漢唐諸儒多主此說。但對九江江源又有不同見解，郭璞《山海經注》《漢書地理志注》（引應劭說）、《尚書偽孔傳》均認為源自大江，「江自尋陽分而為九，皆東會於大江」；孔穎達《書經正義》（引鄭玄說）認為「九江從山溪所出」，「各自別源」；陸德明《經典釋文》則引《潯陽地記》《緣江圖》列舉九江名目，證以「始於鄂陵，終於江口，會於桑落洲」，然對九江在漢尋陽境內，卻是一致的。（二）《晉太康地記》采漢儒別說：「九江，劉歆以為湖漢九水入彭蠡澤

也。」是以注入彭蠡（今鄱陽湖）的湖漢水（今贛江）及其八大支流合稱九江。（三）宋人胡旦、朱熹、蔡沈等又以注入洞庭的沅、湘等九水為九江。按《禹貢》所述「過九江」，其地望在大江北岸，故三說當以第一說較合原義。

用九江名冠行政建置，首推秦設九江郡，治壽春（今安徽壽縣），兼得廬江、豫章地，尋陽九江在其境，因此名郡。漢置九江郡，乃秦郡一分為四（九江、廬江、衡山、豫章）之郡地，雖仍秦治壽春，然尋陽九江卻為廬江之轄境。新莽因國師劉歆以湖漢九水為九江，故改豫章為九江郡，改柴桑為九江亭；東漢否定此說，別立九江郡，治陰陵（今安徽定遠縣西北），皆名實不符。晉永嘉初，尋陽郡增設九江縣，是為僑置。唯隋以尋陽濱江，跨江而治，江水會境，遂改江州為九江郡，最得其實。明、清九江府、道相因成習，民國易縣名亦稱九江。

（《九江縣志》，新華出版社 1996 年版，第 1 頁）

二、瑞昌市

瑞昌市位於江西省北部偏西、長江中游南岸，地處東經 115°6'—115°46' 和北緯 29°23'—29°52' 之間。北與湖北省武穴市隔江相望；南與德安縣、武寧縣毗連；東與九江縣為鄰；西與湖北陽新縣接壤。面積 1419 平方千米。市人民政府駐湓城街道。

西周，瑞昌地屬楚。春秋戰國，諸侯紛爭，瑞昌地先屬吳，後屬越；楚伐越，瑞昌地復歸楚國管轄。

秦始皇統一全國，瑞昌地屬九江郡。

漢，瑞昌屬豫章郡柴桑縣地。同治《瑞昌縣志》載，東漢建安年間，孫吳大將軍程普駐軍桂林橋，有赤烏來鳴，適接赤壁之戰捷報，以為祥瑞，遂改其地名為赤烏鎮，又名瑞昌鎮，仍隸柴桑縣。

西晉及南朝宋、齊、梁、陳，瑞昌地隸屬依舊。

隋，瑞昌為湓城縣地。

唐，武德四年（621），分湓城縣置潯陽縣。建中四年（783），以潯陽西部偏僻遙遠，分立赤烏場。

五代，南唐昇元三年（939），升赤烏場為瑞昌縣，縣治設桂林橋，隸奉化郡（江州改名）。

宋，瑞昌縣隸江州；嘉泰三年（1203），縣治遷湓城鎮。

元，瑞昌縣隸江州路。

明、清，瑞昌縣屬九江府。

光緒《江西通志》卷四《地理沿革表·九江府》載：「瑞昌縣，本赤烏場地。《吳志》，孫權時有赤烏見於此，始有地名，蓋柴桑之舊域也。自晉及陳，皆為柴桑縣地。隋為湓城縣地。唐武德初，江州領潯陽等三縣。赤烏之地則潯陽西偏。建中四年（738），以潯陽西偏僻遠，因立為場。其改縣為瑞昌，則自南唐昇元三年始，屬江州。宋因之，元屬江州路，明屬九江府。」

民國元年（1912），廢府，瑞昌縣直屬省。三年（1914），屬潯陽道。十五年（1926），廢道，直屬於省。二十一年（1932），屬江西省第三行政區。二十四年（1935）屬第五行政區。二十八年（1939）屬第九行政區。

1949年5月18日，瑞昌解放，迭屬九江專區，九江地區。

1983 年 7 月，隸九江市。1989 年 12 月，瑞昌撤縣設市（縣級），由九江市代管。

三、武寧縣

武寧縣位於江西省西北部，修河中游，地處東經 114°29'—115°27'和北緯 28°52'—29°34'之間，東鄰瑞昌市、永修縣、德安縣，南連靖安縣，西與西南接修水縣，北與湖北陽新縣、通山縣交界，東北與瑞昌市接壤。面積 3504 平方千米，縣人民政府駐新寧鎮。

羅泌《路史·國名紀》卷二六載：「艾，今隆興分寧西北里有艾城。春秋吳慶忌居之。」卷二九載：「吳有艾縣，隋入建昌，有艾城，今在武寧。」由此可知，武寧地春秋時屬吳國艾縣轄域。戰國，周元王三年（前 473），越滅吳，艾屬越；周顯王三十五年（前 334），楚滅越，艾歸楚。

秦統一六國，分天下為三十六郡，艾屬九江郡。

西漢初改九江為淮南國，高祖五年（前 202），析淮南國置豫章郡，艾縣隸之。景帝三年（前 154），析艾縣置海昏縣。武寧地分屬艾縣和海昏縣。新（王莽）始建國元年（9），改艾縣為治翰，海昏為宜生。東漢建武元年（25），復稱艾縣，海昏縣。永元十六年（104），析海昏置建昌縣。建安四年（199），孫權析海昏、建昌另置西安縣，縣治設高城鄉之西安里（即今武寧縣石渡鄉新峰）。

晉，太康元年（280），西安縣改稱豫寧縣，隸豫章郡。《宋書·州郡志二》載：「豫寧侯相，漢獻帝建安中立，吳曰西安，

晉武帝太康元年更名。」注引《太平寰宇記》:「武寧縣,古西
安縣也。後漢建安中,分海昏立西安縣。晉太康元年,改為豫
寧。」

南朝,梁太平元年（556）,置豫寧郡,艾、建昌、豫寧等
五縣隸之。

隋,開皇九年（589）,廢豫寧郡,並艾縣,豫寧縣入建昌
縣,隸洪州,武寧地屬建昌縣轄域。

唐,長安四年（704）,析建昌置武寧縣,隸洪州,縣治仍
設西安里。景雲元年（710）改武寧復名豫寧縣,縣治由西安裡
遷新縣（今武寧石渡鄉新華）。天寶四年（745）,縣治由新縣遷
至修河北岸玉枕山前（即古艾鎮,後名新寧鎮）。寶應元年
（762）,避代宗李豫名諱,豫寧縣復名武寧縣。《舊唐書 · 地理
志》載:「武寧、長安四年,分建昌置武寧縣。景雲元年,改為
豫寧。寶應元年,復為武寧。」貞元十六年（800）,析武寧縣西
8 鄉置分寧縣。

宋,武寧縣隸隆興府。

元,武寧原屬江西行中書省隆興路,至元二十一年
（1284）,改隆興為龍興。二十三年（1286）,置寧州,轄武寧,
分寧兩縣,州治置武寧。大德五年（1301）,寧州移治分寧,武
寧縣仍屬龍興路。

明,改路為府,武寧縣初屬洪都府,後屬南昌府,隸江西布
政使司。

清襲明制,武寧縣屬江西省南昌府管轄。

光緒《江西通志》卷二《地理沿革表 · 南昌府》載:「武寧

縣，古西安縣也。後漢建安中，分海昏縣立西安縣。至晉太康中，改為豫寧。梁末，陳武帝置豫寧郡，縣為郡治，領建昌、豫寧、艾、永修、新吳等五縣。隋開皇九年，郡廢，豫寧縣省入建昌。唐武后長安四年，分建昌置武寧縣。景雲元年，改為豫寧，寶應元年，復故。南唐昇元中，割朱家山以南地為靖安縣。唐屬洪州，宋屬隆興府。元至元二十三年，於武寧縣置寧州，領武寧，分寧二縣。大德八年，徙州治分寧，武寧縣直隸龍興路，明屬南昌府。」

民國元年（1912），廢府，武寧縣直屬江西省。三年（1914），全省劃為四道，武寧縣隸潯陽道。十五年（1926），廢道，武寧直屬於省。二十一年（1932），全省劃為 13 個行政區，武寧隸第三行政區。二十四年（1935）全省宿改為 8 個行政區，武寧隸第一行政區。二十八年（1939），全省劃為 11 個行政區，武寧隸第一行政區。三十一年（1942），全省劃為 9 個行政區，武寧隸第九行政區。

1949 年 5 月 30 日，武寧縣解放，屬九江專區。1971 年，九江專區改稱九江地區。1983 年 7 月，撤銷九江地區行政公署，實行市管縣制，武寧縣屬九江市管轄。

四、修水縣

修水縣位於江西省西北部修河上游，贛鄂湘三省交界處。地處東經 113°56'—114°56'和北緯 28°41'—29°22'之間。北鄰湖北崇陽縣、通山縣，東界江西武寧縣、靖安縣，南連奉新縣、宜豐縣、銅鼓縣，西與湖南省平江縣，湖北省通城縣接壤。面積四五

〇二平方千米。縣人民政府駐義寧鎮。

春秋，修水地屬艾邑，隸吳國。《左傳・哀公二十年》載，吳公子慶忌曾「出居於艾」。戰國，周元王三年（前473），越滅吳，艾屬越；周顯王三十五年（前334），楚滅越，艾歸楚。

秦始皇二十六年（前221），分天下為三十六郡，艾屬九江郡，置縣治於今縣城西四十七公里之司前龍崗坪。「漢改九江曰淮南國。」高祖五年（前202），析淮南國置豫章郡，領艾、鄱陽、南昌等十八縣。新（王莽）改豫章郡為九江郡，改艾縣為治翰縣。東漢建武元年（25），復稱豫章郡艾縣。中平年間（184-189），置西平縣，縣治設今縣城西八十七公里之金豐鄉。建安四年（199），孫權置西安縣，縣治設今縣城西黃田里，修水地分屬艾、西平、西安三縣，皆隸豫章郡。

晉，太康元年（280），改西安為豫寧縣，仍隸豫章郡。

南朝宋、齊、梁，隸屬依舊。《宋書・州郡志》載：「豫寧侯相，漢獻帝建安中立，吳曰西安，晉武帝太康元年更名。」陳，永定三年（559），於西安縣置豫寧郡，艾、西平縣隸之。

隋，開皇九年（589），廢豫寧郡和艾、豫章、西平縣，併入建昌縣，隸洪州總管府，修水地屬建昌縣管轄。大業三年（607），於西安故址復立豫章縣，隸豫章郡。

唐，武德五年（622），復置西平縣。長安四年（704），改豫章縣為武寧縣。景雲元年（710），改武寧為豫寧縣。寶應元年（762），因避代宗李豫諱，復改豫寧為武寧縣，貞元三年（787），廢西平縣，修水地屬武寧縣轄域。貞元十六年（800）二月，江西觀察使李巽上疏，言武寧縣轄二十鄉，西部「山川修

阻，輸賦於官，逾三百里，小民往返，疲於道路」。建議析地置縣。獲准分武寧縣西高鄉、崇鄉、奉鄉、武鄉、仁鄉、西鄉、安鄉、太鄉等八鄉之地設分寧縣，縣治置常州亥市（今修水縣城），初屬豫章郡，後屬洪州鎮南軍管轄。《舊唐書》卷四十《地理三》載：「分寧，貞元十六年二月置。」

宋初改分寧為寧縣，開寶八年（975），復稱分寧縣。建炎四年（1130），以知縣陳敏識抗金有功，升縣為軍，稱義寧軍。不久罷，復為分寧縣，隸隆興總管府。

元，至元二十三年（1286），於武寧縣置寧州，分寧縣隸之。大德八年（1304），寧州徙治分寧縣，州縣合一，隸龍興路。

明，洪武三年（1370），改寧州為寧縣，隸南昌府。弘治十六年（1503），復升為寧州，仍隸南昌府。

清，嘉慶六年（1801），因鎮壓縣民劉聯登起義，仁宗賜名義寧州。宣統二年（1910）正月初一，劃武鄉，崇鄉各半個鄉置銅鼓廳，由義寧州管轄。

光緒《江西通志》卷二《地理沿革表·南昌府》載：「義寧州，古艾邑也。吳公子慶忌所居。漢置艾縣，屬豫章郡。莽曰治翰。東漢復名艾，仍屬豫章郡。晉以後因之，梁末及陳屬豫寧郡。隋省縣入建昌，唐初為武寧縣地。貞元十六年二月，析武寧置分寧縣，均屬洪州。宋建炎四年，宣撫使張浚以分寧知縣陳敏識有功，請升縣為義寧軍，尋罷。元至元二十三年，置寧州於武寧縣，以分寧屬之。大德八年，武寧割隸本路，以分寧縣置寧州，迄於元末，而州之名不廢。至明洪武初，始改為寧縣，省州

入焉。弘治十六年，升縣為州，屬南昌府。」

　　民國元年（1912），義寧州改名為義寧縣，銅鼓改廳為縣，均直隸於江西省。三年（1914），因與廣西省義寧縣同名，改稱修水縣（以境內修水名縣）。是年全省份四道，修水縣屬潯陽道。十五年（1926），廢道，修水縣直隸於省。二十一年（1932），全省設十三個行政區，修水隸第三行政區。二十四年（1935），全省縮改為八個行政區，修水隸第一行政區。三十一年（1942），全省設九個行政區，修水隸第二行政區。

　　1949年6月16日，修水解放，隸袁州專區，9月，改隸九江專區。1971年九江專區改稱九江地區，1983年7月，撤銷九江地區行政公署，實行市管縣制，修水縣屬九江市管轄。

五、永修縣

　　永修縣位於江西北部，修河下游。地處東經115°22'—116°16'和北緯28°53'—29°21'之間。東鄰都昌縣、星子縣，東南接新建縣，北毗德安縣，西北連武寧縣，西南靠靖安縣，南界安義縣、南昌市灣裡區。面積2047平方千米。縣人民政府駐涂埠鎮。

　　永修古屬艾地，春秋戰國，艾地先後屬吳、越和楚國轄域。「秦始皇二十三年（前224），秦將王翦滅楚，艾歸秦」（《史記·秦始皇本紀》）。秦始皇二十六年（前221），秦統一天下，分全國為36郡，艾屬九江郡。秦末番君吳芮起兵反秦，艾歸吳芮。不久，項羽封吳芮為衡山王，封英布為九江王，艾屬英布封地。漢高祖三年（前204年），英布反楚歸漢。「漢改九江曰淮南，

即封布為淮南王」（《晉書・地理志下》）。高祖五年（前202），分淮南國置豫章郡，並由艾分設海昏縣，縣治在今永修縣吳城鎮蘆溪西北。新莽改「海昏曰宜生」（《漢書・地理志上》），東漢復稱海昏，仍屬豫章郡。永元十六年（104），分海昏置建昌縣。建昌縣「以戶口昌盛，固以為名」（雷次宗《豫章記》）。中平二年（185），又中分海昏，建昌設新吳（今奉新縣）、永修二縣。永修縣名始於此。

三國時，永修復稱海昏，屬吳。《三國志・吳志・孫權傳》載：「建安八年（203），權西伐黃祖，破其舟軍，唯城未克，而山寇復動，乃還，過豫章，使太史慈領海昏。」晉時，海昏隸豫章郡。《晉書・地理志》載：「豫章郡統縣十六，曰海昏，曰建昌，曰艾。」

南朝宋，元嘉二年（425），「廢海昏，移建昌居焉」（雷次宗《豫章記》）。即並海昏、建昌兩縣為建昌縣，縣治設今永修縣艾城鄉艾城街。《宋書・州郡志二》載，豫章郡領縣十二，有「永修男相，漢靈帝中平中立」。梁，太平元年（556），置豫寧郡，建昌、永修縣隸之。

隋，開皇九年（589），廢豫寧郡，豫寧、艾、永修、新吳皆併入建昌縣，隸洪州。

唐，高祖武德五年（622），「分置南昌州總管府，管南昌、西吳、靖、米、孫五州。南昌州領建昌、龍安、永修（復置）三縣。七年，罷都督為南昌州。八年，廢南昌州及孫州，以南昌州新吳、永修、龍安入建昌縣……而以建昌屬洪州」（《舊唐書・地理志三》）。永淳元年（682），析建昌地置新吳縣。天復二年

（902）楊行密建立吳國，建昌屬吳，升元元年（937）李 滅吳，建昌屬南唐。開寶八年（975），宋滅南唐，建昌歸宋。太平興國七年（982），江南東路置南康軍，治署設星子縣，轄星子、建昌、都昌三縣。

元，至元十四年（1277）升南康軍為南康路，隸江淮行省，二十二年（1285），割屬江西行省。元貞元年（1295），升建昌縣為州，仍屬南康路。

明，洪武初年，建昌州降為縣，隸南康府。《嘉靖通志》載，南康府初領星子、都昌、建昌三縣。正德十三年（1518），分建昌之安義、挖鶴、南昌、依仁、卜鄰五鄉置安義縣。此後至清末，南康府領四縣，建昌縣為南康府管轄。

光緒《江西通志》卷四《地理沿革表‧南康府》載：「建昌縣，舊海昏縣也，漢高祖六年置。莽曰宜生，後漢為海昏侯國，皆屬豫章郡。建安初，孫策分海昏、建昌左右六縣，以太史慈為建昌都尉治海昏。建昌者，本和帝永元十六年分海昏置。其治在今奉新縣也，以其戶口昌盛，因以為名，至是而設都尉治海昏焉。晉仍屬豫章郡。宋元嘉二年，廢海昏移建昌居之，仍屬豫章郡，齊因之，梁陳屬豫寧郡。隋平陳，屬洪州。大業初，仍屬豫章郡。唐武德五年，於縣置南昌總管府，管南昌、西吳、靖、米、孫五州，南昌州領建昌、龍安、永修三縣。七年，置都督為南昌州。八年，州廢，以建昌屬洪州。宋太平興國七年，自洪州來隸南康軍。元屬南康路，元貞元年，升為建昌州。明洪武初，仍降為縣，屬南康府。」

民國元年（1912），廢府州，建昌縣直屬於江西省。三年

（1914），因與四川省建昌道同名，取「泮臨修水，永蒙其利」之意，改稱永修縣，徙治涂埠鎮，該年江西省下分4道，永修隸潯陽道。十五年（1926）廢道，永修縣直屬於省。民國二十一年（1932）江西省劃設十三個行政區，永修屬第三行政區；二十四年（1935），縮減為八個行政區，永修屬第一行政區；二十八年（1939）增為十一個行政區，永修屬第十行政區；三十一年（1942），又改為九個行政區，永修屬第九行政區。

1949年5月23日，永修解放，迭屬九江專區、九江地區。1983年7月，地市合併，置省轄九江市，實行市管縣制，永修縣隸屬九江市。

附一：永修縣建置沿革注

注一：明萬曆《建昌縣志·沿革》：「和帝永元十六年改海昏為建昌縣。」清代《建昌縣志》均沿襲萬曆志沿革，以東漢和帝時建立的建昌縣為今永修縣前身。但據《一統志》記載：建昌故城在奉新縣西，後漢永元十六年分海昏置。劉宋元嘉二年，徙縣治海昏而故城廢。又《江西通志》根據《太平寰宇記》記述：「建昌者，本和帝永元十六年分海昏置其治，在今奉新縣地。宋元嘉二年，廢海昏，移建昌居之。」可見今永修前身之建昌縣，實從此始。

建昌之得名有二說：以其戶口昌盛，因此為名（《豫章記》）；「昌邑王賀居此，為昌邑王建也」（舊志）。

注二：後漢中平中所置古永修縣在今永修縣西南。據《中國歷史地圖集》標明，古永修縣城在今永修修河南岸。

又據光緒《江西通志》記載：「安義縣本海昏縣地（《一統志》），靈帝中平中立永修縣，屬豫章郡（《宋書·州郡志》）。舊志（即舊《通志》）謂永修在安義西南四十里靖安縣界。《一統志》云：水經注，縣為修水所經，當在建昌縣（即今永修縣——編者）西南，故統志以永修列安義縣表。」又《中國古今地名大辭典》載：古永修「為修水所經，在今江西永修縣西南」。後一說與《中國歷史地圖集》吻合。較可信。

附二：吳宗慈民國《江西通志稿·永修縣考》

雷次宗《豫章記》：漢靈帝中平中，析海昏、建昌立永修縣。酈道元《水經注》：循水出艾縣西，東北逕豫寧縣，又東北逕永循縣（即永修縣）。《名勝記》：晉分艾縣置永修縣，以修水為名。但永修之置不在晉而在漢。《晉書·地理志》：豫章統縣十六，《宋書》：豫章統縣十二，陳高祖永定三年改置豫寧郡，領縣五，俱有永修。《一統志》：隋開皇九年，革豫寧郡，置總管府，永修省入建昌。《舊唐書》志：武德五年於建昌置南昌州，領建昌、龍安、永修三縣；八年廢南昌州及孫州，以南昌州、新吳、永修、龍安入建昌，以孫州之南昌入豫章縣，而以建昌屬洪州。按此，永修至唐時尚存。其封爵之可考者，晉永修公國楊萬呈（見《范寧表》）；桓伊以破符堅功，封永修縣侯（見《晉書》）；宋劉仲容以功封永修縣侯，檀道濟以佐命功，改封永修縣公（並見《宋書》）。陳擬以高祖從子封永修縣侯，見《陳書》。按寧州、武寧未分前，同為海昏地。靈帝時析海昏、建昌立

永修，原以源出艾縣修水為名。陳高祖改置豫寧郡，領縣
五，郡建於古西安縣（今之高城鄉西安里）。《南史》：任
忠，字奉誠，汝陰人。文帝時，官豫寧郡太守。永修為豫寧
縣下游，與古艾地接壤，均隸豫寧郡，故並列於表。

（《永修縣志》，江西人民出版社 1987 年版，

第 30-31 頁。）

六、德安縣

德安縣位於江西省北部，地處東經 115°23'─115°50'和北緯
29°12'─29°33'之間，東界星子縣，南鄰永修縣，西連武寧縣，
北接瑞昌市，東北與九江縣毗鄰。面積 932 平方千米。縣人民政
府駐蒲亭鎮。

德安，夏時有敷淺原之稱。《尚書・禹貢》載，夏禹治水，
「過九江，至於敷淺原」。蔡沈《書經集傳》曰：「敷淺原即今之
德安縣。」

春秋戰國，德安先後屬吳國和楚國的轄地，並曾為吳楚分界
之地，俗稱楚尾吳頭。

秦始皇統一六國，劃全國為三十六郡，德安隸九江郡。

漢改九江郡為淮南國，高祖分淮南國置豫章郡，漢景帝前元
三年（前 154）轄歷陵、南昌、彭澤、柴桑等十八縣，德安為歷
陵縣轄域。新（王莽）始建國元年（9），改歷陵為蒲亭縣。東
漢復稱歷陵縣，隸豫章郡。建安十五年（210），吳孫權分豫章
郡置鄱陽郡，歷陵縣隸之。

晉，歷陵縣仍隸鄱陽郡。

南朝宋，元嘉元年（424），歷陵縣併入柴桑縣。「惠帝永興元年，分廬江、武昌立尋陽郡」（《宋書・州郡二》），柴桑縣隸之。南齊，柴桑縣仍隸尋陽郡。

隋，開皇九年（589），廢柴桑縣置潯陽縣。十九年（599），改潯陽縣為彭蠡縣。大業二年（606），改彭蠡縣為彭城縣，不久後改彭城縣為湓城縣。

唐，武德四年（621），湓城縣隸江州。次年，「分湓城置楚城縣」，武德八年（625）「又廢湓城入潯陽」，並「廢楚城縣入潯陽」。《舊唐書・地理志三》載，潯陽「漢縣，屬廬江郡。晉置江州。隋改為彭蠡縣，取州東南五十二里有彭蠡湖為名。煬帝改為湓城，取縣界湓城為名。武德四年，復為潯陽，潯水至此入江為名」。武德八年（625）又以歷陵故地置蒲塘場。咸通三年（862），並蒲塘場入潯陽縣。四年（863），復置蒲塘場。

五代吳，乾貞元年（927），取「德所綏安」之意，升蒲塘場為德安縣，隸江州。

宋，德安縣仍隸江州，屬江南西路。

元，德安縣隸九江路，屬江西行中書省。

明清時期，德安縣一直隸屬九江府。

光緒《江西通志》卷四《地理沿革表・九江府》載：「德安縣，漢置歷陵縣，屬豫章郡。莽曰蒲亭，後漢復為歷陵縣。建安十五年，孫權置鄱陽郡，歷陵屬焉，晉仍吳舊。宋，永初郡國有歷陵縣。何志無，蓋元嘉初省也。隋為湓城縣地，唐時分潯陽之三鄉於敷淺水之南為場，以地有蒲塘名。至咸通三年，還潯陽。四年，復為場。偽吳順義七年，升為德安縣，屬江州。南唐及宋

因之。元屬江州路，明屬九江府。」

民國元年（1912）廢府，德安縣直屬江西省。三年（1914），劃全省為四道，德安縣隸潯陽道。十五年（1926），廢道，德安縣直屬於省。二十一年（1932），全省劃為 13 個行政區，德安縣屬第四行政區。二十四年（1935 年），全省縮改為 8 個行政區，德安屬第五行政區。二十六年（1937），全省增為 11 個行政區，德安縣屬第九個行政區。此後省行政區雖有調整，但至解放前德安仍隸屬第九行政區。

1949 年 5 月 23 日，德安縣解放，隸九江專區。1970 年，九江專區改為九江地區，德安隸九江地區。1983 年，九江地區與九江市機關合併，撤銷地區名稱，以市轄縣，德安縣隸九江市。

七、星子縣

星子縣位於江西省北部，盧山北麓。地處東經 115°48'—116°08'和北緯 29°08'—29°33'之間。東隔鄱陽湖與都昌縣相望，南界永修縣，西連德安縣、九江縣，北鄰九江市盧山區。面積 723 平方千米。縣人民政府駐南康鎮。

清同治《星子縣志》記載，夏、商、周，星子在《禹貢》所載的揚州之域，「西據敷淺原，東匯澤於彭蠡（即今鄱陽湖）」。

春秋時，星子地域先屬楚，後歸吳，越王勾踐滅吳國，又歸屬越國。戰國時，楚滅越，星子地域隸屬於楚。

秦始皇統一中國後，星子地域歸九江郡管轄。

漢，高祖寺年（前 202），分淮南國置豫章郡，下轄柴桑縣，星子在其境。三國魏，黃初三年（222），東吳孫權設武昌

郡，柴桑屬武昌。

晉，永興元年（304），劃武昌的柴桑，盧州的潯陽，設潯陽郡。南朝仍循舊置。

隋文帝平陳，廢潯陽郡設江州，廢汝南、柴桑二縣，設潯陽縣。開皇十八年（598），更名彭蠡縣。大業三年（607），廢江州，改為九江郡，彭蠡更名為湓城。

唐，武德四年（621），復設江州，立潯陽縣；八年（625）湓城併入潯陽。

五代吳，大和年間（929-935），於盧山之南立星子鎮，派兵駐守，因境內落星墩有石浮於水面如星，故名星子。南唐保大年間，潯陽改名德化，星子鎮屬德化縣。

宋，太平興國三年（978），升星子鎮為星子縣，屬江州。七年（982），設南康軍，以星子縣為軍治，隸屬江南東路。《宋史》卷八十八《地理四》載：「（江南東路）南康軍，同下州。太平興國七年（982），以江州星子縣建為軍。本隸西路，紹興初來隸。」「星子，上。太平興國三年（978），升星子鎮為縣。七年（982），與都昌同來隸。」

元，至元十四年（1277），南康軍改名南康路，設總管府，隸屬江淮行省。不久改歸江西行中書省，至正二十一年（1361），朱元璋西征，進入江西，南康路改為西寧府。洪武九年（1376），改名南康府，隸屬江西布政司。清，雍正九年（1731），南康府屬廣饒南九道。自宋至清，星子均屬南康。南康軍、路、府治均設星子縣。

光緒《江西通志》卷四《地理沿革表・南康府》載：「星子

縣，本漢豫章郡柴桑縣地。隋廢柴桑入潯陽，尋改彭蠡，又改湓城，遂為湓城縣地。唐為潯陽縣地。五代時，楊吳置星子鎮，南唐為德化縣地。宋太平興國三年，升為星子縣，屬江州。七年，建南康軍，以縣為南康軍治。元為南康路治，明為南康府治。」

民國元年（1912）冬，廢府，星子直屬省。三年（1914），全省劃為四道，星子隸屬潯陽道。十五年（1926），廢道，星子直隸省。二十一年（1932），江西劃分為十三個行政區，星子屬第三行政區。二十四年（1935），劃歸第五行政區。二十八年（1939），因贛北多為日軍占據，省府為便於統治，將十三個行政區減至十一個行政區，星子劃歸第九行政區。三十一年（1942），仍屬第九行政區。

1949 年 5 月 24 日，星子解放，迭屬九江專區、九江地區。1983 年 7 月，撤銷九江地區建制設省轄九江市，實行市管縣制，星子縣屬九江市管轄。

　　附：星子縣歷史沿革注

　　一、吳宗慈《江西省古今政治地理沿革總略》說：江西北部一隅，「彭蠡以東屬揚州，以西屬荊州」。則星子當屬荊州，所以明正德《南康府志》載：「本郡（星、都、建、安）為荊、揚之域。」舊縣志所載揚州之說疑誤。

　　二、《輿地廣記》康熙《南康府志》均謂星子漢屬彭澤，同治《星子縣志》為駁其非：「考後漢書郡國志，高帝置豫章郡，彭澤屬焉。注云，彭蠡澤在縣西，則縣在澤東，彭蠡之西，非彭澤地明甚。」又星子由德化之星子鎮升置，

德化即隋之廢柴桑，然同治縣志僅駁其一，仍沿襲舊志書中古屬揚州之誤（因彭澤古屬揚州之域）。

（《星子縣志》江西人民出版社，

1990 年版，第 35 頁。）

八、都昌縣

都昌縣位於江西省北部，鄱陽湖東北之濱。地處東經 116°02'—116°39'和北緯 28°59'—29°38'之間。東與鄱陽縣接壤，南與余干、南昌、新建 3 縣隔鄱陽湖相望，西與永修、星子二縣隔鄱陽湖相鄰，北與湖口、彭澤兩縣毗連。面積 2227 平方千米。縣人民政府駐都昌鎮。

秦始皇二十六年（前 221），分天下為三十六郡，置番縣，隸九江郡，都昌地屬番縣。

漢，都昌屬豫章郡彭澤縣、陽縣地。建安十五年（210），孫權分豫章置鄱陽郡，陽縣隸鄱陽郡。

南朝宋，永初二年（421），因彭蠡湖盆地發生多次沉降運動，湖水南侵，陽縣地大部分淪入湖中，陽縣撤銷，境域入彭澤縣，隸江州。

隋，開皇三年（583），彭澤縣易名龍城縣，仍隸江州。十八年（598），龍城復名彭澤，都昌地一直屬彭澤縣轄域。

唐，武德五年（622），割鄱陽湖雁子橋之南境置都昌縣。因縣北有都村，配以昌字，取佳名為都昌。設臨時治所於王市（今北炎鄉洞門口），隸江南道都督府浩州。《舊唐書》卷四十《地理三》載：「都昌，武德五年，分彭澤置，屬浩州。八年，

廢浩州，縣屬江州。」開元二十一年（733），隸江南西道江州。
大曆元年（766），隸江南道饒州。大曆年間（766-779），治所
徙遷彭蠡湖東，即今治地。

五代南唐，隸建康軍饒州。

宋，開寶八年（975），隸江東路建康軍饒州。太平興國七
年（982），隸江東路饒州。天禧四年（1020），隸江南東路南康
軍。建炎四年（1130），隸江南西路南康軍。紹興元年（1131），
隸江南東路南康軍。《宋史》卷八十八《地理四》載：「南康軍，
同下州。太平興國七年，以江州星子縣建為軍。本隸西路，紹興
初來隸。崇寧戶七萬六百一十五，口一十一萬二千三百四十三。
貢茶芽。縣三：星子、建昌、都昌（以縣有都村，南接南昌，西
望建昌，故名）。」

元，至元元年（1264），隸揚州行省江西元帥府南康軍。十
四年（1277），隸江淮行省江西道南康路。二十三年（1288），
隸江西行省南康路。至正二十一年（1361），隸江西行省西寧
路。二十二年（1362），隸江西行省南康府。

明，洪武九年（1376），隸九江道南康府。

清，康熙九年（1670），隸饒九南道南康府。雍正九年
（1731），隸廣饒九南兵備道南康府。

光緒《江西通志》卷四《地理沿革表·南康府》載：「都昌
縣，漢豫章郡彭澤、陽二縣地。宋、齊以後為彭澤縣地。唐武德
五年，安撫使李大亮謂，土地之饒，井戶之阜，道途之遙遠，水
路之阻礙，遂割鄱陽西雁子橋之南地置都昌縣，以隸浩州。縣北
有都村，配以昌字，取佳名也。八年，浩州廢，縣改屬江州。宋

初，亦為江州屬。太平興國七年，改屬南康軍。元屬南康路，明屬南康府。」

民國元年（1912），廢府，都昌縣直屬省。民國三年（1914），江西省劃為四道，都昌縣隸潯陽道。十五年（1926），廢道，隸省直轄。二十一年（1932），省下設十三個行政區，都昌縣隸第三行政區。二十四年（1935），全省為八個行政區，隸第五行政區。此後，二十八年（1939）全省改十一行政區，三十一年（1942）又改劃9行政區，都昌均隸第五行政區。

1949年5月12日，都昌縣解放，隸江西省鄱陽專區。7月，改隸九江專區。1950年，隸中南行政區江西省九江專區。1970年，專區改稱地區，仍隸九江地區。1983年7月，地市合併設省轄九江市，實行市管縣制，都昌縣屬九江市管轄。

九、湖口縣

湖口縣位於江西省北部，鄱陽湖和長江交匯處。地處東經116°07'—116°25'和北緯29°30'—29°52'。東鄰彭澤縣，西接星子縣、九江市廬山區，南連都昌縣，北與安徽省宿松縣隔長江相望。面積六七四平方千米。縣人民政府駐雙鐘鎮。

西周以前，湖口地為《禹貢》揚州之域；春秋屬吳；戰國時，越滅吳後屬越；楚吞越後，又屬楚。

秦始皇二十六年（前221），分天下為三十六郡，湖口地屬九江郡。

漢初，改九江郡為淮南國，領九江、廬江、衡山、豫章四郡。豫章郡為高祖五年（前202）置，漢景帝前元三年（前

154）領縣十八，其中有彭澤、陽二縣。湖口大部屬彭澤，小部屬陽。新莽改豫章郡為九江郡。東漢復稱豫章郡，隸揚州刺史部，領縣二十一，仍含彭澤、陽二縣。建武二年（26），湖口全境屬彭澤縣。建安十四年（209），孫吳置彭澤郡，次年改武昌郡，彭澤縣先後隸此二郡。

晉，太康元年（291），割揚州之豫章等七郡和荊州之武昌等三郡別立江州。彭澤初屬豫章郡，永興元年（304）分廬江郡別立尋陽郡，彭澤縣於永嘉元年（307）改隸尋陽郡。元帝渡江初，置上甲縣，屬尋陽郡。湖口地部分入上甲。義熙八年（412），省上甲，復入彭澤。

南朝宋，彭澤縣在鄱陽湖北端之地置湖口戍。梁，復置上甲縣，湖口地又分屬上甲、彭澤二縣。太平二年（557）置西江州，領尋陽及太原、高唐、齊昌、新蔡等四僑郡。彭澤縣為太原僑郡郡治。

隋，平陳後，廢彭澤縣，置龍城縣。開皇十八年（598），又改龍城名彭澤。湖口先後屬此二縣。

唐，武德五年（622），在原湖口戍地置湖口鎮。《太平寰宇記》卷一一一載：「湖口縣，本湖口戍，是南朝舊鎮。上據石鐘山，傍臨大江。唐武德五年，安撫使李大亮以為要沖，遂置鎮。」

南唐保大中（943-957），升湖口鎮置湖口縣，析彭澤縣之彭澤鄉及五柳鄉之半為其轄區，縣治設雙鐘鎮，隸奉化軍（後改稱江州）。

宋，湖口縣仍隸江州。

元，隸江州路。

明、清，隸九江府。

光緒《江西通志》卷四《地理沿革表・九江府》載：「湖口縣，漢置彭澤縣，屬豫章郡。後漢因之，建安中，孫權曾置彭澤郡，尋廢。晉初，仍屬豫章郡。永嘉元年，移屬尋陽郡。元帝渡江，又置上甲縣，與彭澤同屬尋陽郡。義熙八年後，省入彭澤。宋、齊因之，梁復置上甲縣。武帝時，江州僑置太原郡，以彭澤縣為郡治。隋平陳，廢為龍城縣地，尋又為彭澤縣地。唐武德五年，始分彭澤置湖口戍，在彭蠡湖口也。南唐保大中，升為湖口縣，屬江州。宋因之，元屬江州路，明屬九江府。」

民國元年（1912），廢府，湖口縣直隸江西省。三年（1914），江西省劃為四道，湖口縣屬潯陽道。十五年（1926）廢道，湖口縣直隸省。二十一年（1932），全省劃分為 13 個行政區，湖口縣屬第四行政區。二十四年（1935），縮改全省為 8 個行政區，湖口縣屬第五行政區。此後至解放前，全省行政區有多次調整，湖口縣均屬第五行政區。

1949 年 4 月 28 日，湖口縣解放，初屬鄱陽專區，同年 8 月改屬九江專區。1971 年，九江專區改稱九江地區，湖口縣隸九江地區。1983 年 7 月，撤銷九江地區建制設省轄九江市，實行市管縣制，湖口縣屬九江市管轄。

　　附：湖口縣歷史沿革注

　　一.關於陽鎮及湖口地漢屬陽縣的問題，清康熙《湖口縣志》（亦稱范《志》）沿革云：「漢陽鎮，隸豫章之陽縣。

建武二年，改隸彭澤縣。」清嘉慶縣志（亦稱郭《志》）云：「湖口古彭澤地，在彭蠡之口。其建縣則自南唐保大中始也。漢隸鄡縣，為縣之鎮。後改隸彭澤。」清同治縣志（亦稱殷《志》）沿革表載：「漢初改九江郡置淮南國，又分淮南地置豫章郡，彭澤、鄡屬焉。文帝十五年置鄡鎮，隸鄡縣，建武二年改隸彭澤縣。」又載：「南唐析彭澤之彭澤鄉以及五柳鄉之半升為湖口縣，隸奉化軍，治鄡鎮，即今縣治。」吳宗慈，辛際周合編《江西古今政治地理沿革總略、八十三縣沿革考略》（簡稱《考略》），在《漢・鄡》條下註：「今鄱陽與都昌之各一部。」未及湖口。但在湖口縣條下又云：「縣志沿革載，文帝五（十五之誤）年立鄡鎮，隸鄡縣。建武二年，改隸彭澤，未知何據與縣同名，則立時隸鄡未可知。但改彭澤已久，故不更列鄡。」

　　鄡鎮是否存在，鄡縣漢隸湖口縣地是否確切，一直存在爭論。

　　古彭澤縣與鄡縣均建於漢初，古彭澤縣治在今湖口縣江橋鄉柳德昭村附近，距雙鐘鎮（古鄡鎮）十三公里。而據《太平寰宇記》，鄡縣在鄱陽縣西北一百二十里。又清同治《都昌縣志・古蹟》載：古鄡城在周溪司前湖中四望山。」雙鐘鎮距鄡縣城二百多里。漢代湖口地全境屬鄡縣，恐不確。但譚其驤、張修桂合撰《鄱陽湖演變的歷史過程》〔《復旦學報（社會科學版）》1982 年第二期〕一文考證，今鄱陽湖成湖是西漢後期的事，在這之前，湖口僅是古贛江的出口處，所以湖口又稱豫章口，東有陪湖山，屏峰山，西有廬

山，山與江岸之間皆為平原。《水經·廬山水注》引晉孫放廬山賦曰：「尋陽郡南有廬山，九江之鎮也，臨彭蠡之澤，接平敞之原。」平敞之原應指當時存在的陽平原的西北部乃至整個陽平原。一九八七年三月二十三日，在位於石鐘山西南五公里的鄱陽湖東岸的文昌洑，發現了原始農業遺存，從出土的陶器（片）、屋柱壓痕、稻穀遺跡及農業工具等文物看，這裡從新石器時代晚期開始就有居民聚居，從事農牧漁業生產，後來由於鄱陽湖擴張，湖口斷陷擴大，淹沒了文昌洑平原。至今，一到枯水期，水位退至十二米海拔高程時，仍有一萬平方米湖灘露出水面，可見，在西漢以前，鄱陽湖在都昌，湖口段的東岸，陪湖山，屏峰山（湖口），蘇山（都昌）等的西麓有一條狹長平原與陽平原相接，陽鎮在這一狹長平原的北端，將這一帶劃歸陽縣管轄是可能的。所以，西漢湖口縣以陪湖山、屏峰山為界，以西，包括陽鎮陽縣，以東屬彭澤縣。

一九八五年十一月，在雙鐘鎮南門出土了西漢五銖錢和青銅兵器，證明此地在西漢是軍事要地和商業鬧市，漢文帝十五年在此立陽鎮也是可能的。

二、關於湖口地屬廢上甲縣的問題，《中國古今地名大辭典》上甲縣條釋文載：「古址在今江西湖口縣東南。」范志沿革載：「元帝渡江初，又析為上甲縣。」《晉書·地理志》載：「元帝渡江，又置上甲縣，與彭澤同屬尋陽郡，義熙八年，省上甲入彭澤。」吳宗慈、辛際周《考略》載：「（梁）復置上甲縣（《補梁疆域志》）。按：梁肖詔封上甲侯，故

知復置，廢省不詳，當是隋初廢入彭澤耳。」殷《志》在引《晉書·地理志》上甲縣條目下註：「縣南有上甲里。」該《志》在《古蹟》中又云：「上甲廢縣在三賢寺南，彭澤《志》：去湖口縣一百里。按：今縣南不及三分之二，則上甲故址不在湖口明矣。范《志》以義熙八年省上甲入彭澤時，靖節已掛冠八年。其令彭澤時上甲別為一縣，不在所屬隸地亦一證也。」

歷史上，二次置上甲縣，一在晉，一在梁，但湖口是否屬上甲，存在爭論。

晉置上甲縣，從元帝渡江初（西元 307 年）至義熙八年（西元 412 年）共經歷一〇五年。義熙元年陶淵明為彭澤縣令，治所在今湖口縣江橋鄉柳德昭村附近，這一帶不屬上甲縣管轄，所以，「上甲縣即今湖口縣」的說法不確。但是，漢至晉代，彭澤縣範圍很大，包括今彭澤、湖口縣全部，都昌縣和安徽東流縣一部分。史志載，上甲縣在湖口縣南一百里，這裡指的應是廢上甲縣治，其遺址在今都昌縣境內。殷志武備志載，湖口中鄉有上甲里，在今武山鄉轄區，可以指認，今湖口縣東南部有一片地區當年曾屬上甲縣。

（《湖口縣志》，江西人民出版社 1992 年版，第 36-37 頁。）

十、彭澤縣

彭澤縣位於江西省最北部，長江中下游南岸。地處東經116°22'—116°54'和北緯 29°34'—30°05'之間。東接安徽省東至

縣，南界鄱陽縣、都昌縣，西連湖口縣，北隔江與安徽省宿松縣、望江縣相望。面積一五三四平方千米。縣人民政府駐龍城鎮。

秦始皇二十六年（前221）統一六國後，將全國分為三十六郡，其一為九江郡，郡治設淮南的壽春（今安徽省壽春縣），彭澤地域屬九江郡。

西漢高祖四年（前203），改秦所設的九江郡為淮南國。五年（前202），分淮南國之一部為豫章郡，漢景帝前元三年（前154），領十八縣，彭澤為十八縣之一。因彭蠡澤在其西部，故名。建安中，孫權曾升縣為郡，置彭澤郡，不久即廢。

晉初，豫章郡領十六縣，彭澤隸豫章郡。太康二年（281）以武昌郡之潯陽劃入廬江郡。永興元年（304），分廬江、武昌二郡之一部，立潯陽郡，永嘉元年（307），原屬豫章郡之彭澤縣，劃入潯陽郡。同年，又析彭澤地之一部，置上甲縣，與彭澤同屬潯陽郡。義熙八年（412），廢上甲縣，復入彭澤。此時潯陽郡改名為江州郡，彭澤屬之，縣治設於今湖口縣境內文橋與江橋之間的小鳳山下。

南朝宋、齊，彭澤仍屬江州郡。梁，置太原僑郡，下轄彭澤、晉陽、和城、天水四縣。陳，沿襲未變。

隋文帝統一南北朝後，於開皇九年（589），廢太原僑郡及其下轄的晉陽、和城、天水、彭澤四縣，合為龍城縣。開皇十八年（598），改龍城縣為彭澤縣，仍屬江州。大業三年（607），江州郡改為九江郡，彭澤屬之。

唐，武德四年（621），置江州，領湓城、潯陽、彭澤三縣。

五年，於彭澤縣浩山之南置浩州，彭澤為附郭縣，縣治東移至黃土嶺附近（今黃嶺鄉的舊縣街）。同時又劃出西面之一部置都昌縣，東面之一部置樂城縣，連同廣晉縣（今鄱陽縣之東北部），共四縣歸浩州管轄。八年，廢浩州，撤銷樂城縣併入彭澤縣，與都昌同屬江州管轄。《舊唐書》卷四十《地理三》載：「彭澤，漢縣，屬豫章郡。隋為龍城縣。武德五年，置浩州，又分置都昌、樂城二縣。八年，罷浩州，以彭澤屬江州，仍省樂城入彭澤。」

　　五代南唐，昇元元年（938），彭澤屬江州奉化軍。昇元二年（一說保大年間），割彭澤鄉及五柳鄉之半置湖口縣，割黃菊一鄉置東流縣（今安徽省東至縣），遷縣治於小孤江次（即今之縣治龍城鎮），隸江州。

　　宋，太平興國三年（978），東流縣劃入池州（今安徽池州），彭澤仍屬江州。

　　元，彭澤縣屬江州路。

　　明，江州路改名為九江府，領縣五，彭澤屬之。

　　清代沿襲明制，彭澤仍屬九江府。

　　光緒《江西通志》卷四《地理沿革表・九江府》載：「彭澤縣，漢彭澤縣地。《禹貢》彭蠡澤在西，因以名縣。後漢以下因之，其治皆在今湖口縣東三十里。隋平陳，廢湖口之彭澤縣，置龍城縣於今彭澤縣西二里。開皇十八年，改龍城為彭澤，屬江州。大業初，屬九江郡。唐武德五年，置浩州，又析置樂城縣。浩州凡領彭澤、都昌、樂城、廣晉四縣。八年，州廢，省樂城，以彭澤縣隸江州。宋因之，元屬江州路，明屬九江府。」

民國元年（1912）冬，廢府，彭澤直屬省。三年（1914），
江西全省劃分豫章、潯陽、廬陵、豫南四道，分領八十一縣，其
中潯陽道領縣二十，彭澤屬之。十五年（1926），廢道，各縣直
屬於省。二十一年（1932），分全省為十三個行政區，彭澤屬第
四行政區。二十四年（1935），全省十三個行政區縮減為八個，
彭澤為第五行政區所轄十二縣之一。此後全省行政區雖有調整，
彭澤仍屬第五行政區，直至解放。

一九四九年四月二十二日，彭澤解放，隸屬鄱陽專區。同年
九月，鄱陽專區撤銷，改隸九江專區。一九七一年二月改隸九江
地區。一九八三年七月，地市合併設省轄九江市，由市管縣，彭
澤屬九江市管轄。

第五節 ▶ 新余市及所轄縣沿革

新余市位於江西省中部偏西，贛江支流袁河的中下游。地處
東經 114°29'—115°24'和北緯 27°32'—28°07'之間。東、南與吉安
市交界，西、北與宜春市毗鄰。面積三一六一平方千米。市人民
政府駐渝水區。

秦分全國為三十六郡，新余屬九江郡轄地。

西漢，高祖五年（前 202），新余為宜春縣地，隸屬豫章
郡。東漢，中平二年（185），宜春縣地東部置漢平縣，縣治吳
平圩（今清江縣西部）。

三國吳，寶鼎二年（267），析宜春置新渝縣，因境內有渝
水（今袁水）故名，隸屬安成郡。《舊唐書》卷四十《地理三》

載：「新喻，吳分宜春置新喻，屬安成郡。」

隋，開皇九年（589），撤新渝縣併入吳平縣（三國吳時漢平縣改稱），隸洪州。十一年（591），吳平縣併入宜春縣。十八年（598），重置新渝縣，縣治龍池墅（今袁河南岸珠珊鄉爐下村附近），屬袁州。大業三年（607），袁州改稱宜春郡，新渝隸屬之。

唐，武德五年（622），撤新渝縣，分其東北部為始平縣，西部為西吳州。七年（624），始平縣、西吳州俱廢，復置新渝縣，屬袁州。天寶元年（742），渝改為喻，新喻縣屬宜春郡。乾元元年（758），新喻縣屬袁州（宜春郡改稱）。大曆八年（733），縣治遷袁河北岸虎瞰山（今市老區）。

五代吳，天祐六年（909），置新淦都制置使，新喻、吉水、豐城均隸屬之。天祐七年（910），新喻還袁州。南唐昇元元年（937），新喻復屬新淦都制置使，後罷歸袁州。

宋，淳化三年（992），置臨江軍，轄清江、新喻、新淦三縣。

元，至元十四年（1277），改軍為路，新喻屬臨江路。元貞元年（1295），新喻縣升州，仍屬臨江路。

明，洪武二年（1369），臨江改路為府，新喻改州為縣，屬臨江府。

清襲明制，新喻仍屬臨江府。

光緒《江西通志》卷二《地理沿革表・臨江府》載：「新喻縣，本漢宜春縣地。吳孫皓分置新渝縣，因渝水為名。今曰新喻，因聲變也，屬安城郡。晉以後因之。隋開皇九年，省入吳平

縣，屬洪州。十一年，廢入宜春。十八年，復分宜春置新渝，縣治龍池墅。大業三年，袁州改宜春郡，縣為郡屬。八年，遷縣治於距邨。唐武德初，安撫使李大亮析置西吳州。五年，置始平縣。七年，俱廢，復為新喻縣。麟德元年，度支使王元壽，復遷縣治於龍池墅。大曆八年，郡守李嘉祐攝令杜臻，擇縣治西北虎瞰山遷焉，是為今治。宋淳化三年，自袁州耒隸臨江軍。元元貞元年，縣有戶五萬餘，得升為州，屬臨江路。明洪武二年，改路為府，新喻復為縣，屬臨江府。」

民國元年（1912），廢府，新喻直屬省。三年（1914）全省份為四道，新喻屬盧陵道。十五年（1926），廢道，新喻直屬省。二十一年（1932），全省劃為十三個行政區，新喻屬第二行政區。

1949 年 7 月 14，新喻解放，屬袁州專區。1953 年屬南昌專區。1957 年 5 月，新喻縣改為新余縣。1958 年，新余屬宜春專區。1960 年 9 月，撤新余縣，設新余市，地級，由省直轄。1963 年 9 月撤新余市，復置新余縣，隸宜春專區。1983 年 7 月，復撤縣，設地級新余市，同時劃宜春地區的分宜縣歸新余市管轄。新余市轄渝水區和分宜縣。

分宜縣

分宜縣位於江西省中部偏西，袁河中游。地處東經 114°29'—114°53'和北緯 27°32'—28°07'之間。東與新喻市渝水區接壤，東南和吉安縣相鄰，南連安福縣，西毗宜春市袁州區，北界上高縣。面積一三八〇平方千米。縣人民政府駐分宜鎮。

漢至唐，分宜為宜春縣地。其間，西晉太康元年（280），

為避武帝祖母張春華名諱，改宜春縣為宜陽縣。隋，開皇十八年（598），復名為宜春縣。

宋，雍熙元年（984），析宜春之神龍、招賢、豐樂、化全，儒林、彰善、挺秀、文標、旌儒、清教十鄉，置分宜縣，屬袁州管轄。

元初，袁州屬湖南行省。至元十九年（1282），袁州府升為袁州路，改隸江西省，分宜縣屬之。

明、清兩朝，分宜為袁州府四領縣之一。

光緒《江西通志》卷二《地理沿革表、袁州府》載：「分宜縣，本宜春縣地。宋雍熙元年八月，析宜春縣之神龍、招賢、豐樂、化全，儒林、彰善、挺秀、文標、旌儒、清教十鄉，置分宜縣，當宜春、新喻兩縣界之中也，屬袁州。其地本唐時之安仁鎮，以分自宜春，故名。元、明仍舊。元屬袁州路，明屬袁州府。」

民國元年（1912），廢府存縣，分宜縣直屬江西省。三年（1914），江西省份為四道，分宜屬廬陵道。十五年（1926），廢道尹制，分宜復直屬江西省。二十一年（1932），江西全省劃為十三個行政區，分宜屬第八行政區。二十四年（1935），縮為八個行政區，分宜縣屬第二行政區。

1949 年 7 月 15 日，分宜解放，屬袁州專區。1952 年，袁州專區併入南昌專區，分宜屬其轄。1958 年，南昌專署遷宜春，易名為宜春專區，分宜改屬其管轄。同年，因修建江口水庫，淹沒縣城鈐陽鎮，縣治北遷於譚家邊，更名為分宜鎮。1983 年 7 月，新余撤縣設地級市，分宜縣劃歸新余市管轄。

第六節 ▶ 鷹潭市及所轄各縣（市）沿革

鷹潭市位於江西省東北部，信江中游，地處東經 116°41'—117°28'和北緯 27°51'—28°38'之間。北部、東部連上饒市，西部、南部鄰撫州市，東南與福建省南平市接壤。面積 3506 平方千米。市人民政府駐月湖區。

秦始皇二十四年（前 223）至唐廣德二年（764），鷹潭屬餘汗縣晉興鄉轄地。

唐，永泰元年（765），置貴溪縣，鷹潭稱坊（古代集鎮基層單位），為貴溪縣仙源鄉轄地。

清同治三年（1864），稱鷹潭鎮，為貴溪縣管轄。

1957 年 1 月，鷹潭鎮升格為縣級鎮，隸屬上饒專區。

1958 年 4 月，鷹潭鎮撤銷縣級建制，復為貴溪縣轄。

1960 年 7 月，鷹潭鎮又復為縣級鎮，隸屬上饒專區。

1979 年 3 月，鷹潭撤鎮設縣級市，仍隸屬上饒專區。

1983 年 7 月，鷹潭市升格為省轄市，原鷹潭市域改為市轄月湖區。同時劃上饒地區的貴溪縣、余江縣歸其管轄。1996 年，貴溪撤縣設市，縣級，由鷹潭市代管。鷹潭市轄月湖區、貴溪市和余江縣。

一、貴溪市

貴溪市位於江西省東北部，信江中游。地處東經 116°55'21"—117°28'6" 和北緯 27°50'53"—28°37'33" 之間。東接弋陽縣、鉛山縣，南連資溪縣、福建光澤縣，西鄰金溪縣、余江縣

及鷹潭市月湖區，北毗萬年縣。面積 2493 平方千米。市人民政府駐花園街道。

秦，貴溪地屬九江郡。

漢，貴溪為餘汗縣地，屬豫章郡。

晉，貴溪屬鄱陽郡下的餘汗、葛陽兩縣之地。

隋，開皇十二年（592）將葛興併入葛陽，置弋陽縣。貴溪地屬饒州餘汗、弋陽轄域。

唐，乾元元年（758），割饒、建、衢、撫四州地置信州，貴溪地分屬信州弋陽縣和饒州余干縣。永泰元年（765），以弋陽縣西境及餘干縣東北境置貴溪縣，隸屬信州。縣治設貴溪口（今熊石鎮）。《舊唐書》卷四十《地理三》載：「貴溪，永泰元年十一月，分弋陽西界置。」

宋，貴溪縣屬信州。

元，至元十四年（1277），改信州為信州路，仍領貴溪縣。至正二十年（1360），朱元璋改信州為廣信府，貴溪縣隸屬不變。

清沿襲明制，貴溪縣仍屬江西省廣信府。

光緒《江西通志》卷四《地理沿革表・廣信府》載：「貴溪縣，本漢豫章郡餘汗縣地。隋時在弋陽、餘干兩縣之間。自北向西，相去闊遠，山水迴合，群盜潛藏，舟行船泝，人不自保。浸以成俗，久而逾遠。唐永泰元年，洪州觀察使李勉奏割弋陽、餘干二縣置貴溪縣。以在貴溪口，因以為名。蓋分弋陽之西鄉及餘干之東北鄉立也，屬信州。宋因之，元屬信州路，明屬廣信府。」

民國元年（1912），廢府，貴溪直屬省轄。三年（1914），省份 4 道，貴溪縣屬豫章道。十五年（1925），撤道，貴溪縣直屬省。二十一年（1932），江西省份為十三個行政區，貴溪屬第五行政區。二十四年（1935），全省減為八個行政區，二十八年（1939），又增至十一個行政區，貴溪均屬第六行政區。

1949 年 5 月 4 日，貴溪解放，屬貴溪專員公署。同年 8 月，貴溪縣改屬上饒專員公署。1970 年屬上饒地區。1983 年 7 月，鷹潭升格為省直轄市，貴溪縣改屬其管轄。1996 年 5 月，貴溪撤縣設市，由鷹潭市代管。

二、餘江縣

餘江縣位於江西省東北部，信江中下游。地處東經 116°41'—117°09'和北緯 28°04'—28°37'之間。東鄰鷹潭市月湖區、貴溪市，南界金溪縣，西連東鄉縣，北與萬年縣、餘干縣接壤。面積九三一平方千米。縣人民政府駐鄧埠鎮。

秦，餘地屬九江郡。「漢改九江曰淮南國。」高祖五年（前 202），分淮南國置豫章郡。漢景帝前元三年（前 154），餘地屬豫章郡所領十八縣之一的餘汗縣。新（王莽）改稱治干縣，東漢建武元年（25），復稱餘汗縣。興平二年（195），分豫章郡置盧陵郡，餘汗縣屬盧陵郡。建安十五年（210），「孫權分豫章立（鄱陽郡）」。餘干縣屬鄱陽郡。《宋書·州郡志》注引楊守敬《隋書·地理志考證》云：「《元和志》，漢餘汗縣，隋開皇九年，去水存干，名曰餘干」。

晉，元康元年（291），析餘汗縣晉興鄉置晉興縣，隸江州

鄱陽郡，餘地屬晉興縣。永嘉七年（313），改晉興縣為興安縣，不久即廢，餘地仍屬餘汗縣轄域。

　　南朝宋、齊、梁，餘汗縣仍隸江州鄱陽郡。陳，天嘉年間（560-566），劃餘汗縣晉興鄉置安仁縣，屬鄱陽郡。

　　隋，開皇九年（589），廢安仁縣，復入餘汗縣，餘汗始改為餘干，屬饒州郡。《舊唐書・地理志》載：「餘干，漢餘干縣屬豫章郡，古所謂汗越也。汗音干，隋朝去水。」

　　唐，武德四年（621），劃餘干縣晉興鄉置長城縣，屬饒州郡。八年，撤長城縣復為餘干晉興鄉。咸通年間（860-874），晉興鄉改名興安鎮。

　　宋，開寶八年（975），改興安鎮為安仁場。端拱元年（988），升安仁場為安仁縣，隸饒州。元，至元元年（1264），安仁縣隸屬江浙行省饒州路總管府。至正二十一年（1361），改隸江西行省鄱陽府。

　　明、清，安仁縣隸屬江西省饒州府。餘地一直是安仁縣轄區。

　　光緒《江西通志》卷四《地理沿革表・饒州府》載：「安仁縣，漢餘汗縣東南地。晉永嘉七年，分餘汗置興安縣，尋廢。又有晉興縣，屬鄱陽郡，宋、齊以下無之。陳天嘉中，復於興安故地置安仁縣。至隋開皇九年，復併入餘干。唐武德四年，析置長城縣，屬饒州。八年，省。宋開寶八年，以餘干縣地置安仁場。端拱元年，升為縣，仍屬饒州。元屬饒州路，明屬饒州府。」

　　民國元年（1912），廢府，安仁縣直屬江西省。三年（1914），劃全省為四道，安仁縣因與湖南省安仁縣同名，改稱

餘江縣，隸屬豫章道。十五年（1926），廢道，餘江縣直屬省。二十一年（1932），全省劃為十三個行政區，餘江屬第七行政區。二十四年（1935），全省縮改為八個行政區，餘江屬第六行政區。

1949 年 5 月 4 日，餘江解放，隸貴溪專區。8 月，改隸上饒專區。1961 年 11 月，經江西省政府批准，縣治由錦江鎮南遷鄧埠鎮。1970 年餘江縣隸上饒地區。1983 年 7 月改隸鷹潭市。

第七節 ▶ 贛州市及所轄各縣（市）沿革

贛州市位於江西省南部，章江、貢江匯合處。地處東經 113°54'—116°38' 和北緯 24°29'—27°09' 之間。東鄰福建省三明市和龍岩市，南連廣東省梅州市、河源市和韶關市，西靠湖南省郴州市，北與本省吉安市、撫州市接壤。面積 39363 平方千米。市人民政府駐章貢區。

西周前，贛州屬《禹貢》揚州之域。春秋，為百越之地。戰國先屬越，後屬楚。秦始皇二十六年（前 221），分天下為 36 郡，贛州地屬九江郡。

漢高祖六年（前 201），建贛縣城以防趙佗，城址益漿溪（今蟠龍鎮），隸屬豫章郡。東漢，興平二年（195），孫策分豫章郡置廬陵郡，贛縣隸屬之。

三國吳，嘉禾五年（236），分廬陵郡置南部都尉。

西晉，太康三年（282），改南部都尉為南康郡。十年（289），因洪水氾濫，城址遷至今虎崗一帶的葛姥城。東晉，永

和五年（349 年），南康郡太守高琰始建土城於章貢二江間，並將郡治從雩都遷此。歷代相沿為郡州府治。

隋，開皇九年（589），南康郡改為虔州，因虔化水得名，城始名虔州。大業元年（605），復名南康郡。

唐，武德五年（622），復名虔州。七年，改名南康州。九年復名虔州。天寶元年（742），復稱南康郡。乾元元年（758），復名虔州。因「虔」字為「虎」字頭，又別名為虎頭州、虎頭城。

宋，淳化元年（990），以虔州原轄南康、大庾、上猶 3 縣另置南安軍，治大庾。紹興二十三年（1153），「校書郎董德元言虔州為虎頭州，非佳名……廷臣建議，亦謂虔有虔殺之義，請去其不令之名。是年二月，得旨改今名，取章貢二水合流之意」（明嘉靖《贛州府志》）。虔州改名為贛州後，沿用至今。

元，贛州改稱贛州路，南安軍改稱南安路，皆設總管府。

明、清，贛州路改稱贛州府，南安路改稱南安府。乾隆十九年（1754），升寧都縣為寧都直隸州，轄瑞金、石城二縣。

民國元年（1912），廢府、州，縣直隸省。三年（1914），江西省劃分為潯陽、豫章、盧陵、贛南四道，其中贛南道領贛縣、雩都、信豐、興國、會昌、安遠、長寧、龍南、虔南、定南、寧都、瑞金、石城、南康、大庾、上猶、崇義等十七縣，道治設贛縣。十五年（1926），廢道，各縣直隸於省。二十一年（1932），全省劃分為十三個行政區，贛南各縣分屬第九、十一、十二、十三行政區。二十四年（1935），全省改劃為八個行政區，贛南各縣分屬第四、八行政區。

1949 年 8 月 14 日，贛州解放，析贛縣置贛州市，隸贛州專區。同年 9 月劃定市界，即原贛州鎮範圍，加水上範圍（貢江至贛縣龍口，桃江至贛縣立瀨，章江至贛縣蟠龍，贛江至贛縣良富以內贛州港所屬的船戶、碼頭、河道）。同年 11 月，贛州市直屬贛西南行署區。1951 年 6 月，撤銷贛西南行署區，屬贛州專區。1954 年 5 月，贛州專區改稱贛南行政區。1964 年 5 月，贛南行政區復名贛州專區。1970 年改稱贛州地區。1998 年 12 月，國務院批准贛州地區撤地改市，並實行市管縣體制。贛州市下轄贛縣、信豐縣、大庾縣、上猶縣、崇義縣、安遠縣、龍南縣、虔南縣、定南縣、興國縣、寧都縣、于都縣、會昌縣、尋烏縣、石城縣等十五縣，章貢區、黃金區兩個市轄區，和南康市、瑞金市兩個縣級市。

一、贛縣

贛縣位於江西省南部，贛江上游。地處東經 114°42′—115°22′ 和北緯 25°26′—26°17′ 之間。東鄰雩都縣、安遠縣，南連信豐縣，北界萬安縣、興國縣，西與南康市、贛州市章貢區接壤。面積二九九〇平方千米。縣人民政府駐梅林鎮。

秦，贛縣屬九江郡。漢初，九江郡改稱淮南國。高祖五年（前 202），分淮南國置豫章郡始設贛縣，以水名縣。《虔州圖經》載：「章貢二水合流為贛，其間置邑，因為贛縣。」縣治益漿溪（今贛州市蟠龍、黃金一帶）。興平二年（195），孫策分豫章置廬陵郡，贛縣為屬縣。

三國吳，嘉禾五年（236）分廬陵郡置南部都尉，並析贛縣

置平陽縣，均隸南部都尉。

晉，太康三年（282），改南部都尉為南康郡。永和五年（349），郡治移至贛縣。贛縣治於太康末移至葛姥故城（今贛州市水東一帶），永和五年再遷章貢二水間（今贛州市區）。南朝宋，永初元年（420），改南康郡為南康國。齊，建元元年（479年），南康國復名南康郡，永明八年（490），又改南康郡為南康國。梁武帝時，南康國復名南康郡，贛縣均屬之。陳武帝時贛縣與南康縣互易縣名。

隋，開皇九年（589），廢南康郡，改置虔州，南康縣為州治，廢平固入南康。大業三年（607），南康縣復名贛縣。

唐，貞觀元年（627），贛縣隸江南道虔州。開平四年（910），後梁於虔、韶二州置百勝軍節度使，贛縣隸百勝軍。南唐，贛縣隸昭信軍。

宋，開寶八年（975）復稱州，贛縣仍屬虔州。太平興國七年（982），析贛縣 7 個鄉（原平固縣地）置興國縣。紹興二十三年（1153），改虔州為贛州，贛縣屬之。

元，至元十三年（1276）江南西路改稱江西行中書省，翌年，改贛州為路，設總管府，轄贛縣。至正二十五年（1365），朱元璋改贛州路為贛州府，贛縣隸贛州府。清沿明制，贛縣仍隸贛州府。

光緒《江西通志》卷五《地理沿革表・贛州府》載：「贛縣，漢置，屬豫章郡。章貢二水雙流至縣，合為贛水。其間置邑，因以名縣，今州西南益漿溪故城是也。興平元年，分豫章置廬陵郡，而贛縣屬焉。吳末，屬廬陵南部都尉。晉太康三年，罷都

尉，立南康郡，縣為之屬。末年，徙治葛姥故城。永和五年，始移南康郡未治。宋升明初，移至贛水東三百步。梁承聖初，又遷贛水南，皆為郡治如故。陳改贛縣曰南康。隋氏平陳，廢郡，置虔州，縣為州治。大業初，改州為郡，復南康為贛縣，遂仍為南康郡治。唐為虔州治，貞觀中徙於今治。五代因之，宋為贛州治，元為贛州路治，明為贛州府治。」

民國元年（1912），廢府，贛縣直隸江西省。三年（1914）江西省份四道，贛縣隸贛南道。十五年（1926），廢道，贛縣直轄於省。二十一年（1932），全省劃為十三個行政區，贛縣屬第十一行政區。二十四年（1935），全省改為八個行政區，贛縣屬第四行政區。

1949 年 8 月 14 日，贛縣解放，隸贛州分區。1954 年，隸贛南行政區。1964 年 5 月，隸贛州專區。1971 年，贛州專區更名為贛州地區，贛縣隸之。1998 年 12 月，贛州撤地改市，實行市管縣制，贛縣屬贛州市管轄。

二、南康市

南康市位於江西省南部，贛江之源章江流域的中下游。地處北緯 25°28'—26°14'24" 和東經 114°29'9"—114°55'24"，東鄰贛縣、贛州市章貢區，南連信豐縣、大庾縣，西接上猶縣、崇義縣，北界遂川縣、萬安縣。面積 1849 平方千米。市人民政府駐蓉江鎮。

春秋，南康先屬楚，後屬吳。戰國，東周元王三年（前473）越滅吳，南康歸越；周顯王三十五年（前334），楚滅越，

南康歸楚。秦始皇三十三年（前 214），秦派武官屠睢領兵守南埜之界，南康屬南埜地。

西漢，高祖五年（前 202），「分淮南國置豫章郡」（《晉書·地理志下》），設南埜縣，治所在今南康縣西南章江南岸。南康屬南埜縣地。王莽建國元年（9），改豫章郡為九江郡，東漢光武帝建武元年（25），九江郡復稱豫章郡，獻帝興平元年（194）孫策分豫章置廬陵郡，南埜縣均隸之。三國吳嘉禾五年（236），分南埜置南安縣，隸廬陵南部都尉。

晉，武帝太康元年（280），改南安名南康，治所在今南康縣西南，南康縣名始於此。太康三年（282），改廬陵南部都尉為南康郡，南康縣隸之。《宋書》卷三十六《州郡二》載：「南康公相，晉武帝太康三年，以廬陵南部都尉立。」《舊唐書》卷四十《地理三》載：「南康，漢南野縣，屬豫章郡。吳分南野立南安縣，晉改為南康。」

南朝宋，永初元年（483），改南康郡為南康國，治所在葛姥城（今贛州市東北），轄南康、雩都等七縣。齊，永明元年（483），南康國復名南康郡，南康縣隸之。梁，承聖元年（552），徙治今贛州市西南。陳，永定元年（557），南康改名贛縣，而贛縣改稱南康。

隋，開皇九年（589），省南野入贛縣（即南康縣）。大業元年（605），贛縣復名南康，南康亦復名贛縣。

唐，永淳元年（682），析南康地置南安縣（天寶初年改名信豐），神龍元年（705），析大庾鎮立大庾縣，均屬虔州。

五代吳，順義四年（924），析南康縣設上猶場。保大十年

（952），升上猶場為上猶縣。南康、上猶皆隸昭信軍。

宋，開寶八年（975），改昭信軍為軍州，次年改為虔州。淳化元年（990），以虔州大庾縣建為南安軍，轄南康、大庾、上猶3縣。

元，至元十四年（1277），改南安軍為南安路總管府。

明，洪武元年（1368），改南安路為南安府。正德十四年（1519），南康割隆平、尚隆、尚德里屬崇義縣，皆隸南安府。

清沿明制，南康隸南安府。

光緒《江西通志》卷五《地理沿革表‧南安府》載：「南康縣，漢置南埜縣，屬豫章郡，後漢曰南野。獻帝時，吳大帝分南野立安南縣，屬廬陵郡。吳末，改屬廬陵南部都尉，南野仍屬廬陵郡。晉太康元年，安南縣更名南康。三年，置南康郡，南康縣屬焉。其南野屬廬陵如故。宋、齊以後並屬南康郡。陳改南康縣曰贛縣。隋初省南野入贛（縣）。大業初，贛復曰南康縣。初屬虔州，後屬南康郡。至唐，仍屬虔州。宋，淳化元年，改屬南安軍。元屬南安路，明屬南安府。」

民國元年（1912），廢府、南康縣直屬江西省，三年（1914），江西省劃為四道，南康隸贛南道。十五年（1926）廢道存縣，南康直屬省轄。二十一年（1932）八月，省設十三行政區，南康隸第十一行政區。二十四年（1935）四月，全省改為八個行政區，二十八年（1939）增為十一個行政區，三十一年（1942年），全省為九個行政區，南康均隸第四行政區。

1949年8月14日，南康解放，隸贛州分區。1950年9月，南康隸贛西南人民行政區贛州分區。1950年11月，撤贛州分

區，直隸贛西南人民行政區。1951 年 6 月，隸贛州專區。1954 年 6 月，屬贛南行政區。1964 年 5 月，屬贛州專區。1971 年，贛州專區改稱贛州地區，南康縣隸贛州地區。1995 年 3 月 7 日，撤縣設市（縣級），仍由贛州地區領導。1998 年 12 月，贛州撤地區建制，設省轄贛州市，實行市管縣體制，南康市由贛州市代管。

三、信豐縣

信豐縣位於江西省南部，貢水支流桃江中游。地處東經 114°34'—115°19' 和北緯 24°59'—25°33' 之間。東鄰安遠縣，南靠龍南縣、虔南縣、定南縣，西連廣東南雄市，西北接大庾縣，北界南康市、贛縣。面積 2866 平方千米。縣人民政府駐嘉定鎮。

秦，信豐地屬九江郡。

西漢，信豐地屬南壄縣統轄，隸豫章郡。

東漢獻帝時，吳析南野縣置南安縣，隸廬陵郡。

西晉，太康元年（280），改南安為南康縣，信豐地屬南康縣。

東晉和南朝宋、齊、梁、陳，信豐地均屬南康縣，隸南康郡。

隋，開皇九年（589），改南康郡為虔州；大業元年（605），又改虔州為南康郡。信豐隸屬關係未變。

唐，永淳元年（682），分南康縣東南地置南安縣，是為信豐建縣之始；開元二十一年（733），分全國為十五道，南安縣隸江南西道；天寶元年（742），因本縣與福建省泉州南安縣同

名，故改名信豐縣，取「人信物豐」之義，隸虔州，縣治嘉定鎮（今仍為縣治）。《舊唐書》卷四十《地理三》載：「信豐，永淳元年，分南康置南安縣。天寶元年，改為信豐。」

五代十國時期，信豐先屬楊吳，後屬南唐；梁，貞明四年（918），吳攻克虔州，改虔州為百勝軍節度使。升元元年（937），又改百勝軍為昭信軍，信豐均隸屬之。南唐，保大十年（952），析信豐縣南百丈鎮置龍南縣。

北宋，開寶八年（975），改昭信軍為軍州；天聖八年（1030），又改為虔州，信豐縣隸虔州。南宋，紹興二十三年（1153），改虔州為贛州，信豐縣隸贛州。

元，信豐縣隸江西行省贛州路。

明，洪武二年（1369），改贛州路為贛州府，信豐縣隸贛州府。隆慶三年（1569），析信豐縣南地置定南縣。

清沿明制，信豐縣仍隸贛州府。道光二十八年（1848），析信豐、龍南縣地為虔南分防地。

光緒《江西通志》卷五《地理沿革表·贛州府》載：「信豐縣，本漢豫章郡南 縣地。獻帝時，吳分南野置安南縣，縣地屬之。晉以後為南康縣地。唐永淳元年，析南康更置南安縣。以其地接嶺南，人安物阜，謂之南安。天寶元年，改天下縣名相同者，採訪使韓朝宗以泉州有南安縣，遂奏改名信豐縣，以人信物豐為名。或曰，縣北三十里有稟山，豐崇如稟，縣以此山得名，蓋俗說也。天寶以前屬虔州，天寶以後屬南康郡，乾元初仍屬虔州。宋屬贛州，元屬贛州路，明屬贛州府。」

民國元年（1912），廢道，信豐縣直隸於省。三年（1914），

全省劃分為四道，信豐屬贛南道。二十一年（1932），全省劃為13個行政區，信豐屬第十一行政區。二十四年（1935），全省縮改為八個行政區，信豐隸第四行政區。此後至解放前，省行政區有多次調整，信豐均屬第四行政區。

1949年8月16日，信豐解放，隸贛州分區；1951年6月隸贛州專區；1954年6月隸贛南行政區；1964年5月，屬贛州專區。1971年，贛州專區改稱贛州地區，信豐縣隸贛州地區。1998年12月，撤地區建制設省轄贛州市，實行市管縣體制，信豐縣屬贛州市管轄。

四、大余縣

大余縣位於江西省西南邊境，處章水上游、大庾嶺北部，地處北緯 25°15'—25°37'和東經 114°00'—114°44'。東北與南康市相連，東南與信豐縣接壤，西北與崇義縣毗鄰，南與廣東省南雄市襟連，西界廣東仁化縣。面積一三四三平方千米。縣人民政府駐南安鎮。

夏、商、西周大庾地屬古揚州域；春秋，先屬楚，後屬吳，越滅吳後屬越；戰國，楚滅越後復屬楚。

秦，大庾地屬九江郡。

西漢，高祖五年（前202），設豫章郡，下置南埜縣，大庾屬南埜縣地。

東漢，興平元年（194），分豫章郡置廬陵郡，南埜縣屬之，改南埜縣為南野縣。

三國吳，嘉禾五年（236），分南野置南安縣，隸廬陵南部

都尉。

晉，太康元年（280），改南安名南康。三年（282），改廬陵南部都尉為南康郡，南康縣隸之。

南朝梁，太寶元年（550），南康轉屬始興郡。陳，太建十三年（581），始興郡分置安遠郡，南康屬之。

隋，開皇十年（590），隋平陳後，改安遠郡為大庾縣，此為大庾建縣之始。十六年（596），大庾廢縣為鎮，庾嶺南入始興縣，庾嶺北入南康縣，隸虔州。大業元年（605），改虔州為南康郡，南康縣隸之。

唐，武德五年（622），南康郡復名為虔州，南康縣隸之。神龍元年（705），析南康復置大庾縣，屬虔州。縣治崎頭鎮（即今縣治南安鎮）。後樑，開平四年（910），鎮南軍節度使盧光稠設百勝軍於虔、韶兩州，大庾縣從虔州隸之。南唐，升元元年（937），改百勝軍為昭信軍，大庾縣隸屬依舊。

宋，開寶八年（975），改昭信軍為軍州，大庾縣隸屬依舊。淳化元年（990），大庾、南康、上猶從虔州劃出，置南安軍，大庾隸南安軍。《宋史》卷八十八《地理四》載：「南安軍，同下州。淳化元年（990），以虔州大庾縣建為軍。崇寧戶三萬七千七百二十一，口五萬五千五百八十二。貢紵。縣三：南康、大庾、上猶。」

元，至元十四年（1277），改南安軍為南安路總管府。

明、清改路為府，大庾隸南安府。

光緒《江西通志》卷五《地理沿革表·南安府》載：「大庾縣，漢南　縣地。隋廢。南野，遂為南康縣地。其地有台嶺山，

前漢南越不賓，遣監軍庾姓者討之，築城於此，因以為名，至隋以為大庾鎮。唐神龍元年，析南康置大庾縣，屬虔州，移治今縣東二里。宋淳化元年，置南安軍治此，始移築今治。元為南安路治，明為南安府治。」

民國元年（1912），廢府，大庾縣直隸省。三年（1914），屬贛南道，十五年（1926），廢道，大庾直隸省。二十一年（1932），全省劃分為十三個行政區，大庾屬第十一行政區。二十四年（1935）全省改劃為八個行政區，大庾屬第四行政督察區。

1949 年 8 月 16 日，大庾解放，屬贛州分區。11 月，屬贛西南行政區。1951 年 6 月，屬贛州專區。1954 年 6 月，屬贛南行政區。1957 年 5 月 1 日，經國務院批准，改大庾為大余。1964年 5 月，恢復贛州專區，大余隸之。1971 年贛州專區改稱贛州地區，大余縣隸贛州地區。1998 年 12 月，撤贛州地區實行市管縣體制，大余縣屬贛州市管轄。

　　附：大庾縣建縣時間考略

　　大庾縣建置，據文獻記載是隋開皇十年（590）始置。但清同治版《南安府志》沿革部分大庾條下卻記為「隋立大庾鎮。開皇元年改東衡州為始興郡。置大庾鎮屬之。九年平陳。罷南康郡改置虔州。統縣凡四。十四年始興廢，大庾鎮併入南康」。民國八年版《大庾縣志》沿襲府志：「隋屬始興郡。後屬虔州南康。」「開皇元年改東衡州為始興郡。置大庾鎮屬之。九年平陳，罷南康郡改置虔州，統縣凡四。十

六年始興廢，大庾鎮併入南康。」《府志》和《縣志》對這段歷史沿革又引用《唐書‧地理志》和《寰宇通志》記載：「《舊唐書》大庾，神龍元年分南康置」；《唐書》「大庾，神龍元年析南康置，有錫山，有橫浦關」；《寰宇通志》「大庾鎮，唐升為縣，屬虔州」。

今查考《隋書‧地理志》南海郡、始興條：「始興，齊曰正楷，梁改名焉。又置安遠郡。置東衡州。平陳，改安遠郡置大庾縣。又於此置廣州總管府。開皇末移向南海。又十六年，廢大庾入焉。」又據清嘉慶二十八年修纂的《大清一統志》南安府表，大庾縣欄內所記：「隋開皇十年分置大庾縣，十六年省，唐神龍復置屬虔州。」建置沿革大庾縣條下記載：「漢，南野縣地隋初為南康縣地，開皇十年分置大庾縣，十六年廢為鎮，唐神龍元年復置大庾縣，屬虔州。」民國《大中華一統志‧江西省地理志第五篇》也如此記敘。1986 年出版的《中國歷史地名辭典》也確認大庾縣始置於隋開皇十年。

為什麼這幾本舊志不記隋置大庾縣呢？究其原因主要有二條：

一、隋置大庾縣時，本境歸廣州總管府管轄，因時間很短，受地域隸屬舊觀念束縛，故未記。

二、府志、縣志所載建制沿革，由於歷史條件限制，資料不全，考證不足，互相沿襲，到南安府修志時距隋已近千年，可能沒有找到隋置縣的文獻資料。

據上述考證，大庾縣隋置可作定論。

（《大庾縣志》，三環出版社 1990 年版，第 71 頁。）

五、上猶縣

上猶縣位於江西省西南邊陲，章水支流上猶江流域。地處東經 114°00'—114°40' 和北緯 25°42'—26°11' 之間。東鄰南康市，南連崇義縣，北界遂川縣，西與湖南省桂東縣接壤。面積 1542 平方千米。縣人民政府駐東山鎮。

西周以前，上猶屬《禹貢》九州中的揚州之域。春秋時，上猶地域先屬吳，後屬越，戰國時，為楚國管轄。

秦始皇統一六國，分全國為三十六郡，上猶屬九江郡。

西漢，高祖四年（前203），九江郡更名為淮南國。五年（前202），分淮南國置豫章郡設南野縣，上猶縣屬南野縣地。東漢興平二年（195），分豫章郡置廬陵郡，南野縣隸廬陵郡。

三國吳，嘉禾五年（236），分廬陵郡置南部都尉，並析南野縣設南安縣，上猶為南部都尉南安縣轄域。

晉，太康元年（280），南安縣更名為南康縣，三年（282）廢南部都尉置南康郡，上猶隸南康郡南康縣。

南朝宋，永初元年（420），改南康郡為南康國，齊建元元年（479），南康國復名南康郡，永明八年（490），又改南康郡為南康國。梁武帝時，南康國復名南康郡。陳武帝時改南康縣為贛縣，上猶均屬之。

隋，開皇九年（589），廢南康郡置洪州總管府，轄虔州贛縣，上猶隸贛縣。大業元年（605），復置南康郡，贛縣更名南康縣，上猶隸南康縣。

唐，貞觀元年（627），上猶隸江南道虔州南康縣。天祐二

年（905），盧光稠知虔州，議建上猶場。後樑，乾化元年（911）析南康縣西南地置上猶場，治所建於上猶山南猶水口，故名上猶。南唐保大十年（952），改場置縣，縣治東山鎮，屬虔州。此為上猶名縣之始。

宋，太平興國元年（976），上猶縣隸江南西路虔州。淳化元年（990）於大庾縣置南安軍，上猶縣隸之。「嘉定四年，改南安縣」（《宋史‧地理志四》）。《南安府志》載：「己巳匹袍洞陳葵反，西路通判孫，咎猶字有反義，至壬申改上猶縣為南安縣。」

元，改南安軍為南安路總管府，轄上猶、大庾、南康。至元十六年（1279），上猶縣改為永清縣。翌年，復名上猶縣，隸南安路。

明，洪武元年（1368），改南安路為南安府，上猶縣隸南安府。正德十四年（1519），析置崇義縣。

清沿明制，上猶仍隸南安府。

光緒《江西通志》卷五《地理沿革表‧南安府》載：「上猶縣，漢南埜縣地。隋唐為南康縣地。楊吳天祐中，析南康縣之一鄉半為上猶場。南唐保大十年，升為縣，屬虔州。宋淳化元年，自虔州來隸南安軍。嘉定四年，改為南安縣。元至元十六年又改為永清縣，明年復名上猶，屬南安路。明屬南安府。」

民國元年（1912），廢府，上猶縣直隸江西省政府。三年（1914），江西省份四道，上猶隸贛南道。十五年（1926），廢道，上猶直轄於省。二十年（1931），隸陸海空軍司令部南昌行營黨政委員會。二十一年（1932），全省劃為十三個行政區，上

猶屬第十一行政區。二十四年（1935），全省改為八個行政區，上猶屬第四行政區。此後至解放前，省行政區有多次調整，上猶縣均屬第四行政區。

1949 年 8 月 16 日，上猶解放，隸贛州分區。1954 年，隸贛南行政公署。1964 年，隸贛州專區。1971 年，贛州專區改稱贛州地區，上猶縣仍隸贛州地區。1998 年 12 月，撤贛州地區設省轄贛州市，實行市管縣體制，上猶縣屬贛州市管轄。

六、崇義縣

崇義縣位於江西西南邊陲，贛粵湘三省交界處。地處東經113°55'—114°38'和北緯 25°24'—25°55'之間。東鄰南康市，南界大庾縣和廣東省仁化縣，西連湖南省汝城縣、桂東縣，北與上猶縣接壤，面積二二〇八平方千米。縣人民政府駐橫水鎮。

秦，崇義縣屬九江郡南壄縣地。

西漢，崇義仍屬南壄縣地，隸豫章郡。

東漢，建武元年（25）改南壄縣為南野縣，隸豫章郡。興平元年（194），孫策分豫章郡置廬陵郡，南野縣隸廬陵郡，崇義地屬南野縣管轄。

三國吳，嘉禾五年（236），分廬陵地置南部都尉，並析南野縣置南安縣，崇義地分屬南野縣和南安縣，隸南部都尉。

晉，太康元年（280），改南安縣為南康縣，崇義地分屬南野縣和南康縣，隸南部都尉。三年（282），改南部都尉為南康郡。

南朝宋，永初三年（420），改南康郡為南康國。齊，永明

元年（483），復為南康郡；八年（490）復改南康國。梁，天監元年（520）又改為南康郡，南野縣和南康縣均隸之，崇義地分屬南野縣和南康縣。陳，永定元年（557），改南康縣為贛縣，崇義地分屬南野縣和贛縣，仍隸屬南康郡。

隋，開皇九年（589），改南康郡為虔州，大業元年（605），復改南康郡，贛縣復稱南康縣，崇義地屬南康縣，隸南康郡。

唐，武德五年（622），南康郡再改虔州。神龍元年（705），升大庾鎮為大庾縣，崇義地分屬南康縣和大庾縣，隸江南道虔州。天寶元年（724），虔州復稱南康郡。

五代，南唐保大十年（925），升上猶場為上猶縣，崇義屬南康郡大庾縣、上猶縣地。

宋，嘉定四年（1211），改上猶為南安縣，崇義屬南康、大庾、南安縣地，隸南安軍。

元，至元十四年（1277），改南安軍為南安路總管府。十七年（1280），改南安縣為永清縣，次年，復改為上猶縣。崇義地分屬南康、大庾、上猶縣，隸南安路總管府。至正二十五（1365），南安路改為南安府。

明，正德十二年（1517），巡撫南贛、右僉都御史王守仁平定上猶縣橫水、桶岡農民軍之後，為強化統治，奏請設縣。十四年（1519）三月詔准立縣，割上猶崇義、上堡、雁湖三里，南康縣隆平、尚德二里，以及大庾縣義安里置縣，並以崇義里之名，名縣為崇義縣，隸南安府。

清，沿用明制，崇義縣仍隸南安府。

光緒《江西省志》卷五《地理沿革表·南安府》載：「崇義

縣，漢南縣地。隋唐為南康縣地，宋以後為上猶縣地。元時置崇義務，明洪武三年改為崇義稅課局，正統五年廢。正德十二年，巡撫南贛、右僉都御史王守仁，既平橫水、桶崗之賊，以橫水即上猶之崇義里，當大庾、南康、上猶三縣之中，土地平坦，宜設縣以資鎮撫，題奏，報可。十四年三月，遂以上猶縣之崇義里，析大庾、南康二縣益之，屬南安府。」

民國元年（1912），廢府，崇義縣直屬省。三年（1914），江西省劃分為四道，崇義屬贛南道。十五年（1926），廢道，崇義縣直屬省。二十一年（1932），劃全省為十三個行政區，崇義屬第十一行政區。二十四年（1935）後，省行政區有多次調整，崇義一直屬第四行政區。

1949 年 8 月 20 日，崇義解放，隸贛州分區。9 月，隸贛西南行政區。1951 年 6 月，隸贛州專區。1954 年 6 月，隸贛南行政區。1964 年，隸贛州專區。1971 年 1 月，隸贛州地區。1998年 12 月，撤贛州地區實行市管縣制，崇義縣屬贛州市管轄。

七、安遠縣

安遠縣位於江西省南部，長江、珠江兩大水系的分水地。地處東經 115°09'52″—115°37'13″ 和北緯 24°52'18″—25°36'52″之間。東鄰會昌縣、尋烏縣，南接定南縣，西毗信豐縣，北界贛縣、于都縣。面積二三五〇平方千米。縣人民政府駐欣山鎮。

漢，安遠屬雩都縣地。

南朝梁，大同十年（544），析雩都「縣南七十里，安遠水

南置安遠縣」[25]，轄區包括雩都縣南部的三個鄉。以安遠水名為縣名，隸南康郡。

隋，開皇中（581-600），安遠縣併入雩都縣。

唐，貞元四年（788），分雩都縣南三鄉及信豐縣一里，復置安遠縣，屬虔州。《舊唐書》卷四十《地理三》載：「安遠，貞元四年八月四日置。」

五代十國吳，天祐七年（910），以虔、韶二州置百勝軍，安遠縣隸百勝軍。

南唐，昇元元年（937），改百勝軍為昭信軍，安遠縣隸昭信軍。

北宋，開寶八年（975），改昭信軍為軍州，安遠縣隸軍州。太平興國元年（976），改軍州復為虔州，安遠縣屬虔州。

南宋，紹興二十三年（1153），改虔州為贛州，安遠縣屬贛州。

元，至元十四年（1277），改贛州為贛州路，安遠縣屬贛州路。二十四年（1287），安遠縣併入會昌縣。至大三年（1310），復置安遠縣，屬寧都州。

明，洪武二年（1369），改贛州路為贛州府，安遠縣屬贛州府。

清，安遠縣仍屬贛州府。

光緒《江西通志》卷五《地理沿革表·贛州府》載：「安遠

---

25 李吉甫：《元和郡縣圖志》，卷二八。

縣，本漢雩都縣地。梁大同中於今縣南七十里，安遠水南置安遠縣，屬南康郡。隋，開皇中廢。其後雩都縣以地僻人稀，每有賦徭，動逾星歲。貞元初，路應為虔州刺史，奏請析雩都三鄉並信豐一里置縣。貞元四年八月四日，遂復置安遠縣，屬虔州。宋紹興後屬贛州。元至元二十四年省入會昌，至大三年復置，屬寧都州。明洪武初，還屬贛州府。」

民國元年（1912）冬，廢府，縣直屬江西省。三年（1914）設贛南道，安遠縣屬贛南道。十五年（1926），廢道，直屬省轄。二十一年（1932），安遠縣屬江西省第十三行政區。二十四年（1935）後，安遠縣屬江西省第四行政區。

1949 年 8 月 20 日，安遠解放，屬贛州分區。同年 11 月，屬贛西南行政區。1951 年 6 月，屬贛州專區。1954 年 5 月，屬贛南行政區。1964 年 5 月，屬贛州專區。1971 年，屬贛州地區。1998 年 12 月，撤贛州地區設省轄贛州市，實行市管縣制，安遠縣屬贛州市管轄。

八、龍南縣

龍南縣位於江西省最南端，地處東經 114°23'—114°59' 和北緯 24°29'—25°01'之間。東鄰定南縣、南連廣東省和平縣、連平縣，西毗虔南縣，北接信豐縣。面積一六四六平方千米。縣人民政府駐龍南鎮。

秦，龍南屬南埜縣，隸九江郡。

西漢，龍南屬南埜縣，隸豫章郡。

東漢，興平二年（195），析豫章地置廬陵郡。龍南地屬南

埜縣，隸廬陵郡。

三國吳，嘉禾五年（236），分廬陵郡地置廬陵南部都尉，析南埜縣置南安縣，縣治在今南康。龍南地屬南安縣，隸廬陵南部都尉。

晉，太康元年（280），改廬陵南部都尉為南康郡，改南安縣為南康縣。

唐，永淳元年（682），析南康東南地置南安縣。龍南地屬南安縣，隸虔州。天寶元年（742），改虔州為南康郡，改南安縣為信豐縣；析信豐縣地置百丈戍，不久，升百丈戍名百丈鎮，後改稱虔南鎮。龍南地即虔南鎮，屬信豐縣，隸南康郡。乾元元年（758），南康郡復名虔州。

五代後樑，貞明四年（918），改虔南鎮為虔南場。

南唐，保大十年（952），以信豐虔南場置龍南縣，隸虔州。因縣治在龍頭山（一說「百丈龍潭」，又一說「百丈龍灘」）之南，故名龍南。

宋，宣和三年（1121）改龍南縣為虔南縣。紹興二十三年（1153）改虔州為贛州，改虔南縣為龍南縣，隸贛州。《宋史》卷八十八《地理四》載：「龍南，南唐縣，本名龍南。宣和三年，改虔南。紹興二十三年，改龍南，取百丈龍灘之南為義。」

元，至元二十四年（1287），並龍南入信豐縣，隸屬不變。元貞二年（1296），改贛州為路。龍南屬信豐縣，隸贛州路。至大三年（1310），復置龍南縣，屬寧都州。

明，隆慶三年（1569）割龍南縣高砂、下歷、橫江三堡，並析安遠、信豐縣地，置定南縣，均隸贛州府。

　　清，光緒二十九年（1903），割龍南大龍、新興二堡地並信豐縣地置虔南廳。

　　光緒《江西通志》卷五《地理沿革表・贛州府》載：「龍南縣，本漢南 縣地。獻帝時，吳析南野置安南縣，而龍南地屬焉。晉以後為南康縣地。唐永淳元年，屬南安縣，天寶元年改南安為信豐縣。其地有百丈戍，即今縣治也。楊吳武義中，析信豐順仁鄉之新興一里為場。至南唐保大十年，始析置龍南縣，屬虔州。宋宣和三年，改曰虔南。紹興二十三年，復曰龍南縣，屬贛州。取百丈龍灘之南為義。元至元二十四年，併入信豐。至大三年，復置，屬寧都州。明洪武初，還屬贛州府。」

　　民國元年（1912），廢府，龍南縣隸江西省政府。三年（1914），劃全省為四道，龍南縣屬贛南道。十五年（1926），廢道，龍南縣復隸江西省。二十一年（1932），劃全省為十三個行政區。第十三行政區轄龍南、虔南、定南、安遠、尋鄔五縣，區署駐龍南。二十四年（1935），全省縮改為八個行政區，龍南縣屬第四行政區。

　　1949 年 8 月 19 日龍南解放，隸贛州分區。9 月，改屬贛西南行署。1951 年 6 月，龍南縣改屬贛州專署。1954 年 6 月，龍南縣改屬贛南行署。1964 年 5 月，龍南縣改屬贛州專區。1971 年，屬贛州地區。1998 年 12 月，撤贛州地區設省轄贛州市，實行市管縣制，龍南縣屬贛州市管轄。

九、定南縣

　　定南縣位於江西省南部邊陲，贛粵交界處。地處東經

114°47'—115°23' 和北緯 24°33'—25°04' 之間。東鄰安遠縣、尋鄔縣，南連廣東省龍川縣、和平縣，西界龍南縣，北接信豐縣。面積一三二一平方千米。縣人民政府駐歷市鎮。

秦，定南地屬九江郡。

西漢，定南分屬南 、雩都兩縣地，隸豫章郡。

東漢，建武元年（25）改南 為南野縣。興平二年（195），孫策析豫章郡置廬陵郡，南野、雩都隸之，定南仍分屬南野、雩都兩縣地。

三國吳，嘉禾五年（236），分廬陵郡置南部都尉，析南野縣置南安縣，定南地分屬南部都尉下轄的雩都、南安兩縣。

晉，太康元年（280），南安縣改稱南康縣，定南地仍分屬雩都，南康兩縣。

南朝梁，大同十年（544），析雩都置安遠縣，定南分屬南康、安遠兩縣地。

隋，開皇九年（589），並安遠入雩都，定南復為南康、雩都兩縣地。

唐，開耀二年（682），析南康縣置南安縣，定南分屬南安和雩都兩縣地。天寶元年（742），南安縣改稱信豐縣。貞元四年（788），析雩都縣置安遠縣，定南分屬信豐、安遠兩縣地。

南唐，保大十一年（953），於信豐縣百丈鎮置龍南縣，定南分屬信豐、安遠、龍南三縣地。

宋，宣和三年（1121），改龍南縣為虔南縣。紹興二十三年（1153），虔南縣復稱龍南縣。定南地仍分屬信豐、安遠、龍南三縣，隸贛州。

元，至元二十四年（1287），並龍南入信豐縣，並安遠入會昌縣，定南地分屬信豐、會昌兩縣，隸贛州路。至大三年（1310），復置龍南、安遠縣，定南地又分屬信豐、安遠、龍南三縣。

明，隆慶三年（1569），割龍南縣高砂堡、下歷堡、橫江堡，安遠縣大石堡、小石堡、伯洪堡，信豐縣潭慶堡之一半，置定南縣，隸贛州府。縣治設高砂蓮塘鎮（今老城圩）。因其地處江西最南端，扼江西、廣東咽喉，「嶺表之所謂長治久安實賴其地」，故名定南。

清乾隆三十八年（1773），定南改縣為廳，派贛州府同知移駐，為贛州分防府定南廳。

光緒《江西省志》卷五《地理沿革表・贛州府》載：「定南廳，本漢南 縣地。唐宋以來，為龍南、安遠、信豐三縣地。明嘉靖三十六年，龍南民賴清規據下歷保以叛，脅從數百里，尋與岑岡、高沙賊合，所謂三巢之賊也。朝廷以倭患棘，不討且十年，賊益猖獗。四十四年秋，南贛巡撫吳百朋，疏請用兵，乃命守備蔡汝蘭討，禽清規於苦竹嶂，群賊震懾。知府黃扆撫定高沙、岑岡，三巢以靖。時嘉靖四十五年及隆慶元年也。隨議建縣，為善後圖，會百朋遷秩去，未果。明年春，右僉都御史張翀繼撫南贛，復議建治，會撫按疏其事，制曰：『可。』岑岡三年三月，以龍南縣之蓮塘鎮置定南縣，析安遠、信豐二縣地益之，屬贛州府。」

民國二年（1913），定南改廳為縣，直屬省。三年（1914），江西分為四道，定南隸屬贛南道。十五年（1926），廢道，定南

直屬於省。十六年（1927），因縣城在黃、廖兩姓械鬥中被焚燬，遷治於下歷（即今治歷市鎮）。二十一年（1932），江西省劃為十三個行政區，定南屬第十三行政區。二十四年（1935），全省縮改為八個行政區，定南屬第四行政區。此後至解放前，省行政區有多次調整，定南均屬第四行政區。

1949 年 8 月 21 日，定南解放，屬贛州分區。1954 年 6 月，屬贛南行政區。1964 年，屬贛州專區。1971 年 7 月，屬贛州地區。1998 年 12 月，撤銷贛州地區改設省轄贛州市，實行市管縣制，定南縣屬贛州市管轄。

十、虔南縣

虔南縣位於江西省最南端，地處東經 114°10'—114°52' 和北緯 24°34'—25°08' 之間。東界龍南縣，南鄰廣東連平縣、翁源縣、西連廣東始興縣，北接廣東南雄市，東北毗鄰信豐縣。面積一五三四平方千米。縣人民政府駐城廂鎮。

春秋戰國時，虔南地先屬吳，後屬楚。

秦始皇統一六國，分全國為三十六郡，並置南埜縣，隸九江郡，虔南屬南埜縣地。

西漢，高祖四年（前 203），九江郡更名為淮南國。五年（前 202）置豫章郡，虔南屬豫章郡南埜縣地。東漢，建武元年（25），南埜縣改稱南野縣，虔南屬南野縣地。興平二年（195）析豫章郡置廬陵郡，南野隸之，虔南仍屬南野縣地。

三國吳，嘉禾五年（236）分廬陵郡置南部都尉，並析南野縣置南安縣，虔南為南部都尉南安縣轄域。

晉，太康元年（280），南安縣更名為南康縣，三年（282年），廢南部都尉置南康郡，虔南隸南康郡南康縣。

南朝宋，永初元年（420年），改南康郡為南康國。齊，永明元年（483年），南康國復名南康郡，南康縣隸屬關係不變。

隋，開皇九年（589），改南康郡為虔州，虔南屬虔州南康縣地。

唐，貞觀元年（627），虔南隸江南道虔州南康縣。永淳元年（682），析南康縣置南安縣，虔南屬南安縣地。天寶元年（742）改南安縣為信豐縣，虔南屬江南西道虔州信豐縣。

五代後樑，貞明四年（918），改信豐縣南部的虔南鎮為虔南場。南唐，保大十一年（953），將虔南場改為龍南縣。至此，虔南南部屬龍南縣，北部屬信豐縣。

宋，宣和三年（1121），龍南縣改名虔南縣。紹興二十三年（1153），改虔州為贛州，虔南縣復名龍南縣，隸屬同前。

元，至元二十四年（1287），龍南縣併入信豐縣，虔南地屬江西行省贛州路信豐縣。至大二年（1309），復置龍南縣，虔南地分屬龍南、信豐二縣。

明，改贛州路為贛州府，龍南、信豐二縣隸贛州府。

清，道光二十八年（1848），劃龍南縣大龍堡、新興堡、太平堡、信豐縣鎮南堡、楊溪堡、步口堡、回戈堡共七堡為分防地，築觀音閣城，派贛州府通判駐守。光緒二十九年（1903），經兩江總督魏光燾奏准，以分防地（太平堡劃歸龍南縣除外）置虔南廳（因地處虔州之南而得名），隸贛州府。廳治觀音閣城（即今城廂鎮）。

民國二年（1913），統一全國縣制，虔南廳改為虔南縣，隸屬省政府。三年（1914），全國設省、道、縣三級，虔南縣隸江西省贛南道。十五年（1926），廢道，虔南縣復直隸於江西省政府。二十一年（1932），全省劃為十三個行政區，虔南縣隸屬十三行政區。二十四年（1935），全省改為八個行政區，虔南縣屬第四行政區。

1949年8月20日，虔南解放，隸贛州分區。1954年6月隸贛南行政公署。1957年5月1日，經國務院批准，改虔南縣為虔南縣。1964年隸贛州專區。1971年7月隸贛州地區。1998年12月，撤銷贛州地區設省轄贛州市，實行市管縣制，虔南縣屬贛州市管轄。

十一、寧都縣

寧都縣地處江西東南部，位於東經115°40'—116°17'和北緯26°05'—27°08'之間。東鄰廣昌縣、石城縣，南接雩都縣、瑞金市，西與興國縣、永豐縣交界，北同樂安縣、宜黃縣、南豐縣相連。面積四〇四九平方千米。縣人民政府駐梅江鎮。

漢，寧都地屬雩都縣，隸豫章郡。

三國吳，嘉禾五年（236），分廬陵郡立南部都尉於雩都，析雩都縣東北陂陽鄉置楊都縣，縣治白鹿營（今黃石鄉營底村）。此為寧都建縣之始。

晉，太康元年（280），改楊都為寧都（以安寧之意為名），此為「寧都」縣名之始，遷縣治於陽田營（今石上鄉王田營村）。太康三年（282）改南部都尉為南康郡，寧都隸之。《宋書》

卷三十六《州郡二》載：「南康公相，晉武帝太康三年，以廬陵南部都尉立。領縣七……寧都子相，吳立曰楊都，晉武帝太康元年更名。」

南朝宋，永初元年（420）改南康郡為南康國，寧都隸之。大明五年（461），析寧都虔化屯（今東山壩鄉大布村）置虔化縣，均屬南康國。齊，永明元年（483），南康國復名為南康郡，寧都、虔化隸之。

隋，開皇九年（589），滅陳，改南康郡為虔州，虔化併入寧都，隸虔州。十三年（593），陂陽縣併入寧都縣。十八年（598），改寧都為虔化縣，隸屬未變，遷縣治於雪竹坪（今城關鎮）。

唐，武德五年（622），虔化隸洪州總管府虔州。貞觀元年（627），分天下為十道，虔化屬江南道虔州。開元二十一年（733），分江南為東西道，虔化屬江南西道虔州。咸通七年（866），升虔州為節鎮，號百勝軍。虔化隸之。《舊唐書》卷四十《地理三》載：「虔化，吳分贛立陽都縣，晉改為寧都。隋平陳，改為虔化，屬虔州。」

五代十國，南唐保大十一年（953），析虔化之石城場置石城縣。

宋，至道三年（997），分天下為十五路，虔化屬江南路虔州。天禧四年（1020），分江南路為東、西路，虔化屬江南西路虔州。紹興二十三年（1153），改虔州為贛州，改虔化為寧都。《宋史》卷八十八《地理四》載：「虔化，紹興二十三年，改寧都。」

元，至元十四年（1277），置江西行中書省，改贛州為路，寧都隸之。元貞元年（1295）十一月，升寧都縣為州，轄石城縣，寧都隸贛州路。

明，洪武二年（1396），改贛州為府，改寧都州為寧都縣，隸贛州府。

清初沿明制，乾隆十九年（1754），升寧都縣為直隸州，轄瑞金、石城二縣。

民國二年（1913），寧都復改為縣。三年（1914），全國行政區劃設省、道、縣三級。江西設四道，寧都縣屬贛南道。十五年（1926），廢道，寧都縣直屬江西省政府。二十一年（1932），全省劃分為 13 個行政區，寧都屬第十二行政區，公署駐寧都。二十四年（1935）將全省改劃為八個行政區，寧都屬第八行政區，仍為公署駐地。

1949 年 8 月 27 日，寧都解放，屬寧都軍分區。1952 年 8 月 29 日，撤寧都軍分區，併入贛州專區，寧都縣隸之。1954 年 6 月，屬贛南行政區。1964 年 5 月，改贛南行政區為贛州專區，1971 年 2 月改稱贛州地區，寧都均隸之。1998 年 12 月，撤銷贛州地區設省轄贛州市，實行市管縣制，寧都縣屬贛州市管轄。

十二、于都縣

于都縣位於江西省南部，贛江東源貢水中游。地處東經 115°11′—115°49′51″ 和北緯 25°35′48″ —26°20′53″ 之間。東鄰瑞金市和會昌縣，南連會昌縣和安遠縣，西接贛縣，北毗興國縣和寧都縣。面積二八九二平方千米。縣人民政府駐貢江鎮。

秦始皇統一六國，分全國為三十六郡，雩都地屬九江郡。

西漢，高祖五年（前 202）雩都始設縣，以北有雩山，取名雩都縣，屬豫章郡。縣治東溪（今西郊鄉古田坪）。東漢，初平二年（191），吳析豫章郡設廬陵郡，雩都屬廬陵郡。

三國吳，嘉禾五年（236），析廬陵郡設廬陵南部都尉，治雩都。

晉，太康三年（282），廢南部都尉置南康郡。永和五年（349），南康郡治遷往贛縣（今贛州市），雩都為屬縣。

南朝宋，永初元年（420），改南康郡為南康國。齊，永明元年（483），南康國復名南康郡，郡治均設雩都。梁，大同中，析雩都南部置安遠縣。承聖元年（552），南康郡治遷贛縣，雩都為屬縣。陳，永定二年（558），縣治遷大昌村（今梓山鄉固院）。

隋，開皇九年（589），南康郡改稱虔州。大業元年（605），虔州復名南康郡，雩都隸之。九年（613），縣治遷回東溪。

唐，武德五年（622），縣治再遷大昌村，雩都縣屬虔州。貞觀五年（631），縣治被洪水沖毀，遷至灌嬰壘（今縣城貢江鎮）。天祐元年（904），升雩都像湖鎮為瑞金監。

五代後樑，開平四年（910），以虔、韶 2 州置百勝軍節度使，雩都隨虔州隸百勝軍。南唐昇元元年（937），改百勝軍為昭信軍節度使，治虔州，雩都隨虔州屬昭信軍。保大十一年（953），析縣地升瑞金監置瑞金縣。

宋，太平興國元年（976），雩都隸江西西路虔州。紹興二十三年（1153），虔州改稱贛州，雩都隸之。

元，至元十三年（1276），分全國為十一個行中書省，雩都隨虔州隸江西行省。元貞二年（1296），贛州路總管府改稱贛州路。

明，洪武二年（1369），贛州路改稱贛州府，雩都均屬之。

清沿明制，雩都仍屬贛州府管轄。

光緒《江西通志》卷五《地理沿革表・贛州府》載：「雩都縣，漢高帝六年，使灌嬰防趙佗所立縣也。在郡城東四里，地名東溪。以北有雩山，故名雩都，今古田坪即治所也，隸豫章郡。後漢興平中，屬盧陵郡。吳末，為盧陵南部都尉治。晉太康三年，立南康郡，仍治雩都。永和五年，郡移理贛，雩都縣為南康郡屬。宋齊梁皆因之，陳廢雩都。隋平陳，復置，屬虔州。大業初，屬南康郡。唐屬虔州，宋屬贛州，元屬贛州路，明屬贛州府。」

民國元年（1912），廢府，雩都縣直隸江西省。三年（1914），江西省份為四道，雩都隸贛南道。十五年（1926），廢道，雩都直轄於省。二十一年（1932），屬第十二行政區。二十四年（1935），屬第八行政區。

1949 年 8 月 13 日，雩都解放，隸贛州分區；9 月改屬寧都分區。1952 年 8 月，雩都改屬贛州專區。1954 年 6 月，屬贛南行政區。1957 年 6 月 1 日，經國務院批准將「雩都」改稱「于都」。1964 年後，屬贛州專區。1971 年，贛州專區改稱贛州地區，于都縣隸贛州地區。1998 年 12 月，撤銷贛州地區設省轄贛州市，實行市管縣制，于都縣屬贛州市管轄。

十三、興國縣

興國縣位於江西省南部偏北，貢水支流平江上游。地處東經115°01'—115°51' 和北緯 26°03'—26°41' 之間。東界寧都縣，東南接雩都縣，南鄰贛縣，西連萬安縣，西北毗泰和縣，北靠吉安市青原區和永豐縣。面積三二一五平方千米。縣人民政府駐瀲江鎮。

秦，興國縣地屬九江郡。

西漢，改九江郡為淮南國，析淮南國置豫章郡。興國屬豫章郡下設十八縣之一贛縣的轄地。

東漢，興平元年（194），孫策析豫章郡置廬陵郡，贛縣隸屬於廬陵郡，興國地仍屬贛縣管轄。

三國吳，嘉禾五年（236），析贛縣地置平陽縣，隸廬陵南部都尉，興國地屬平陽縣。

晉，太康元年（280），平陽縣改平固縣。三年（282），廢南部都尉置南康郡，平固縣屬南康郡。

南朝宋，永初元年（420），改南康郡為南康國，平固縣隸屬不變。

隋，開皇九年（589），改贛縣為南康縣，並將平固縣併入南康縣。大業三年（607），南康縣復改稱贛縣，隸南康郡。

唐，《舊唐書‧地理志》：「武德五年，平江左，置虔州。天寶元年（742），改為南康郡。乾元元年（759），復為虔州。」贛縣隸虔州，興國地屬贛縣管轄。

宋，太平興國七年（982），析贛縣七鄉及廬陵、太和縣部分地區置興國縣，以年號名縣。縣治設瀲江鎮，屬虔州。《宋史》

卷八十八《地理四》載：「興國，太平興國中，析贛縣之七鄉置。」紹興二十三年（1153），虔州改稱贛州。

元，興國縣屬贛州路。

明、清，興國縣屬贛州府。

光緒《江西通志》卷五《地理沿革表・贛州府》載：「興國縣，本漢贛縣地。三國吳分置平陽，屬廬陵南部都尉。晉太康元年改曰平固，三年，置南康郡，平固屬焉。宋齊以後因之，隋省。宋太平興國中，析贛縣七鄉置興國縣於瀲江鎮，以年號為名，屬虔州。紹興二十三年後，為贛州屬。元屬贛州路，明屬贛州府。」

民國元年（1912），廢府，興國縣直屬省。三年（1914），屬江西省贛南道。十五年（1926）廢道，興國縣直屬省。二十一年（1932），興國屬江西省第九行政區。二十四年（1935）後，興國屬第八行政區。

1949 年 8 月 8 日，興國解放，隸屬贛州專區。10 月，改屬寧都分區。1952 年 8 月，復屬贛州專區。1954 年 6 月，改贛州專區為贛南行政區。1964 年 5 月改贛南行政區為贛州專區。1971 年 2 月改贛州專區為贛州地區，興國縣隸贛州地區。1998 年 12 月，撤銷贛州地區設省轄贛州市，實行市管縣制，興國縣屬贛州市管轄。

十四、瑞金市

瑞金市位於江西省東南邊陲，武夷山脈南段北麓。地處東經 115°42'—116°22' 和北緯 25°30'—26°20' 之間。東界福建省長汀

縣，南毗會昌縣，西連于都縣，北接寧都、石城兩縣。面積二四四一平方千米。市人民政府駐象湖鎮。

春秋時，瑞金屬吳；戰國初屬越，楚滅越後屬楚。

秦，瑞金為九江郡地。

漢，高祖五年（前 202），始置雩都縣，瑞金為其轄域，隸豫章郡。此後至唐，瑞金地均在雩都縣封內。

唐，天祐元年（904），析雩都縣象湖鎮淘金場置瑞金監，因「掘地得金，金為瑞」，故名。

五代，南唐保大十一年（953），升瑞金監為瑞金縣，治象湖鎮，隸虔州昭信軍。

宋，開寶八年（975），改昭信軍為軍州，瑞金仍屬之。至道三年（997），天下分為十五路，瑞金縣屬江南路虔州。紹興二十三年（1153），改虔州為贛州，仍轄瑞金縣。

元，至元十四年（1277），置江西行中書省，改贛州為贛州路，瑞金屬之。大德元年（1297），贛州路置會昌州，領瑞金縣。

明，洪武二年（1369），改贛州路為贛州府，仍轄瑞金縣。

清初襲明制。乾隆十九年（1754），置寧都直隸州，轄瑞金、石城二縣。

光緒《江西通志》卷五《地理沿革表・寧都直隸州》載：「瑞金縣，本漢雩都縣地，有金。唐天祐元年，析雩都像湖鎮置瑞金監，瑞金之名始此。南唐保大十一年，以瑞金監為瑞金縣，隸虔州昭信軍，此為立縣之始。宋紹興二十三年，改虔州為贛州，縣仍屬焉。元初屬贛州路，大德元年，改屬會昌州，明洪武初，還

屬贛州府。」

民國元年（1912），廢府州，瑞金直屬省轄。三年（1914），江西省置四道，瑞金縣屬贛南道。十五年（1926），道廢，瑞金直屬省。二十一年（1932），瑞金縣屬江西省第十二行政區。二十四年（1935）後，改屬第八行政區。

1949 年 8 月 23 日，瑞金解放，屬寧都分區。1952 年 8 月，隸贛州專區。1954 年 6 月，改贛州專區為贛南行政區，仍轄瑞金縣。1964 年 5 月，又改贛南行政區為贛州專區，1971 年 2 月，贛州專區改為贛州地區行政公署，瑞金仍屬之。1994 年，瑞金撤縣設市，縣級，由贛州地區代管。1998 年 12 月，撤銷贛州地區設省轄贛州市，瑞金市仍由贛州市代管。

十五、會昌縣

會昌縣位於江西省東南邊境。地處東經 115°29'—116°02' 和北緯 25°09'—25°55' 之間。東鄰福建武平縣、長汀縣，南連尋鄔縣，西南毗安遠縣，西北接雩都縣，東北界瑞金縣。面積二七一二平方千米。縣人民政府駐文武壩鎮。

春秋，會昌地先屬楚後屬吳；戰國，會昌地初屬越，越亡屬楚。

秦，會昌地屬九江郡。

西漢，高祖四年（前 203），改九江郡為淮南國，會昌屬之。五年（前 202），析九江郡置豫章郡，始建雩都縣，會昌屬雩都縣地，至唐末不變。

北宋，太平興國七年（982），劃雩都縣東南六鄉置會昌縣，

縣治設九州鎮（今湘江鎮），屬虔州。因適逢鎮人鑿井，得磚 12
塊，上刻篆文「會昌」，遂以為縣名。《宋史》卷八十八《地理
四》載：「會昌，太平興國中，析雩都六鄉於九州鎮置。有錫
場。」

　　南宋，紹興二十三年，虔州改稱贛州，會昌隸屬江南西路之
贛州。紹定四年（1231），會昌縣升為會昌軍，咸淳五年
（1269），復為會昌縣。

　　元，至元十三年（1276），江南西路改稱江西行中書省，會
昌隨贛州隸屬之。二十四年（1287），並安遠入會昌縣，贛州改
稱贛州路總管府。元貞二年（1296），又改稱贛州路，會昌隸屬
之。大德元年（1297），會昌縣升為會昌州，轄瑞金縣，仍屬贛
州路。至大三年（1310），析會昌州地復置安遠縣。

　　明，洪武二年（1369），瑞金縣劃出，會昌州復改為會昌
縣。贛州路改稱贛州府，會昌屬贛州府，隸江西行中書省。洪武
九年（1378），江西行中書省改稱江西承宣佈政使司，會昌隨贛
州府隸屬之。洪武十八年（1385），劃江西為五道，會昌屬嶺北
道。萬曆四年（1576），劃會昌縣西南四堡入安遠縣，劃會昌長
河堡一帶入長寧縣（今尋烏縣）。

　　清初襲明制，會昌仍隨贛州屬嶺北道。康熙十年（1671）
起，會昌縣隨贛州府先後屬贛南道、吉南贛道、吉南贛寧兵備
道。

　　光緒《江西通志》卷五《地理沿革表・贛州府》載：「會昌
縣，自漢至唐皆為雩都縣地。宋太平興國中，析雩都六鄉於九州
鎮置會昌縣，屬虔州，後屬贛州。紹定四年，升縣為軍。咸淳五

年，復為縣。元大德元年，升會昌州，領縣一曰瑞金，仍屬贛州路。明洪武初，復降為縣，屬贛州府。」

民國元年（1912），廢府、州制，會昌直屬江西省。三年（1914），江西分四道，會昌屬贛南道。民國十五（1926），廢道，會昌縣復屬江西省。二十一年（1932），江西省劃為十三個行政區，會昌屬第十二行政區。二十四年（1935），全省縮改為8個行政區，會昌屬第八行政區。此後至解放前，省行政區多次調整，會昌均屬第八行政區。

1949年8月22日，會昌解放，屬贛州分區。九月，改屬寧都分區。同月，會昌隨寧都分區隸屬贛西南行政公署。1952年8月，屬贛州專區。1954年6月，屬贛南行政區。1964年5月，屬贛州專區。1971年，屬贛州地區。1998年12月，撤銷贛州地區設省轄贛州市，實行市管縣制，會昌縣屬贛州市管轄。

十六、尋烏縣

尋烏縣位於江西省東南端，居贛、閩、粵三省交界處。地處東經115°21'22"—115°54'25"和北緯24°30'40"—25°12'10"之間。東鄰福建武平縣、廣東平遠縣，南接廣東興寧縣、龍川縣，西毗安遠縣、定南縣，北連會昌縣。面積二三五二平方千米。縣人民政府駐長寧鎮。

漢，尋鄔地屬雩都縣，隸豫章郡。

唐，貞元四年（788），析雩都縣置安遠縣，尋鄔地屬安遠縣管轄。

元，至元二十四年（1287），安遠縣併入會昌縣，尋鄔為會

昌縣地。至大三年（1310）復置安遠縣，尋鄔為安遠縣地。

明，萬曆三年（1575），巡撫南贛副都御史江一麟，平息安遠黃鄉堡葉楷的武裝反抗，奏請分置縣，理由是：黃鄉堡等地區居贛、閩、粵交界，處萬山之中，又離安遠縣治三百餘里，管理鞭長莫及，「不逞之徒，向來嘯聚其中」，為強化對該地域的統治，實有從安遠縣劃出，另置新縣之必要。萬曆四年（1576）三月獲准，析安遠縣皇象、雙橋、南橋、八富、姚古、項山、勞田、滋溪、石痕、尋鄔、大墩、桂嶺、水源、三標、石溪十五堡和會昌縣一部分地建縣。取長寧久安之義，名長寧縣，縣治設石溪堡馬蹄岡，屬贛州府。

清襲明制，長寧縣仍屬贛州府。

光緒《江西通志》卷五《地理沿革表·贛州府》載：「長寧縣，漢雩都縣地。唐宋以後為安遠縣地。明嘉靖四十一年五月，以安遠之雙橋、南橋、八付、項山、腰古五保隸平遠縣，屬贛州府。四十二年正月，平遠縣改屬廣東潮州府，縣地仍還安遠。萬曆三年乙亥九月，巡撫南贛副都御史江一麟，討平安遠黃鄉堡賊，請立縣以治。四年三月，以安遠縣之馬蹄岡置長寧縣，析會昌縣地益之，屬贛州府。」

民國元年（1912）廢府，長寧直屬省。三年（1914），全省設四道，長寧屬贛南道。四年（1915），因四川省亦有長寧縣，江西長寧縣改為尋鄔縣，因尋鄔水貫穿全縣，故得此名。二十一年（1932）江西劃為十三個行政區，尋鄔屬第十三行政區。二十四年（1935），全省縮改為八個行政區，尋鄔屬第四行政區。同年冬，劃安遠雁門堡入尋鄔。二十七年（1938），縣治石溪堡改

名尋鄔鎮。

1949 年 8 月 27，尋鄔解放，屬寧都分區。1952 年 8 月，屬贛州分區。1954 年，撤銷贛州分區，立贛南行政區，尋鄔隸屬之。1957 年，經國務院批准，縣名改為「尋烏鄔」。1964 年，撤銷贛南行政區，復為贛州專區，尋烏隸屬之。1971 年，尋烏屬贛州地區。1983 年，縣治尋烏鎮改名長寧鎮。1998 年 12 月，撤銷贛州地區設省轄贛州市，實行市管縣制，尋烏縣屬贛州市管轄。

十七、石城縣

石城縣位於江西省東南部，贛閩兩省交界處。地處東徑 116°05'46"—116°38'03" 和北緯 25°57'47"—26°36'13" 之間。東鄰福建寧化縣，南抵福建長汀縣及本省的瑞金市，西毗寧都縣，北界廣昌縣。面積一五六七平方千米。縣人民政府駐琴江鎮。

周武王時，石城為吳王封地。周元王三年（前 473），越滅吳，遂屬越。周顯王三十六年（前 333），楚滅越，屬楚地。

秦，石城屬九江郡。

漢，高祖五年（前 202），析淮南國置豫章郡，置雩都縣，石城為雩都縣地。

三國吳，嘉禾五年（236），析廬陵郡設廬陵南部都尉，在雩都東北置揭陽縣，石城為揭陽縣地。

晉，太康五年（284），揭陽更名陂陽，石城仍屬之。

隋，開皇十三年（593）設石城場，仍屬陂陽，因境內「山多石，簪崎如城」，故名。同年併入寧都。

南唐，保大十一年（953），升石城場為石城縣，屬昭信軍。

宋，太平興國元年（976），石城縣屬虔州。紹興二十三年（1153），屬贛州（虔州改稱）。

元，元貞元年（1295）石城縣屬贛州路。大德元年（1297），升寧都為州，石城縣隸之。

明，洪武二年（1369），石城縣屬贛州府。

清，乾隆十九年（1754），劃石城縣為寧都直隸州轄。

光緒《江西通志》卷五《地理沿革表‧寧都直隸州》載：「石城縣，漢雩都縣地。吳嘉禾五年，置揭陽縣。晉太康五年，改為陂陽縣，屬南康郡。宋、齊以後因之，隋開皇十三年，省入寧都縣。南唐保大十一年癸丑，析虔化東地石城場為石城縣，隸昭信軍。宋屬贛州，元屬贛州路，明屬贛州府」。

民國元年（1912），廢府、州建置，石城屬江西省。三年（1914），江西省劃分為四道，石城縣屬贛南道。十五年（1926）廢道，石城縣直屬江西省。二十一年（1932）屬江西省第十一行政區。二十四年（1935）後，屬江西省第四行政區。

1949 年 9 月 30 日，石城解放，屬瑞金專區。1950 年，屬寧都專區。1952 年 9 月以後，先後屬贛州專區、贛南行政區、贛州地區。1998 年 12 月，撤銷贛州地區設省轄贛州市，實行市管縣制，石城縣屬贛州市管轄。

第八節 ▶ 宜春市及所轄各縣（市）沿革

宜春市位於江西省西北部。地處東經 113°53'—116°09'和北

緯 27°33' —29°07'之間。東鄰南昌市，東南接撫州市，南界吉安市、新喻市，西南毗萍鄉市，北交九江市，西北與湖南省長沙市、岳陽市接壤。面積一八六六八平方千米。市人民政府駐袁州區。

西周以前，宜春屬《禹貢》九州中揚州之域，春秋時期，先屬吳後屬越，戰國時期歸楚。

秦始皇統一六國，分全國為三十六郡，宜春屬九江郡轄域，西漢屬豫章郡。宋樂史《太平寰宇記》載：漢高祖六年（前201），灌嬰於此築城，置宜春縣，屬豫章郡。因「縣側有暖泉，從地湧出，夏冷冬暖，清澄如鏡，瑩媚如春，飲之宜人，故名宜春縣」。元光六年（前129），漢武帝封長沙定王劉發之子劉成為宜成侯，宜春縣改立宜春侯國。元鼎五年（前112），劉成「坐失酎金」，廢宜春侯國，改稱宜春縣，仍屬豫章郡。新（王莽）改豫章郡為九江郡，改宜春縣為修曉縣。東漢建武元年（25），復稱豫章郡宜春縣。中平二年（185），析宜春東境置漢平縣（今樟樹市西部）。

三國吳，寶鼎二年（267），析宜春西境置萍鄉縣，析東境置新喻縣，宜春、新喻、萍鄉三縣均屬揚州安成郡。《宋書》卷三十六《州郡二》載：「安成太守，孫皓寶鼎二年，分豫章、盧陵、長沙立。」

西晉，太康元年（280），因避武帝祖母張春華名諱，改宜春為宜陽縣，仍隸安成郡。

南朝宋、齊、梁、陳，隸屬關係不變。《宋書・州郡二》載：「（安成郡）宜陽子相，漢舊縣，本名宜春，屬豫章，晉孝

武改名。」

隋，開皇十一年（591），廢吳平縣入宜陽縣，並於宜陽縣置袁州。十八年（598）宜陽縣復名宜春。大業三年（607），改袁州為宜春郡，郡治設宜春縣，領宜春、萍鄉、新喻三縣。

唐，武德四年（621）復改宜春郡為袁州，轄縣依舊。貞觀元年（627），分全國為十道，袁州隸屬江南道。開元二十一年（733），分全國為十五道，袁州隸江南西道。天寶元年（742）改袁州為宜春郡。乾元元年（758），宜春郡復稱為袁州，仍領宜春、萍鄉、新喻三縣。《舊唐書·地理志》載：「隋宜春郡。武德四年，平蕭銑，置袁州。天寶元年，改為宜春郡。乾元元年，復為袁州……宜春，州所理。漢縣，屬豫章郡。吳為安成郡，南朝不改，晉改為宜陽。隋置袁州，煬帝為宜春郡，復改為宜春。宜春，泉水名，在州西。取此水為酒，作貢。」

宋，雍熙元年（984），析宜春縣東境神龍、招賢、豐樂等十鄉地置分宜縣，隸袁州，州治設宜春縣。

元，至元十四年（1277），袁州置總管府，隸湖南行省，十九年（1282），升袁州府為袁州路，改隸江西行省。至正二十四年（1364）朱元璋據袁州，改袁州路為袁州府。

明、清，袁州府仍隸江西行省，府治仍設宜春縣。

光緒《江西通志》卷三《地理沿革表·袁州府》載：「宜春縣，本漢舊縣，屬豫章郡。高帝六年，灌嬰於此築城，置宜春縣。縣側有暖泉，從地湧出，夏冷凍暖，清澄若鏡，瑩媚如春，飲之宜人，故名。莽曰修曉，建武元年復故。吳，寶鼎二年，改屬安城郡。晉孝武帝寧康元年，以太后諱春，改宜陽縣。宋、齊

以後，因之。開皇十八年，復曰宜春。時已於十一年置袁州，移縣於城東五里。初為宜春郡治，唐復為袁州治，宋因之。元為袁州路治，明為袁州府治。」

民國元年（1912）廢府，宜春縣直屬江西省。三年（1914），全省份為四道，宜春屬盧陵道。十五年（1926），廢道，宜春直隸省。二十一年（1932），全省劃為十三個行政區，宜春縣屬第八行政區。二十四年（1935），全省縮改為八個行政區，宜春屬第二行政區。此後至解放前全省行政區多次調整，宜春縣均屬第二行政區。

1949 年 7 月 17 日，宜春解放，屬袁州專區。1952 年，袁州專區併入南昌專區，宜春縣隸南昌專區。1959 年，南昌專區更名為宜春專區，專員公署設宜春縣城宜春鎮。1963 年，宜春鎮升為縣級鎮，1967 年，宜春鎮降為區級，隸宜春縣，1970 年隸宜春地區。1979 年 10 月 8 日，國務院批準成立宜春市（縣級），以宜春鎮及附近十六個大隊為其轄地，隸屬宜春地區。1985 年 3 月 29 日，國務院批准撤銷宜春縣建置，將其轄區併入宜春市。2000 年撤銷宜春地區，設立地級宜春市，由省直轄，原宜春市域改為袁州區。宜春市轄袁州區和奉新、萬載、上高、宜豐、靖安、銅鼓六縣，以及豐城、樟樹、高安三市。

一、豐城市

豐城市位於江西省中部，贛江中下游，鄱陽湖盆地南端。地處東經 115°25'—116°09'和北緯 27°44'—28°26'之間。東鄰進賢縣、撫州市臨川區，南連崇仁縣、樂安縣、新淦縣，西界樟樹

市、高安市，北接新建縣、南昌縣。面積二八三六平方千米。市人民政府駐河州街道。

春秋戰國，豐城先後屬吳、越和楚國轄地。

秦始皇統一六國後，分全國為三十六郡，豐城屬九江郡。西漢高祖五年（前 202）分淮南國置豫章郡，豐城隸之。景帝中元元年（前 149），豫章郡設南昌縣，豐城屬南昌縣管轄。東漢建安十五年（210），吳孫權割南昌縣南境置富城縣，治所設富水西岸，此為豐城建縣之始。

西晉，太康元年（280），縣治移至豐水以西（今豐城縣榮塘圩），並改名為豐城縣。《舊唐書》卷四十《地理三》載：「豐城，吳分南昌縣置富城縣，晉改為豐城。」永平元年（291），相傳豐城縣治有「紫氣上衝斗牛星座」，縣令雷煥挖獄基得一匣，內盛「干將」「莫邪」兩寶劍，因此，豐城別稱劍邑。

南朝劉宋時，豐城縣隸屬於江州豫章郡。《宋書·州郡二》載：「（豫章郡）豐城侯相，吳立為富城，晉武帝太康元年更名。」梁，武帝大同二年（536），割豐城東境分立廣豐縣、新安縣，三縣均屬江州巴山郡管轄。陳，永定、天嘉年間（557-566），並新安縣入廣豐縣。

隋，開皇九年（589），又並豐城入廣豐縣，隸屬於撫州總管府。仁壽二年（602），避皇太子楊廣名諱，改廣豐縣為豐城縣。十三年（617），縣治毀於林士弘軍，廢豐城縣。

唐，武德五年（622），復立豐城縣。永徽二年（651），遷縣治於贛江東岸（今劍光鎮），隸洪州。天祐二年（905），改豐城縣為吳皋縣。

五代吳，順義三年（923），復為豐城縣。《宋史‧卷八十七‧地理志四》：「（南宋）隆興三年，以孝宗潛藩，升（洪州）為（隆興）府。」豐城縣為隆興府下轄的八縣之一。

元，至元二十一年（1284），隆興府改名為龍興路，豐城縣隸屬江西行中書省龍興路。二十三年（1286），豐城升縣為州，稱富州，仍屬龍興路管轄。

明，洪武九年（1376 年），豐城改州為縣，仍稱豐城縣，隸屬於江西布政使司南昌府。

清沿襲明制，豐城縣隸南昌府。

光緒《江西通志》卷二《地理沿革表‧南昌府》載：「豐城縣，本漢南昌縣地。後漢建安中，初立富城縣於富水之西，因以為名，實吳立也。晉太康元年，改為豐城，移於豐水之西，在今縣南四十一里，仍屬豫章郡。宋、齊因之。梁大同二年，移屬巴山郡，分立廣豐、新安二縣。陳初，廢新安縣入廣豐。隋平陳，豐城、廣豐並廢。開皇十二年，又置曰廣豐。仁壽初，改如故名焉。大業十三年，林士弘等廢城邑，遂廢。唐武德五年，復立豐城縣。天祐二年十一月甲申，敕洪州豐城改為吳皋。五代吳，順義三年，復為豐城縣。隋訖南唐，皆屬洪州。宋初，隸洪州隆興，後為隆興府屬。元，至元二十三年，升為富州，隸龍興路。其自豐水西徙治章水東，即唐至今治所也。明洪武九年十二月復為豐城縣。」

民國元年（1912），廢府，豐城縣直屬江西省。三年（1914），江西省下分四道，豐城屬豫章道。十五年（1926），廢道，豐城直屬省轄。二十一年（1932），江西省劃為十三個行政

區，豐城隸屬第一行政區。二十四年（1935），全省縮改為八個行政區，豐城屬第二行政區。二十八年（1939），全省擴為十一個行政區，三十一年（1942），全省改設九個行政區，豐城均屬第一行政區。

1949 年 5 月 21 日，豐城解放，隸南昌專區。1958 年底，南昌專區與袁州專區合併為宜春專區，豐城屬宜春專區管轄。1988 年 10 月 4 日，國務院批准撤豐城縣設豐城市，縣級，以原豐城縣轄區為豐城市轄區，仍隸屬宜春地區。2000 年，撤銷宜春地區設省轄宜春市，豐城市由宜春市代管。

二、高安市

高安市地處江西省中部偏西，贛江支流錦江中游。位於東經 115°00'—115°34'和北緯 28°02'—28°38'之間。東鄰新建縣、豐城市，南連樟樹市、新余市渝水區，西界上高縣、宜豐縣，北接奉新縣、安義縣。面積二四二九平方千米。市人民政府駐瑞州街道。

西漢，高祖六年（前 201），高安及鄰近的上高、宜豐、萬載等地始置縣，縣名建成，隸豫章郡。雷次宗《豫章記》載：「漢高祖六年置，以其建立城邑，故曰建成。按，成，城通用。」西漢末年，新莽改建成為多聚縣。

東漢，建武元年（25），多聚縣復名建成縣。中平間（184-189），析建成置上蔡縣（今上高縣），隸豫章郡。《宋書・卷三十六》載：「漢靈帝中平中，汝南上蔡民分徙此地，立縣名曰上蔡，晉武帝太康元年更名（望蔡）。」

三國吳，黃武間（222-228），析建成、上蔡置宜豐、陽樂（今萬載縣）二縣，皆隸豫章郡。

隋，開皇九年（589），廢望蔡（上蔡改名）、康樂（陽樂改名）、宜豐入建成縣，隸洪州。

唐，武德五年（622），建成縣避太子李建成名諱，改名高安縣。以地形似高而安，故名。同時於高安置靖州，復建望蔡、宜豐、陽樂三縣，又析建華陽縣，皆轄于靖州。七年（624），改名米州，繼改筠州。八年（625），廢筠州，並望蔡、宜豐、陽樂、華陽四縣入高安，隸洪州。《舊唐書・地理志》載：「高安，漢建成縣，屬豫章郡。武德五年，改為高安，仍置靖州，領高安、望蔡、華陽三縣。七年，改靖州為米州。其年，又改為筠州，八年，廢筠州，省華陽、望蔡二縣，以高安屬洪州。」

南唐，保大十年（952），復置筠州，州治設高安，領高安、上高、萬載、清江四縣。

宋，太平興國六年（981），析高安、上高置新昌縣（今宜豐縣）。紹興十三年（1143），改筠州為高安郡，十八年（1148）復名筠州。寶慶元年（1225），避理宗趙昀名諱，改稱瑞州，高安仍為瑞州治所。

元，高安縣屬瑞州路。

明、清，高安縣屬瑞州府。

光緒《江西通志》卷二《地理沿革表・瑞州府》載：「高安縣，本建成縣，漢高祖六年置，隸豫章，以其建立城邑，故曰建城。莽曰多聚，光武復舊名。後漢至隋因之。唐武德五年，更名高安，避太子諱也。以縣置靖州，又分置華陽縣。七年，曰米

州，又改筠州。八年，州廢，省華陽諸縣，以高安屬洪州。歷後樑、後唐高安皆屬楊吳。南唐保大十年，復為筠州治所。宋慶歷以後為瑞州治。元為瑞州路治，明為瑞州府治。」

民國元年（1912），廢府，高安直屬省。三年（1914），全省劃分為四道，高安屬廬陵道。十五年（1926），廢道，高安直屬省。二十一年（1932），全省劃分為十三個行政區，高安屬第一行政區。二十四年（1935），全省縮改為八個行政區，高安屬第二行政區。二十八年（1939），全省劃分為十一個行政區，高安仍屬第二行政區。三十一年（1942），全省調整為九個行政區，高安屬第一行政區。

1949 年 7 月 10 日，高安解放，屬南昌專區。1959 年 1 月，南昌專區改名宜春專區，1978 年 7 月，改稱宜春地區行署，高安均隸之。1993 年 12 月 8 日，國務院批准，高安撤縣設市（縣級），轄區不變，屬宜春市管轄。2000 年，撤銷宜春地區設省轄宜春市，高安市由宜春市代管。

三、樟樹市

樟樹市位於江西省中部，贛江中下游兩岸。地處東經115°06'—115°42'和北緯 27°49'—28°09'之間，東界豐城市，南鄰新淦縣，西南連新喻市渝水區，北與高安市接壤。面積一二八九平方千米。市人民政府駐淦陽街道。

西周以前，樟樹為《禹貢》九州中揚州之域。春秋戰國，樟樹先後屬吳、越和楚國的轄地。

秦統一六國後，分全國為三十六郡，樟樹隸九江郡新淦縣。

縣治淦陽，即樟樹鎮。

漢，改九江曰淮南，高祖五年（前 202），分淮南國設豫章郡，樟樹地分屬豫章郡所管轄的新淦、建成、宜春三縣。中平二年（185），析宜春置漢平縣，縣治在今樟樹西南的吳平圩，樟樹地分屬新淦、建成、漢平三縣。

三國吳，改漢平為吳平縣，仍隸豫章郡。《宋書·州郡志二》載：「吳平侯相，漢靈帝中平中立，曰漢平，吳更名。」（《水經贛水注》載：「晉太康元年，改為吳平矣。」）晉及南朝宋、齊、梁，吳平縣均隸豫章郡。陳，吳平縣割屬巴山郡。

隋，開皇十一年（591），並吳平入宜春縣。

唐，武德五年（622），置始平縣，縣治太平圩。七年（624）廢始平入新喻縣。

五代南唐，昇元二年（938），洪州蕭灘鎮（今樟樹臨江鎮）使吳鸞建議，蕭灘鎮地當南粵、虔、吉舟車四會之沖，請立為縣。八月，析高安、新淦地設清江縣，縣治蕭灘鎮，隸鎮南軍節度使。因袁水與贛江在蕭灘鎮合流後水清波澈，名「清江」，故以水名縣。保大十年（952），升高安縣為筠州，清江縣改隸筠州。

宋，淳化三年（922），「以筠州之清江建軍」（《宋史·地理志四》）。即置臨江軍，轄清江、新淦、新喻三縣。

元，至元十四年（1277），臨江軍改為臨江路，清江縣隸之。

明，洪武二年（1369），改臨江路為臨江府，仍轄清江、新淦、新喻三縣。

清代，清江縣隸屬沿用明制。

光緒《江西通志》卷二《地理沿革表・臨江府》載：「清江縣，漢為豫章郡新淦縣治，都尉居之，即今城東北三十里樟樹鎮，所謂清江鎮也。其西北境則隸建城，西南境則隸宜春，蓋實兼三縣地云。靈帝中平中，立漢平縣，吳更名曰吳平。自晉以後，皆隸豫章郡。陳割屬巴山郡。隋開皇中，郡廢，縣徙，遂為新淦縣屬地。十一年廢吳平入宜春縣，十八年，再立新渝縣，清江西南境隸之，余分隸如故。唐初以高安境內蕭灘為鎮。南唐昇元二年，洪州蕭灘鎮巡撫使吳鸞建議，鎮地當南粵、虔、吉舟車四會之沖，請為縣。八月戊寅，析高安之建安、修德二鄉，暨吉州新淦之崇學鄉，即鎮治立清江縣，直隸鎮南軍節度使。保大十年正月，以洪州高安縣置筠州，改清江隸焉。宋太宗淳化三年，轉運使張鑑請以筠州清江、吉州新淦、袁州新喻三縣置臨江軍，清江為倚郭望縣。治平三年，復析新淦茂才鄉、新喻思賢鄉來隸，從民便也。元為臨江路治，明為臨江府治。」

民國元年（1912），廢府，清江縣直屬江西省政府。三年（1914），江西省份為四道，清江縣隸廬陵道。十五年（1926），廢道，清江直屬於省。二十一年（1932），全省劃分為十三個行政區，清江屬第一行政區。二十四年（1935），全省縮改為八個行政區，清江屬第二行政區。三十一年（1942），全省改設九個行政區，清江屬第一行政區。

1949 年 7 月 13 日，清江縣解放，隸南昌專區。1959 年 1 月，改屬宜春專區（地區），1988 年 10 月，國務院批准，撤清江縣，設縣級樟樹市，仍屬宜春地區。2000 年，撤銷宜春地區設省轄宜春市，樟樹市由宜春市代管。

附：吳平縣考

吳平縣原名漢平縣，建於漢靈帝中平二年（185），撤於隋開皇十一年（591），中經五朝共 406 年，為清江建縣的始基，直至清季，官方書仍別稱清江縣為吳平縣。舊志史籍對它的記述很是疏略，甚至互有牴牾。因作《吳平縣考》，以存史，補闕，析疑。

縣名

《宋書·州郡志》：「中平二年，析宜春置漢平縣，吳更名曰吳平。」清道光《清江縣志》沿革表：「《宋志》漢平縣吳改曰吳平，未載其為何年；《水經注》以為晉太康元年，姑並存之。」

以上漢平縣改名為吳平縣的時間有兩說：一是《宋書》認為是三國孫吳改名；一是《水經注》以為晉太康元年（280）改名。舊縣志一般取《宋書》三國吳改名說。按徐爰在南朝宋時封吳平縣子，負責草創國史，後由梁朝沈約續成《宋書》，他對吳平縣的記述應較為可信，所以我們在歷史沿革中也暫從此說。但《水經注》的說法也值得重視：晉太康元年，晉將王濬以舟師攻陷石頭城，孫吳滅亡，在改朝換代時更改縣名，且含有「平吳」之意，古代如此取名者屢見不鮮。又其所述時間較之《宋書》更為具體，如無依據，何來具體年號，所以仍錄兩說以備查考。

縣境

舊縣志對吳平縣無明確記述，只說：「宋治平三年，割新喻思賢鄉增隸清江，實隋以前吳平縣地也，吳平故址在

焉。」除蒙水流域的思賢鄉外，可認為下述地區也屬吳平縣境：

　　一是縣蕭水流域。舊志載，原清江縣城為蕭灘鎮。南朝梁以前，這一帶有些村落，其有名可考者僅一個岼山村，後取名蕭州灘是因瀟水得名，而水又由吳平侯蕭勵封此而得之。據《宋書》《南齊書》《梁書》記載，在南朝時曾有蕭景、蕭勵父子以及王道隆封吳平縣侯，桓康封吳平縣伯，胡藩、徐爰封吳平縣子。特別是蕭勵為梁武帝之侄，天監初，襲封吳平侯，在豫章郡任內史，政治修明。其父蕭景也有政聲。當地紀念蕭氏父子，故將其封地之水命名蕭水。又蕭灘鎮西二十里山前街附近，有梁朝公主墓，東有梁昭明太子廟等遺跡，也可為蕭侯封地佐證。蕭水支流共有五條，經舊建安、修德兩鄉大部地區。可推斷稱澧水流域的清高交界一段（在今經樓鎮、張家山鄉北）外，贛江故道以西的清江縣境為吳平縣地，贛江故道以東則為新淦縣地。

　　二是新喻縣東北一小部，在與思賢鄉相鄰的袁、蒙兩水相夾地帶。吳平縣治吳平圩處蒙水中段，緊靠新喻，按說縣城位置不可能在縣的最邊緣，在吳平圩西南的新喻境內應有一部分屬於吳平縣。現新喻境北崗鄉及天井河，解放前即屬清江，按政治地理條件，這一帶袁、蒙兩水相夾地區，山水相連，又近縣城，可能為吳平縣地。吳宗慈繪《江西政治地理沿革圖》與此大致相符。

　　隋開皇九年，將新渝併入吳平，其縣境包括現清江縣贛江故道以西至新喻縣境，是比較清楚的。

吳平與始平

同治《清江縣志‧沿革》:「（東漢）中平二年析宜春立漢平縣……故城在今西南境三十餘里，近棲梧山；或曰：吳平故城在思賢鄉金城寺，土城遺跡尚在。」據乾隆《清江縣志》載，吳平舊治在思賢鄉二都的金城寺而非棲梧山。同治《清江縣志》卷二《古蹟》亦載明：「吳平舊城……今其地即金城寺，土城遺跡尚存。」與《沿革》所載自相牴牾。明嚴嵩並作有懷吊吳平縣的《金城寺》詩。據清江縣博物館一九七五、一九八二年兩次發掘到的土築城牆、文物、墓葬等，亦證明該處確係吳平縣舊城地址。至於太平市附近棲梧山，在思賢鄉三都五圖，其地有玉虛觀，是唐武德五年（622）建立的始平縣（一作治平縣）所在地，時隔二年多即劃歸新渝縣。這在舊縣志及其他等書中均有記載。

（《清江縣志》，上海古籍出版社 1998 年版，第 3-4 頁）

四、奉新縣

奉新縣位於江西省西北部，修水支流潦河上游。地處東經 114°45′—115°33′和北緯 28°34′—28°52′之間。東鄰安義縣，南界高安市，西南連宜豐縣，西北靠修水縣，北接靖安縣。面積一六四八平方千米。縣人民政府駐馮川鎮。

西漢，奉新地屬海昏縣，隸豫章郡。新（王莽）始建國元年（9），海昏縣改稱宜生縣。

東漢，建武元年（25），宜生縣復稱海昏縣。永元十六年

（104）析海昏置建昌縣。中平二年（185），又分海昏、建昌縣地置新吳縣。「以舊隸楚今新屬吳，故曰新吳」（《太平寰宇記》卷一○六《新昌縣》）。縣治在今會埠鄉故縣村，仍隸豫章郡。《宋書》卷三十六載：「新吳令，漢靈帝中平中立。」

南朝，梁末，置豫寧郡，新吳縣隸之。

隋，開皇九年（589），新吳併入建昌縣。

唐，武德五年（622），析建昌復置新吳縣，八年（625），又併新吳入建昌縣。永淳二年（683），縣人以道路遙遠，難以供輸，請建縣獲准復置新吳縣，隸洪州。神龍二年（706），縣治由故縣東遷至馮川之北（即今縣治）。

南唐，保大元年（943），以「南唐代吳，惡新吳之名」，改新吳為奉新縣，隸洪州。《宋史》卷八十六載：「奉新，唐新吳舊縣，南唐改。」

宋，奉新縣仍隸洪州。隆興元年（1163），洪州改稱隆興府，奉新隸屬關係如故。

元，至元十四年（1277），改隆興府為隆興路。二十一年（1284），隆興路改為龍興路，奉新皆隸之。

明、清，奉新縣隸南昌府。

光緒《江西通志》卷二《地理沿革表・南昌府》載：「奉新縣，漢海昏縣地。永元十六年，分海昏置建昌縣。中平二年，又分置新吳縣。舊隸楚，今新屬吳，故曰新吳，屬豫章郡。晉世因之，宋元嘉二年，徙建昌治海昏城，而故城廢。梁末立豫寧郡，以新吳屬之。又嘗置南江州，尋廢。隋開皇九年，省入建昌。武德五年，於建昌置南昌州，又析置龍安、永修、新吳三縣。八

年，廢南昌州及孫州，以南昌州新吳、永修、龍安入建昌縣，以孫州之南昌入豫章縣，而以建昌屬洪州。永淳二年，分建昌置新吳縣。神龍二年，東徙馮川之北，即今縣治也。南唐割據江南，改為奉新縣，以國號唐諱楊吳所稱故。宋元明皆因之。」

民國元年（1912），廢府，奉新直屬省。三年（1914），全省劃分為四道，奉新縣屬潯陽道。十五年（1926）廢道，奉新又直屬省。二十一年（1932），全省劃分為十三個行政區，奉新屬第三行政區。二十四年（1935），全省縮改為八個行政區，奉新屬第一行政區。二十八年（1939），全省改為十一個行政區，奉新屬第十行政區。三十一年（1942），全省調整為九個行政區，奉新屬第九行政區。

1949 年 7 月 8 日，奉新解放，屬南昌專區。1959 年 1 月屬宜春專區。1970 年屬宜春地區。2000 年 5 月，撤銷宜春地區和縣級宜春市，設立地級宜春市，實行市管縣制，奉新縣屬宜春市管轄。

附：奉新古縣名考

海昏 據乾隆《奉新縣志》記載：漢高祖四年（西元前 203 年），分秦時的九江郡地方設置淮南國，封英布為淮南王。高祖六年（西元前 201 年），灌嬰築豫章城，采開始設置郡，歸淮南國管轄。高祖十一年（西元 196 年），割淮南國的地方設立吳國，封濞做吳王，豫章郡又屬吳國管轄。漢景帝前元三年（西元前 154 年），濞被殺，國號取消，吳國改為豫章郡，管轄十八縣，其中一個叫海昏。又《讀史方

興》：「高帝分置豫章郡初屬吳，景帝初入於漢，領南昌等十八縣，今江西境內是其地，南昌縣即今南昌府治。」一般記載沒有年份，只記漢時為海昏縣地。

　　新吳　漢靈帝中平二年（西元 185 年），分海昏、建昌的地方設置新吳縣的年號和說法，各書記載一致，但改名原因，敘述各有不同。《江西通志》云：「舊隸楚，今新屬吳，故曰新吳」；《南昌府志》和乾隆、同治《奉新縣志》的記敘是統一的：「初高帝以項籍起江東，惡其強盛，遷吳之大姓吳氏、涂山氏、東馮氏於海昏，因名其地為新吳」；又《南昌府志·名勝》：「漢高帝平定海內，分徙江東大族置之他郡，於是遷涂山氏於此，號曰新吳，以舊隸楚，今新屬吳也。」似漢初時有新吳之名，不過沒有建置縣，奈無資料可查證，因以漢中平二年（西元 185 年）為新吳縣。一說晉武帝太康元年（西元 280 年）滅吳之後，把孫氏子孫遷來海昏，稱新吳縣。

　　奉新　又兩種說法。一說：「南唐代吳，惡新吳之名，故改為奉新」；另一說：「南唐『吳』字不准用，遂改為奉新，意味著棄舊迎新」。

（《奉新縣志》，海南南海出版
公司 1991 年版，第 37 頁至 38 頁。）

五、萬載縣

　　萬載縣位於江西省西部偏北，贛江支流錦江上游。地處東經 113°59'—114°36'和北緯 27°59'—28°27'之間。東鄰宜豐縣、上高

縣，南連宜春市袁州區，西毗湖南省瀏陽市，北接銅鼓縣。面積一七一六平方千米。縣人民政府駐康樂街道。

西周以前，萬載地屬《禹貢》九州的揚州之域。春秋戰國時期，萬載先後屬吳、越和楚國的轄地。

秦始皇統一六國後，全國分為三十六郡，萬載隸屬於九江郡。

西漢，改九江曰淮南國。高祖五年（前 202），分淮南國設豫章郡置建成縣，萬載為建成屬地。新（王莽）始建國元年（9），豫章郡改稱九江郡，建成縣改為多聚縣，萬載隸多聚。東漢，建武元年（25），恢復郡縣舊名，萬載隸屬於豫章郡建成縣。中平年間（184-189），析建成置上蔡縣。

三國吳，黃武年間（222-229），析上蔡設陽樂縣，縣治設於羅城，隸豫章郡。此為萬載設縣之始。

晉，太康元年（280），陽樂縣更名康樂縣，隸豫章郡。

南朝宋、齊、梁、陳隸屬關係依舊，《宋書·州郡志二》載：「（豫章郡），康樂侯相，吳孫權黃武中立曰陽樂，晉武帝太康元年更名。」

隋，開皇九年（589），置洪州，康樂縣併入建成縣，隸洪州。大業二年（606），廢州復郡，萬載仍屬豫章郡建成縣地。

唐，武德五年（622），改郡為州，置靖州，復設陽樂縣，縣治由羅城遷龍山下（今康樂鎮）。七年（624），靖州初改米州，後改筠州，陽樂均隸屬之。次年，筠州併入洪州，陽樂縣併入高安縣，隸洪州。

五代十國，楊吳天祐年間（904-908）分高安縣萬載鄉置萬

載場，隸洪州。順義元年（921），以高安縣的萬載、進城、康樂、高侯四鄉設萬載縣，仍隸洪州。南唐保大十年（952），改隸筠州。

宋，開寶八年（975），萬載縣改屬袁州，隸江南西路，《宋史·地理志四》載：「萬載，開寶末，自筠州來屬。宣和三年，改名建城，紹興元年，復今名。」

元初，萬載縣隸袁州，屬湖南行省轄區。至元十九年（1282），改州為路，萬載縣隸袁州路，屬江西行省。

明，洪武二年（1369），改路為府，萬載縣隸袁州府。

清沿明制，萬載仍隸袁州府。

光緒《江西通志》卷二《地理沿革表·袁州府》載：「萬載縣，漢豫章郡建成縣地。靈帝時又兼上蔡縣地。吳大帝黃武中，置陽樂縣。晉武帝太康元年更名康樂。宋齊以後因之，皆屬豫章郡。隋省入建城，唐並為高安縣。楊吳天祐間，分高安之萬載鄉置場。順義元年，以萬載鄉及進城、康樂、高侯四鄉置萬載縣，屬洪州。南唐保大十年，割隸筠州。宋開寶八年，改屬袁州，宣和三年，改曰建城，紹興元年，復故。元屬袁州路，明屬袁州府。」

民國元年（1912），廢府，萬載縣直屬江西省。三年（1914），全省劃為四道，萬載屬廬陵道。十五年（1926），廢道，萬載直屬省轄。二十一年（1932），全省設十三個行政區，萬載縣屬第二行政區。二十四年（1935），全省縮改為八個行政區，萬載縣仍屬第二行政區。二十八年（1939），全省擴為十一個行政區，三十一年（1942），全省改設九個行政區，萬載縣均

屬第二行政區。

　　1949 年 7 月 16 日，萬載解放，隸袁州分區（1950 年 9 月分區改專區）。1952 年 9 月撤銷袁州專區，萬載改屬南昌專區。1959 年 1 月，南昌專區更名宜春專區，萬載隸宜春專區。1970 年，宜春專區更名宜春地區，萬載縣隸宜春地區。2000 年撤銷宜春地區設省轄宜春市，萬載縣由宜春市管轄。

六、上高縣

　　上高縣位於江西省西北部，贛江支流錦江中游。地處東經 114°28'─115°10'和北緯 28°02' ─28°25'之間。東連高安市，西接萬載縣，南鄰新喻市渝水區、分宜縣、宜春市袁州區，北與宜豐縣接壤。面積一三四八平方千米。縣人民政府駐敖陽街道。

　　西周以前，上高屬《禹貢》九州中揚州之域。春秋時期，先屬吳後屬越，戰國時期歸楚。

　　秦始皇統一六國，分全國為三十六郡，上高屬九江郡轄域。項羽封英布為九江王盡有其地，漢改九江曰淮南，即封布為淮南王。漢高祖分淮南國設豫章郡置建成縣，上高為建成之域。新王莽始建國元年（9），改建成為多聚，《漢書・地理志》載：「建成，莽曰多聚。」東漢光武元年（25），多聚復名建成，屬豫章郡。中平年間（184-189），在建成的汝南上蔡（今河南省上蔡縣）人徙居地析置上蔡縣，此為上高建縣之始。

　　晉，太康元年（280），因上蔡人懷念故土，更縣名為望蔡縣。南朝梁時，望蔡縣屬豫章王國，仍隸豫章郡。《宋書・州郡志二》載：「望蔡，漢靈帝中平中，汝南上蔡民分徙此地，立縣

名曰上蔡，晉武帝太康元年更名。」

隋，開皇九年（589），與望蔡、康樂兩縣併入建成縣，屬洪州。大業元年（605）洪州復改為豫章郡，建成隸之。

唐，武德五年（622）復立望蔡縣，屬靖州，七年（624）屬米州，不久改屬筠州，八年（625），廢筠州望蔡縣併入高安縣，屬洪州。《舊唐書·地理志》載：「武德七年，改靖州為米州。其年，又改為筠州。八年，廢筠州，省華陽、望蔡二縣，以高安屬洪州。」中和年間（881-884），鎮南軍節度使鍾傳以故望蔡居高安上游，地勢高於高安，初置上高鎮。上高因此得名。南唐昇元中（932-942）上高鎮改稱上高場。保大十年（952），升場為縣，始名上高縣，屬筠州。

宋，寶慶元年（1225），上高縣改屬瑞州。

元，元貞元年（1295）隸瑞州路新昌州。

明，洪武二年（1369）因新昌州降州復為縣，上高縣屬瑞州府。

清沿明制，上高仍屬瑞州府。

光緒《江西通志》卷二《地理沿革表·瑞州府》載：「上高縣，本高安之上高鎮。地形高上，古曰上高。漢為建成縣地。後漢靈帝析建成置上蔡縣，以汝南上蔡人分徙於此。至晉武帝太康元年，又以蔡人懷土，更名望蔡，仍屬豫章郡。宋、齊以後因之。隋開皇九年，省入建城縣。唐，武德五年，復置，八年，廢。僖宗中和間，鎮南軍節度使鍾傳以故望蔡居高安上游，初置高安鎮。南唐，昇元年中立為場。保大十年，升為縣，以隸筠州。宋理宗寶慶元年，改筠州為瑞州，縣屬如故。元屬瑞州路，

名屬瑞州府。」

民國元年（1912）廢府，上高直屬江西省。三年（1914）全省份為四道，上高屬廬陵道。十五年（1926），廢道，上高直隸省。二十一年（1932），全省劃為十三個行政區，上高縣屬第八行政區。二十四年（1935），全省縮改為八個行政區，上高屬第二行政區。此後至解放前全省行政區多次調整，上高縣均屬第二行政區。

1949 年 7 月 14 日，上高解放，屬袁州專區。1952 年 9 月，袁州專區併入南昌專區，上高縣隸南昌專區。1959 年 1 月，南昌專區更名為宜春專區，上高隸屬宜春專區。1970 年，宜春專區更名宜春地區，上高縣隸宜春地區。2000 年撤銷宜春地區設省轄宜春市，上高縣由宜春市管轄。

七、宜豐縣

宜豐縣位於江西省西北部，九嶺山南麓，錦江上游。地處東經 114°24'—115°08'和北緯 28°17'—28°40'之間，東連高安市，西南接萬載縣，南鄰上高縣，西北連銅鼓縣，北與修水縣、奉新縣接壤。面積一九三四平方千米。縣人民政府駐新昌鎮。

西周以前，宜豐屬《禹貢》九州中揚州之域。春秋時期，先屬吳後屬越，戰國時期歸楚。

秦始皇統一六國，分全國為三十六郡，宜豐屬九江郡轄域。項羽封英布為九江王盡有其地，漢改九江曰淮南，即封布為淮南王。漢高祖分淮南國設豫章郡置建成縣，宜豐屬建成縣地。新王莽始建國元年（9），改建成為多聚，《漢書・地理志》載：「建

成，莽曰多聚。」東漢光武元年（25），多聚復名建成。中平年間（184-189）析建成置上蔡縣。

三國吳，黃武年間（222-229），析上蔡置宜豐縣，屬揚州豫章郡，宜豐縣名始於此。

晉，元康元年（376），廢宜豐入望蔡縣，屬豫章郡。南朝宋、齊、梁、陳，宜豐縣仍屬豫章郡。《宋書·州郡志二》載：「望蔡，漢靈帝中平中，汝南上蔡民分徙此地，立縣名曰上蔡，晉武帝太康元年更名」。

隋，開皇九年（589），與望蔡、康樂兩縣同併入建成縣。

唐，武德五年（622）改建成為高安，並析高安縣復置宜豐縣，八年（625）又並宜豐入高安縣。南唐保大十年（952），於宜豐舊地置鹽步鎮，仍屬高安縣管轄。

宋，開寶八年（975）鹽步因「地勢險廣，非鎮可治」，蔡嵩、蔡岑建議請改為縣。太平興國六年（981），「以高安縣現管一萬四千五百七十二戶，今分太平等鄉計四千七百九十六戶」，另設新昌縣，分高安、上高地為其轄區。《宋史·地理志四》載：「新昌，太平興國六年，析高安地置縣。」縣治鹽步鎮，隸江南西路筠州。

元，元貞元年（1295）升縣為州，隸瑞州路。

明，洪武五年（1372），新昌降州為縣，隸瑞州府。清沿明制，新昌縣仍隸瑞州府。

光緒《江西通志》卷三《地理沿革表·瑞州府》載：「新昌縣，本漢建成縣地。吳大帝黃武中析上蔡置宜豐縣。晉孝武太（康）元年省。梁初復置鄱陽，王恢子修封宜豐侯是也。隋開皇

九年，與望蔡、康樂二縣並廢歸建城。唐武德五年復置。又於縣東置陽樂縣，屬靖州。八年，宜豐、陽樂皆省。南唐，保大十年，以宜豐舊地為鹽步鎮。宋太祖開寶八年，江南平鎮人蔡嵩、蔡岑上議，以地勢廣險，非鎮可治，宜改縣。轉運司三請於朝。太平興國六年，始分高安之天德、太平，上高之太和、宜風諸鄉，於鹽步鎮立新昌縣。紹興十三年，屬高安郡。寶慶元年，改筠州為瑞州，縣屬如故。元，元貞元年升州，隸瑞州。明洪武初，仍降為縣，隸瑞州府。」

民國元年（1912）廢府，新昌直屬江西省。三年（1914）因與浙江省新昌縣同名，復稱宜豐縣。同年全省劃分為四道，宜豐屬廬陵道。十五年（1926），廢道，宜豐直隸省。二十一年（1932），全省劃為十三個行政區，宜豐縣屬第二行政區。此後至解放前全省行政區多次調整，宜豐縣均屬第二行政區。

1949年7月15日，宜豐解放，屬袁州專區。1952年，袁州專區併入南昌專區，宜豐縣隸南昌專區。1959年，南昌專區更名為宜春專區，宜豐隸屬宜春專區。1970年，宜春專區更名宜春地區，宜豐縣隸宜春地區。2000年撤銷宜春地區設省轄宜春市，宜豐縣由宜春市管轄。

八、靖安縣

靖安縣位於江西省西北部，修水支流潦河上游。地處東經114°55'—115°31'，北緯28°46'—29°06'之間。東界安義縣，南鄰奉新縣，西毗修水縣，北倚武寧縣，東北接永修縣。面積一三七七平方千米。縣人民政府駐雙溪鎮。

秦，靖安地屬九江郡。

西漢，改九江郡為淮南國，析淮南國置豫章郡，靖安為豫章郡海昏縣地。

東漢，永元十六年（104），析海昏置建昌縣，靖安地屬建昌縣管轄。

三國吳至唐，靖安皆屬建昌縣。唐廣明（880-881）之後，因「草寇侵掠本州，以建昌縣之靖安、孝悌兩鄉去州稍遠，乃置靖安鎮」（道光五年《靖安縣志》），仍屬建昌縣。

五代吳，乾貞二年（928），升靖安鎮為靖安場。南唐昇元元年（937），升場為縣，始立靖安縣，並割建昌，奉新，武寧三縣地為其轄區，縣治設雙溪鎮，隸洪州。

北宋，靖安縣仍屬洪州。南宋，隆興二年（1164），升洪州為隆興府，靖安縣隸隆興府。

元，至元十二年（1275），改隆興府為隆興路。二十一年（1284），改「隆」為「龍」，稱龍興路，靖安隸屬不變。

明、清，靖安縣屬南昌府。

光緒《江西通志》卷二《地理沿革表‧南昌府》載：「靖安縣，漢海昏縣地。後漢建昌縣地。迄於隋唐，皆在建昌境內。廣明之後，草寇侵掠本州，以建昌縣之靖安、孝悌兩鄉去州稍遠，於此置鎮。至吳乾貞二年，升為場。唐昇元年中改為縣，取靖安鄉以名焉。仍析建昌、奉新、武寧三縣地以益之，隸洪州。顯德六年，洪州升為南昌府，縣隸如故。宋改府為洪州，又尊為隆興府，縣仍隸焉。元初亦隸隆興府，其後改府為路，改隆為龍，靖安名仍其舊。明隸南昌府。實為府屬之第六縣。」

民國元年（1912），廢府，靖安直屬於省。三年（1914），劃全省為四道，靖安屬潯陽道。十五年（1926），廢道，靖安直屬省。二十一年（1932），全省劃為十三個行政區，靖安屬第二行政區。二十四年（1935），全省縮減為八個行政區，靖安屬第一行政區。二十八年（1939），全省擴為十一個行政區，靖安屬第十行政區。三十一年（1942），全省劃為九個行政區，靖安屬第九行政區。

1949年6月3日，靖安解放，屬九江專區。9月，改屬南昌專區。1959年1月，撤銷南昌專區，靖安改屬宜春專區。1970年，宜春專區改名宜春地區，靖安縣隸宜春地區。2000年撤銷宜春地區設省轄宜春市，靖安縣由宜春市管轄。

九、銅鼓縣

銅鼓縣位於江西省西北邊陲，依湘傍鄂，是修河源頭。地處東經114°05'—114°44'，北緯28°22'—28°50'之間。東鄰宜豐縣，南接萬載縣，西界湖南省瀏陽市、平江縣，北連修水縣。面積一五五二平方千米。縣人民政府駐永寧鎮。

西漢，銅鼓屬豫章郡艾縣地。新（王莽）始建國元年（9），艾縣改稱治翰縣。東漢建武元年（25），復稱艾縣。

三國吳、晉、南朝，銅鼓仍屬艾縣地，隸豫章郡。

隋，開皇九年（589）艾縣併入建昌縣，銅鼓地屬建昌縣管轄。

唐，長安四年（704），析建昌縣置武寧縣。景雲元年（710），改武寧為豫寧縣。寶應元年（762），豫寧縣復稱武寧

縣，隸洪州。《新唐書·卷四十一·地理志五》載：「武寧，長安四年析建昌置，景雲元年曰豫寧，寶應元年復故名。」貞元十六年（800），析武寧西八鄉置分寧縣。銅鼓均隸屬之。

宋，設江南西路洪州鎮南軍，改分寧縣為寧縣隸之。開寶八年（975），改洪州鎮南軍為洪州，寧縣復稱分寧縣。建炎四年（1130），升分寧縣為義寧軍，銅鼓地屬義寧軍。

元，至元二十三年（1286），於武寧置寧州，隸龍興路，下轄武寧、分寧。大德八年（1304），升分寧縣為寧州，仍隸龍興路，銅鼓屬寧州轄區。

明，洪武初年，改寧州為寧縣。弘治六年（1503），升寧縣為寧州，屬南昌府。萬曆五年（1577），於寧州設銅鼓營，派守備領兵鎮守。以境內有「銅鼓石」而得名。

清，雍正元年（1723），置銅鼓分防府，仍隸寧州。嘉慶六年（1801）三月，清廷表彰寧州鄉紳鎮壓白蓮教劉聯登、宋懷璞起義有功，是「知方向義」，降旨將寧州改名為義寧州。光緒三十四年（1908），江西提督學政吳士鑑奏請改銅鼓營為撫民廳。宣統二年（1910）正月初一，銅鼓廢營成立撫民廳，仍隸南昌府義寧州。

光緒《江西通志》卷二《地理沿革表·南昌府》載：「義寧軍，古艾邑也，吳公子慶忌所居。漢置艾縣，屬豫章郡。莽曰治翰，東漢復名艾，仍屬豫章郡。晉以後因之，梁末及陳屬豫寧郡。隋省，縣入建昌，唐初為武寧縣地。貞元十六年二月，析武寧置分寧縣，均屬洪州。宋建炎四年，宣撫使張浚以分寧知縣陳敏識有功，請升縣為義寧軍，尋罷。元至元二十三年，置寧州於

武寧縣，以分寧屬之。大德八年，武寧割隸本路，以分寧縣置寧州，迄於元末，而州之名不廢。至明洪武初，始改為寧縣，省州入焉。弘治十六年升縣為州，屬南昌府。」

民國二年（1913）7月，改銅鼓廳為縣，直屬省。三年（1914），全省劃分為四道，銅鼓隸潯陽道。十五年（1926），廢道，銅鼓直屬省。二十一年（1932），全省劃分為十三個行政區，銅鼓屬第二行政區。二十四年（1935），全省縮改為八個行政區，銅鼓屬第一行政區。三十一年（1942），全省調整為九個行政區，銅鼓屬第二行政區。

1949年7月14日，銅鼓解放，屬袁州專區。1952年9月，袁州專區併入南昌專區，1958年12月，南昌專區改為宜春專區，銅鼓均隸之。1970年，宜春專區改為宜春地區。2000年5月，撤銷宜春地區和縣級宜春市，設立地級宜春市，實行市管縣制，銅鼓縣隸宜春市。

　　附：銅鼓建縣始末

　　銅鼓初為軍事據點。宋建炎年間立定江砦。明洪武年間，置游擊鎮守。明洪武八年（1375年）設定江巡檢司，萬曆五年（1577年）設銅鼓石守備司。清雍正元年（1723年）移駐瑞州府同知，設置銅鼓城瑞州分防府，管理民政，兼司緝捕，隸屬於寧州統轄，雍正六年設銅鼓營把總廨。乾隆三十二年（1767年）設銅鼓營都司衙署，統率塘汛，維護治安。

　　銅鼓境處湘、鄂、贛三省結合部，形勢險要，自古為兵

家必爭之地，清代更為多事之秋。清康熙十三年（1674年）楊白巾聚黨陷銅鼓三年；咸豐五年（1855年）太平軍石達開部進據銅鼓，往來征戰；同治四年（1865年）叛將霆勇亦曾竄占銅鼓。光緒二十九年（1903年）清廷變革綠營兵制，裁撤都司，地方復不安寧，士紳黃希憲等遂有廢營建縣提議。銅鼓分防府同知周錦城、吳春瑢、俞錫祉先後稟呈改營為縣，義寧州抑而不報，未能實現。

光緒三十二年（1906年），孫中山領導同盟會發動萍瀏醴大規模武裝起義，波及銅鼓，震撼了清王朝的統治基礎。江西提督學政吳士鑑，以銅鼓為吳楚咽喉，關係贛省安危，義寧州幅員廣闊，勢有鞭長莫及之困難，奏請廢銅鼓營改建縣制，藉此綏靖邊陲。清廷傳諭湘、鄂、贛三省督撫會議，奏復擬援虔南先例，改銅鼓為扶民廳。光緒三十四年經部議報可，乃於宣統元年（1909年）改銅鼓為扶民廳，隸屬義寧州，施政准訴訟，但不經徵糧錢。

建立扶民廳時，江西省派義寧州知府華桐，駐銅鼓同知俞錫祉為勘界委員，劃義寧州崇鄉、武鄉二鄉中的上半鄉為扶民廳轄境。建縣動議醞釀之時，銅鼓提出「析疆分治」的要求，將義寧州統轄高、崇、奉、武、仁、西、安、泰八鄉地域、人口、田賦均分為義寧（因名同廣西義寧，旋改修水）、銅鼓兩縣領屬。銅鼓最初要求領有武鄉強半鄉、崇鄉強半鄉和上奉鄉。幾經爭論，無法協議，結果銅鼓統轄的地盤，只得了以武鄉金雞橋以南之上半鄉及崇鄉高坳、港口以南之上半鄉。

辛亥革命之初，江西都督馬毓寶因節省政費，於民國元年（1912 年）三月三日下令裁撤銅鼓廳，廳民聞而反對，公推戴之鼎、黃庭初、盧日藻、吳江聲、王夢揚、邱汝濱、王紹藜、鍾移森等為表，去省向新任都督李烈鈞請願。李將此案咨請臨時省議會討論，認為南昌府所隸八屬，其七屬均稱縣，唯義寧稱州，可見地方遼闊，鞭長莫及，誠非虛語，遂一致通過，於民國二年（1913 年）七月將銅鼓扶民廳建置為銅鼓縣，直屬江西省政府管轄。

銅鼓建縣之舉，當時出現擁護和反對兩派。地方士紳，一般已從政者，為了保守既得利益，態度積極；散處鄉鎮，逐鹿失利者，拉起桿子聯合反對，其中最著者為大、帶溪、古橋、東滸的鬍子斌、黃子俊、朱壽田、陳子甫、劉慕江、時振聲、賴達園等組織「向義鄉自治議事局」，鬍子斌、黃子俊為正副主事，倡言「銅鼓設縣，地小人少，繳納錢糧，負苛奇重，民無以堪」，撐起「為民請命」旗號，聲稱心向義寧州，驅逐縣政府派任官員。朱壽田徵集武裝鄉丁，催收錢糧繳到修水縣，修水以大塅已劃銅鼓管轄而拒收。又復直解省庫，省府飭令回縣清繳。僵持至民國四年（1915 年）中秋，唐祚慶知事，親臨大塅簡請向義鄉自治議事局諸人，經過幾番懇談，達成協議，歸轄銅鼓。

銅鼓、修水劃縣之時，田賦只按糧冊都圖分配，但有的劃歸修水的都圖，田畝都在銅鼓；有的都圖屬銅鼓，卻有田畝在修水。建縣之後，仍按都圖原屬地區完糧。修水山口三都一圖後，二十七都二圖前，天公碑義倉均須向銅鼓交糧；

而居住在大 、古橋的黃、楊、范、曾、陳姓的田畝均在銅鼓境內，糧戶卻屬修水安鄉十二都二圖，每年冬安鄉來人收糧。這種按原屬都圖完糧的舊規直至一九四九年解放後，實行合理負擔政策，才徹底廢棄。

（《銅鼓縣志》，海南南海出版公司
1989 年版，第 42 至 43 頁。）

第九節 ▶ 上饒市及所轄各縣（市）沿革

上饒市位於江西省東北部，地處東經 116°13'—118°29'和北緯 27°48'—29°42'之間。東鄰浙江省衢州市，南接撫州市、福建省南平市，西連九江市、南昌市，北界景德鎮市、鷹潭市、安徽省池州市、黃山市。面積二二七三六平方千米。市人民政府駐信州區。

商、周，上饒地屬《禹貢》揚州之域。春秋戰國，迭屬吳、越、楚。

秦，分天下為三十六郡，上饒地分屬九江、會稽、鄣、閩中四郡。今上饒、鄱陽、餘干、萬年、德興、弋陽、橫峰縣之全部，及婺源、鉛山、廣豐縣之一部，當屬九江郡之番陽、餘汗兩縣；今婺源縣之一部屬鄣郡之歙縣；今鉛山縣之一部屬閩中郡之東冶縣，今玉山、廣豐縣之一部屬會稽郡之太末縣。

漢，高祖五年（前 202），九江郡番陽、餘汗兩縣改屬豫章郡。元封二年（前 109），改鄣郡為丹陽郡。始元二年（前 85），閩中郡東冶縣更名冶縣，並改屬會稽郡。建安十五年

（210），孫權析豫章置鄱陽郡。

三國吳，上饒地主要屬鄱陽郡，治鄱陽縣，下領鄱陽、廣昌、餘汗、陽、歷陵、樂安、葛陽、上饒、建平九縣。其餘地分屬會稽、新都、建安三郡。

晉，鄱陽郡移治廣晉（今鄱陽境），下領廣晉、鄱陽、樂安、餘汗、陽、歷陵、晉陽、晉興八縣。今上饒區境其餘地分屬東陽、新安、建安三郡。

南朝梁，承聖二年（553）改鄱陽郡為吳州，治鄱陽縣。上饒地主要屬吳州，余屬金華、新安、建安三郡。

隋，開皇九年（589），改鄱陽為饒州。大業三年（607），復改饒州為鄱陽郡。

唐，武德四年（621），改鄱陽郡為饒州，治鄱陽縣，下領鄱陽、新平、廣晉、餘干、樂平、長城、玉亭、弋陽、上饒九縣。乾元元年（758），析饒州之弋陽、衢州之常山和玉山三縣置信州。上饒地分屬饒州、信州、歙州，隸江南東、西二道。《舊唐書》卷四十《地理三》載：「饒州下，隋鄱陽郡。武德四年，平江左，置饒州，領鄱陽、新平、廣晉、餘干、樂平、長城、玉亭、弋陽、上饒九縣。七年，省上饒入弋陽，省玉亭入長城、餘干二縣。八年，又並長城入餘干，並新平、廣晉入鄱陽。」「信州上，乾元元年，割衢州之常山、饒州之弋陽、建州之三鄉，撫州之一鄉，置信州，又置上饒、永豐二縣。」

五代，上饒地初屬楊吳，後屬南唐。

宋，開寶八年（975），上饒地分屬饒、信、歙三州，均隸江南東路。

元，上饒地分屬饒州路、信州路、徽州路和鉛山州，均隸江浙行中書省。

明，上饒地主要屬饒州府、廣信府。嘉靖三十九年（1560），廣信府治上饒，領上饒、玉山、弋陽、貴溪、鉛山、永豐、興安七縣；饒州府治鄱陽，領鄱陽、餘干、樂平、浮梁、德安、安仁、萬年七縣；婺源縣仍隸徽州府。

清沿明制。上饒地仍分屬饒州府、廣信府、徽州府。

民國元年（1912），廢府，各縣直屬於省。三年（1914），設道，上饒地主要屬江西省豫章道、潯陽道，婺源縣屬安徽縣蕪湖道。十五年（1926），廢道，各縣直屬於省。二十一年（1932），省下設行政區，上饒地主要屬江西省第四，第六行政區。婺源縣屬安徽省第十行政區，二十三年（1934）劃歸江西省，三十六年（1947），婺源改屬安徽省第七行政區。

1949 年 4 月 28 日至 5 月 11 日，上饒各縣、市解放，婺源縣劃隸江西省。5 月 14 日，析上饒縣廣平鎮置上饒市，隸上饒專區。6 月，於上饒市置贛東北行政區，下轄上饒、貴溪、樂平、鄱陽四個專區及所屬各縣市。9 月，贛東北行政區撤銷，並上饒和貴溪兩專區稱上饒專區，專署設上饒市；並鄱陽和貴溪兩專區稱浮梁專區，專署設景德鎮市。各專區直屬江西省政府管轄。1950 年 4 月，上饒市改為鎮，直隸上饒專區，同年 11 月，政務院批准設縣級上饒市。1952 年 9 月，並上饒市，浮梁兩專區稱上饒專區，專署仍駐上饒市。1960 年 3 月，上饒縣併入上饒市。1964 年 11 月，國務院批准恢復上饒縣建置，從上饒市分出的上饒縣隸上饒專區。1971 年 4 月，上饒專區改稱上饒地

區。2000 年 7 月，撤銷上饒地區和縣級上饒市，原上饒市轄域改稱信州區，隸屬新設立的省轄上饒市。上饒市轄信州區、德興市和上饒、廣豐、玉山、鉛山、橫峰、弋陽、餘干、鄱陽、萬年、婺源十縣。

一、上饒縣

上饒縣位於江西省東北部，信江上游，地處東經 117°41'—118°14'和北緯 27°58'—28°50'之間。東鄰上饒市信州區、玉山縣、廣豐縣，南連福建省浦城縣、武夷山市，西接鉛山縣、橫峰縣，北界德興市。面積二二三二平方千米。縣人民政府駐旭日街道。

秦，上饒縣地屬九江郡餘汗縣。

西漢，餘汗縣屬豫章郡。東漢建安初年（196-204），吳析餘汗縣東境置上饒縣，以其「山郁珍奇、上等富饒」（唐·梁載言《十道志》）而得名，屬豫章郡。十年（205），析上饒縣地置建平縣。十五年（210）分豫章郡立鄱陽郡，領九縣，上饒縣屬之。

晉，元康元年（291），上饒、建平併入葛陽縣，屬鄱陽郡。

南朝宋，析葛陽復置上饒縣，屬鄱陽郡。齊、梁、陳，上饒縣皆屬鄱陽郡。

隋，開皇九年（589），鄱陽郡改稱饒州，上饒縣地再次併入葛陽。十二年（592）葛陽縣易名弋陽縣。

唐，武德四年（621），析弋陽東境復置上饒縣，隸饒州。七年（624），上饒縣再次併入弋陽縣。乾元元年（758），析饒州置信州，析弋陽復置上饒縣，為州治。《舊唐書》卷四十《地

理三》載：「上饒，乾元元年置，州所理也。元和七年，省永豐縣入。」

宋，開寶八年（975），上饒縣屬江南路信州。

元，至元十四年（1277），上饒縣屬江浙行中書省信州路，為路治。明，洪武三年（1370），信州路改稱廣信府，上饒縣隸之，為府治。四年（1371），廣信府改屬江西行中書省，上饒縣隸之。清，沿用明制，上饒縣仍隸江西省廣信府。

光緒《江西通志》卷四《地理沿革表·廣信府》載：「上饒縣，漢豫章郡餘汗縣地。獻帝建安中，吳立上饒縣，屬豫章郡。十五年，分置鄱陽郡，上饒自豫章移屬焉。晉省，劉宋復置。自宋及陳，皆屬鄱陽郡。隋平陳，又省。唐武德四年，復於饒州置上饒縣。七年，省入弋陽。乾元元年復置，信州所理也。宋因之，元為信州路治，明為廣信府治。」

民國元年（1912），廢府，上饒縣直屬省。三年（1914），全省份為四道，上饒縣隸豫章道。十五年（1926），廢道，上饒縣直屬於省。二十一年（1932），江西省份設為十三個行政區，二十四年（1935）為八個行政區，三十一年（1942）為九個行政區，上饒縣均屬第六行政區。

1949 年 5 月 3 日，上饒解放，屬贛東北行政區。9 月，屬上饒專區。1960 年 3 月，撤銷上饒縣建置，併入上饒市。1964 年 3 月，恢復上饒縣建置，屬上饒專區。1970 年後屬上饒地區。縣治於 1979 年 10 月由上饒市區遷至旭日鎮。2000 年撤銷上饒地區設省轄上饒市，實行市管縣制，上饒縣屬上饒市管轄。

附：上饒縣始建年代考

上饒縣始建年代，有「乾元」「武德」「建安」「元嘉」諸說。

「乾元」說。《文獻通考‧輿地考》載：「上饒本隸饒州，後省入弋陽，乾元元年（758）置。有靈山、上饒江。」《太平寰宇記》載：「上饒者，以其旁下饒州之故也，乾元元年置縣。」

「武德」說。《新唐書‧地理志》載：「上饒武德四年（621）置，隸饒州，七年省入弋陽。」《廣信府志》載：「唐武德四年，設洪州總管府，林士宏降。改鄱陽為饒州，復葛陽置上饒縣。縣得名始此。」上饒縣歷次修志，都以唐武德四年為始建年代，認為上饒縣「肇於唐」。同治版《上饒縣志》沿革卷載：「上饒古荒服，漢屬鄱陽，唐武德年間建縣。」

「建安」說。亦謂「吳」說。《三國志‧吳志‧孫權傳》載：「建安十年（205）權使賀齊討上饒分為建平縣。」《三國志‧吳志‧賀齊傳》又載：「……十年轉討上饒分為建平縣。」洪亮吉《三國疆域志》載：「鄱陽郡，漢建安十五年吳分豫章置。領九縣，曰鄱陽、廣昌、樂安、餘汗、陽、廬陵、葛陽、上饒、建平。」《輿地廣記》載：「上饒縣，吳置，晉省……唐武德四年復置。」《元和郡縣志》載「上饒縣，本吳所置，隋陳平省，乾元元年重立。」《十道志》也持此說，並云：「上饒縣以其山郁珍奇故名。」近代方志學家吳宗慈、辛際周合編的《江西古今政治地理沿革總略》

載：「鄱陽郡建安十五年分豫章立，領九縣，治鄱陽……上饒，析餘汗縣立。」

「元嘉」說。雷次宗《豫章古今記》載：「桓帝元嘉中復立上饒縣後改弋陽縣屬饒州。」

新編《上饒縣志》，校閱了有關史料，採用「東漢建安初（196-204）析餘汗東境置縣」說，其理由為：

一、「桓帝元嘉」說中有「復立」一詞，說明上饒縣始建應在元嘉以前。桓帝劉志使用元嘉年號是 151 年至 152 年。遍查《後漢書》，151 年以前，未見出處，此說不可信。

二、《文獻通考》和《太平寰宇記》持「乾元說」。主要依據是推測縣名來歷。所謂「旁下饒州」，乃牽強附會之說。「饒州」乃隋開皇九年（589）由鄱陽郡改稱，唐肅宗使用乾元年號系 758 至 759 年，在此之前，上饒縣名早見諸正史。

三、「武德」說為歷次縣志所採用，主要依據是《新唐書·地理志》。吳宗慈、辛際周在《江西古今政治地理沿革總略》中批評說：「《廣信府志》及《上饒縣志》具以上饒之名肇於武德，由於未檢吳志孫權傳建安十年分上饒立建平之文爾。」近查《南齊書·州郡志》，有鄱陽郡領鄱陽、餘干、葛陽、樂安、廣晉、上饒的記載。南齊（479-502），較唐武德四年早一百餘年，因此說置縣時間應往前推。

四、「建安」說主要依據是《三國志》。陳壽（233-297），西晉史學家，師事譙周，在蜀漢為觀閣令史，及晉後，歷任著作郎、治書侍御史，集合三國所有官私著作，於

晉太康六年（285）著成《三國志》，成書時離建安十年僅八十年之久，作為正史問世，同代史學家並無異議，因此比較可信。「建安」說又分「吳置」「十年」「十五年」三說。漢滅於建安二十五年（220），孫權稱帝使用吳國年號的黃武元年（222），是漢滅後兩年，上饒置縣是在建安十年以前，當時曹操挾天子以令諸侯，各路諸侯仍使用建安年號，故吳置說法欠妥，應用當時全國統一年號。「十年」說主要依據是孫權傳中「十年權使賀齊討上饒分為建平縣」。建安十年建平縣立縣準確無誤，而依此文肯定上饒縣仍建安十年立，則比較武斷，因孫權傳、賀齊傳中均有一個「分」字，也就是說，十年以前就有上饒縣了。「十五年」說是依據《三國疆域志》，因上饒隸鄱陽，把上饒立縣與鄱陽立郡混為一談，何況「十年」已出現上饒縣名，為何先有縣名而後立縣呢？既然「吳置」「十年置」「十五年置」均不確切，本志採用「建安初」這個年代，雖然籠統，但更接近史實。

上饒縣歷史悠久，史料湮滅，謹將諸說录存，以備後人考核。

（《上饒縣志》，中共中央黨校
出版社 1993 年版，第 2-3 頁）

二、廣豐縣

廣豐縣位於江西省東北部，贛浙閩三省交界處。地處東經118°01'18"—118°29'15" 和北緯 28°03'30"—28°27'23" 之間。東鄰浙江省江山市，南界福建省浦城縣、武夷山市，西連上饒市信州

區和上饒縣，北接玉山縣。面積一三七七平方千米。縣人民政府駐永豐街道。

秦，廣豐地分屬九江郡餘汗縣和會稽郡太末縣。

漢，改九江郡為淮南國，分淮南國置豫章郡，轄餘汗縣，廣豐地屬餘汗縣管轄。興平二年（195），孫策分豫章置廬陵郡，廣豐地分屬廬陵郡餘汗縣和會稽郡新安縣。建安十五年（210），孫權分豫章郡置鄱陽郡，並析餘汗地置葛陽縣，廣豐地分屬鄱陽郡葛陽縣和會稽郡新安縣。

晉，泰始二年（266）廣豐地分屬鄱陽郡葛陽縣和東陽郡新安縣。太康元年（280），新安縣改為信安縣。

南朝陳，天嘉三年（562年）信安縣改隸金華郡。

隋，大業三年（607）葛陽縣改名弋陽縣，廣豐地分屬鄱陽郡弋陽縣和婺州信安縣。

唐，武德四年（621），置永豐鎮，因境內有永豐山得名，隸饒州上饒縣。乾元元年（758），升永豐鎮為永豐縣，割衢州須江縣西北地為其轄區，隸信州。元和七年（812），降永豐縣為鎮，併入上饒縣。

宋，熙寧七年（1074）永豐鎮復為永豐縣，隸信州。

元，永豐縣屬信州路，隸江浙行中書省。

明，永豐縣屬廣信府，隸江西行省。

清，沿襲明制，永豐縣屬廣信府。雍正十年（1732），江西巡撫謝旻，因吉安府亦有永豐縣，奏准改廣信府永豐縣為廣豐縣。

光緒《江西通志》卷四《地理沿革表·廣信府》載：「廣豐

縣，本弋陽縣進賢鄉永豐裡之地。上溯漢初迄於陳代，則皆為餘汗縣地。隋為弋陽縣地。唐乾元元年，析置永豐縣，以衢州須江縣之西北益之。元和七年，省入上饒為永豐鎮。宋熙寧七年，復為永豐縣，仍屬信州。元屬信州路，明屬廣信府。」

民國元年（1912），廢府，廣豐直屬省。三年（1914），劃全省為四道，廣豐屬豫章道。十五年（1926），廢道，廣豐由省直轄。二十一年（1932）後，全省四次調整行政區，廣豐縣皆屬第六行政區。

1949 年 5 月 5 日，廣豐解放，隸上饒專區。1971 年 4 月，上饒專區改稱上饒地區。2000 年 10 月，上饒地區撤地設省轄市，實行市管縣制，廣豐縣屬上饒市管轄。

三、玉山縣

玉山縣位於江西省東北部，信江上游，地處東經 117°52'—118°25'和北緯 28°30'—28°59'之間。東鄰浙江省開化縣、常山縣、江山市，南界廣豐縣、上饒市信州區，西連上饒縣，北接德興市。面積一七三二平方千米。縣人民政府駐冰溪鎮。

春秋戰國時期，玉山地域先後屬吳、越、楚三國管轄。

秦，玉山地分屬會稽郡太末縣和九江郡餘汗縣。

西漢，玉山為豫章郡餘汗縣和會稽郡太末縣轄域。

東漢初平三年（192），分太末置新安縣。建安十五年（210）孫權分餘汗置葛陽縣，隸鄱陽郡。二十二年（217），又分新安置定陽縣。是時，玉山東部屬新安、定陽縣，西部屬葛陽縣。

西晉，太康元年（280），改新安為信安，與定陽縣屬東陽

下篇·行政區劃沿革

857

郡，葛陽縣屬鄱陽郡。

南朝陳，天嘉三年（562），信安、定陽二縣改隸金華郡。

隋，改郡為州，廢定陽，併入信安縣。開皇十二年（592），改葛陽為弋陽縣，信安、弋陽均為婺州屬縣。

唐，武德四年（621），分信安置須江縣。咸亨五年（674），分須江、弋陽和常山三縣地置武安縣。證聖二年（696），析常山、須江縣置玉山縣（因境內有懷玉山而名），隸衢州。乾元元年（758），玉山縣改隸信州，屬江南東道。《舊唐書》卷四十《地理志三》載：「玉山，證聖二年，分常山、須江置，屬衢州。乾元元年，割屬信州。」

宋，初沿舊屬，玉山縣隸江南東路信州。建炎四年（1130），江西路、江東路合併為江南路，信州隸江南路。紹興元年（1131），復分江南路為江南東路、江南西路，信州隸江南東路。玉山一直為信州的屬縣。

元，至元十四年（1277），玉山縣屬信州路，隸江浙行中書省。至正二十年（1360），改路為府，玉山屬廣信府，仍隸江浙行中書省。

明，洪武四年（1371），因玉山縣隸江浙漕運不便，隨廣信府改隸江西行省。

清，沿用明制，玉山縣隸屬於江西省廣信府。

光緒《江西通志》卷三《地理沿革表·廣信府》載：「玉山縣，漢會稽郡太末縣地。後漢初平三年，分立新安縣。建安二十三年，孫氏分新安立定陽縣，遂為新安、定陽二縣地。吳寶鼎元年，分會稽西部立東陽郡，因為東陽郡之屬。晉武帝太康元年，

更新安曰信安。自宋至梁，皆為東陽郡信安、定陽縣地。陳天嘉三年後改屬金華郡。隋省定陽入信安，遂復為東陽郡地。唐武德四年，析信安置須江縣，八年省。咸亨五年，析置常山縣，隸婺州。永昌元年，復置須江縣。武后證聖中，乃析常山、須江及弋陽置玉山縣，屬衢州。玉山者，本衢之西鄙也，以有懷玉山為稱。他山合沓，峻嶺橫亙，溪谷互分，雖步通三衢，而水絕干越。陳隋以來，此為巨奧矣。乾元元年，割屬信州。宋因之，元屬信州路，明屬廣信府。」

民國元年（1912），廢府，玉山縣直屬江西省都督府。三年（1914），劃全省為四道，玉山縣屬豫章道。十五年（1926），廢道，玉山縣直屬於省。二十一年（1932），劃全省為十三個行政區，玉山屬第六行政區。此後至解放前，全省行政區劃有多次調整，玉山均屬第六行政區。

1949 年 5 月 5 日，玉山解放，隸贛東北行政區，九月，改隸上饒專區。1971 年，上饒專區改稱上饒地區。2000 年 10 月，撤銷上饒地區設省轄上饒市，實行市管縣制，玉山縣屬上饒市管轄。

四、鉛山縣

鉛山縣位於江西省東北部，贛閩兩省交界處。地處東經117°26'—118°00'和北緯 27°48'—28°24' 之間。東鄰上饒縣，南界福建省武夷山市、光澤縣，西連貴溪市、弋陽縣，北接橫峰縣。面積二一七八平方千米。縣人民政府駐河口鎮。

春秋戰國時期，鉛山地屬閩越。

秦統一六國後，鉛山地分屬閩中郡東冶縣和九江郡餘汗縣。

西漢，高祖時，復立閩越王，鉛山屬閩越王封地。元封六年（前110），閩越王余善反漢，武帝發兵征討，殺余善，詔令「盡遷其民於江淮間，虛其地」。始元二年（前85），置冶縣，屬會稽郡。此時，鉛山地分屬豫章郡的餘汗縣和會稽郡的冶縣。

東漢，建武三年（27），冶縣改稱東侯官縣。建安八年（203），析東侯官縣置建安、南平、漢興三縣。十年（205），析餘汗縣置上饒縣。十五年（210），析豫章郡置鄱陽郡，上饒縣隸屬於鄱陽郡。此時鉛山地分屬鄱陽郡的上饒縣和會稽郡的建安縣。

三國，吳永安三年（260），析會稽郡置建安郡，分建安縣置建平縣，分冶縣置昭武縣，鉛山地分屬鄱陽郡的上饒縣和建安郡的建平、昭武縣。

西晉元康元年（291），改昭武縣為邵武縣，改建平縣為建陽縣，並上饒縣入葛陽縣，鉛山地分屬鄱陽郡的葛陽縣和建安郡的建陽、邵武縣。東晉邵武縣改稱邵陽縣。

南朝，宋時，鄱陽郡復置上饒縣，邵陽縣復稱邵武縣，鉛山地分屬建安郡的建陽、邵武縣和鄱陽郡的上饒縣。

隋，開皇十二年（592），鄱陽郡更名饒州，上饒縣併入葛陽縣（後改名弋陽縣）。建安郡邵武等縣劃歸撫州，鉛山地分屬饒州的弋陽縣和撫州的邵武縣。

唐，武德五年（622），建安郡更名建州，七年（624），邵武縣還隸建州。乾元元年（758），劃建州的鵝湖鄉、招善鄉、旌孝鄉，撫州的仁義鄉歸弋陽縣。同年，置信州，領上饒、永

豐、常山、弋陽、玉山五縣，鉛山地分屬信州的上饒縣和弋陽縣。是年，永平置鉛山場，開採銅、鉛礦。

南唐，升元四年（940），劃弋陽縣鵝胡、招善二鄉屬鉛山場。保大十一年（953），劃上饒縣清流、布政、崇義三鄉，以及弋陽縣旌孝、仁義二鄉屬鉛山場成立鉛山縣，縣治永平鎮，隸信州。

宋，開寶八年（975），鉛山縣直隸朝廷。不久，還隸信州，屬江南東路。《宋史》卷八十八《地理四》載：「鉛山，開寶八年平江南，以鉛山直隸京，後還隸（信州）。」

元，至元二十九年（1292），劃弋陽縣新政、善政二鄉和上饒縣乾元、永樂二鄉屬鉛山縣，並升縣為州，稱鉛山州，隸屬江浙行中書省。

明，洪武二年（1369），鉛山降州為縣，隸廣信府。同年，鉛山的乾元、永樂二鄉劃還上饒縣。四年（1371），廣信府改隸江西行中書省。九年（1376），廢行中書省制，江西設承宣佈政使司，下轄五道，廣信府鉛山縣隸屬湖東道。

清，雍正九年（1731），湖東道更名廣饒九南道。鉛山縣屬廣饒九南道廣信府。

光緒《江西通志》卷四《地理沿革表·廣信府》載：「鉛山縣，漢屬會稽郡，為冶縣地。吳永安三年，分會稽郡，南部立建安郡，又分冶縣為昭武縣屬焉。晉更昭武曰邵武，又曰邵陽。宋永初元年，復曰邵武。自晉至梁，皆為建安郡邵武縣地。隋開皇十二年，為撫州臨川郡屬。唐武德七年，以邵武縣還建州。至乾元元年，始以撫、建之三鄉益弋陽，即今之鉛山縣地析自邵武者

也。南唐保大間，更析弋陽所得撫、建三鄉地，益以上饒三鄉立鉛山縣，屬信州。蓋其初本置鉛山場籍以收利，至是升為縣也。宋開寶八年，平江南，以鉛山直隸京師，後還隸信。元至元二十九年，割上饒之乾元、永樂二鄉，弋陽之新政、善政二鄉來屬，升為鉛山州，直隸江浙行省。明洪武初，降為縣，屬廣信府。」

民國元年（1912），廢道、府，鉛山縣直屬江西省。三年（1914），分全省為四道，鉛山縣屬豫章道。十五年（1926），廢道，鉛山直屬省。二十一年（1932），全省劃分為十三個行政區，鉛山縣屬第六行政區。此後至解放前，省行政區有多次調整，鉛山縣一直屬第六行政區。

1949 年 5 月 5 日，鉛山解放，縣治設永平鎮，7 月縣治遷河口鎮，隸上饒專區。1971 年，上饒專區改稱上饒地區。2000年，撤銷上饒地區設省轄上饒市，實行市管縣制，鉛山縣屬上饒市管轄。

五、橫峰縣

橫峰縣位於江西省東北部、信江中游之北。地處東經117°29'—117°46' 和北緯 28°17'—28°44' 之間。東界上饒縣，南接鉛山縣，西鄰弋陽縣，北連德興縣。面積六五四平方千米。縣人民政府駐岑陽鎮。

秦統一全國後，橫峰地屬九江郡餘汗縣。

此後，歷經兩漢、三國、晉、南朝宋齊梁陳朝，歸屬未變。至隋開皇九年（589 年），為弋陽縣地。此後又經唐、五代、宋、元，均屬弋陽縣地。

元末明初，處州（今浙江麗水地區）人遷入弋陽縣橫峰鎮，以陶瓷為業。

明初，設丫岩巡檢司。正德六年（1511），廢丫岩巡檢司；八年，設管窯通判，其衙門稱鎮寧公署。嘉靖三十九年（1560）八月，割上饒縣西北「安輯鄉之都七，石橋鄉之都一」，弋陽縣東北之「一十三里」，取「興而安之」之意，置興安縣（清道光《興安縣志》卷三十一），縣治橫峰鎮，直屬江西布政司湖東道廣信府。

清，雍正九年（1731），改湖東道為廣饒九南兵備道，廣信府所領七縣均為所轄範圍，直至清末。

光緒《江西通志》卷四《地理沿革表·廣信府》載：「興安縣，漢餘汗縣地，隋唐以後為弋陽縣地。初名為橫峰鎮，浙民徙居以陶為業，故亦名橫峰窯。明初，設丫岩巡檢司領之。正德六年，裁巡司。八年，設管窯通判。以窯民弗靖，從巡撫孫燧請，設官名之曰鎮寧公署也。嘉靖三十九年八月，始即弋陽縣橫峰寨置縣，號曰興安。析上饒、貴溪二縣地益之，屬廣信府。」

民國元年（1912），廢府，興安縣直屬省。三年（1914）1月，為避免與廣西省興安縣同名，改為橫峰縣，屬豫章道。十五年（1926），廢道，橫峰縣直屬省。二十一年（1932），全省改設行政區分統縣，橫峰縣屬第六行政區。

1949 年 5 月 4 日，橫峰解放，屬贛東北行署上饒專署。新中國建立後，屬上饒專區。1970 年，專區改稱地區，橫峰屬上饒地區。2000 年，撤銷上饒地區設省轄上饒市，實行市管縣制，橫峰縣屬上饒市管轄。

六、弋陽縣

　　弋陽縣位於江西省東北部，信江中游。地處東經117°13'27"—117°37'45" 和北緯 28°03'55"—28°46'55" 之間。東界橫峰縣，西鄰貴溪市、萬年縣，南接鉛山縣，北與樂平市、德興市接壤。面積一五七三平方千米。縣人民政府駐南岩鎮。

　　西周，弋陽地屬楚番域境。

　　春秋戰國，弋陽地先後屬吳、越、楚管轄。

　　秦，弋陽為九江郡餘汗縣地。

　　西漢，弋陽地屬豫章郡餘汗縣。新（王莽）始建國元年（9），改豫章郡為九江郡，改餘汗縣為治干縣。

　　東漢，建武元年（25），復稱豫章郡餘汗縣。建安十五年（210），孫權析豫章郡置鄱陽郡，劃餘汗縣葛陽鄉置葛陽縣，以縣治赭亭（今五里廟）在葛水之北，故名。葛陽縣屬鄱陽郡，隸揚州。

　　晉，元康元年（291），析揚州、荊州地置江州，鄱陽郡及其葛陽縣屬江州。

　　南朝宋、齊隸屬依舊。梁，承聖二年（553），改鄱陽郡為吳州；陳，光大二年（568），復改吳州為鄱陽郡，葛陽縣一直隸屬鄱陽郡。

　　隋，開皇九年（589），鄱陽郡更名為饒州，葛陽屬之。十二年（592），遷縣治於弋江之北，改葛陽縣為弋陽縣。大業三年（607），復改饒州為鄱陽郡。

　　唐，武德五年（622），改鄱陽郡為饒州，弋陽縣隸之。乾

元元年（758），析饒州、衡州置信州，弋陽縣屬信州。同年，建州劃鵝湖、旌孝、招善鄉，撫州劃仁義鄉屬弋陽縣。《舊唐書》卷四十《地理三》載：「弋陽，舊屬饒州，乾元元年，來屬（信州）。」

宋，開寶八年（975），弋陽縣屬江南東路信州。《宋史》卷八十八《地理四》載：「淳化五年，升弋陽之寶豐場為縣，景德元年，廢寶豐縣為鎮，康定中復，慶歷三年又廢。」

元，至元十四年（1277），弋陽屬隆興路信州；次年，改屬江浙行省建康道信州路。至正二十年（1360），朱元璋攻占信州，更名廣信府，弋陽屬之。

明，洪武四年（1371），廣信府改屬江西行省，弋陽仍屬廣信府。九年（1376），江西行省改為江西承宣佈政使司，分五道，弋陽屬湖廣道廣信府。

清，弋陽縣屬江西省饒南九道廣信府。

光緒《江西通志》卷四《地理沿革表·廣信府》載：「弋陽縣，本餘汗縣地，屬豫章郡。建安十五年，孫權置葛陽縣於赭亭之地。以城在葛水之北，故名。自吳至陳，並屬鄱陽郡。隋開皇九年，廢上饒入葛陽，踰年，縣失印，風俗使以為不便，表請移弋江之北，因名弋陽。實開皇十二年也。唐初，亦屬饒州。乾元元年，改屬信州。宋因之，淳化五年，升弋陽之寶豐場為縣。景德元年，廢為鎮。康定中復置，慶歷三年，又變。元屬信州路，明屬廣信府。」

民國元年（1912），廢府，弋陽縣直屬江西省。三年（1914），全省劃為四道，弋陽屬豫章道。十五年（1926），廢

道，弋陽直屬省。二十一年（1932）全省份為 13 個行政區，弋陽屬第六行政區，此後至解放，省行政區有多次調整，弋陽縣一直隸屬第六行政區。

1949 年 5 月 3 日，弋陽解放，屬貴溪專區。9 月，改屬上饒專區。1971 年上饒專區改稱上饒地區。2000 年撤銷上饒地區建制設省轄上饒市，實行市管縣制，弋陽縣屬上饒市管轄。

七、餘干縣

餘干縣位於江西省東北部、鄱陽湖東南岸、信江下游。地處東經 116°13'—116°54'和北緯 28°21'—29°03'之間，東鄰萬年縣，西連新建縣、南昌縣、進賢縣，南界餘江縣、東鄉縣，北接鄱陽縣和都昌縣，面積二三五二平方千米。縣人民政府駐玉亭鎮。

商周時期，餘干地屬《禹貢》揚州之域。春秋時期，餘干地為番地屬楚。周敬王五十六年（前 504），吳伐楚取番地，餘干地屬吳。戰國，周元王三十六年（前 473），越滅吳，餘干地屬越。周顯王十六年（前 333），楚滅吳，餘干地復屬楚。

秦，置餘干縣，因域區河流古稱餘水，干，解作涯，意為餘水之涯，故名。隸屬九江郡。

漢，高祖六年（201），改餘干為餘汗，隸屬豫章郡。新（王莽）始建國元年（9），改豫章郡為九江郡，改餘汗縣為治干縣。東漢復稱豫章郡餘汗縣。建安十五年（210）孫權分豫章郡置鄱陽郡，餘汗改屬鄱陽郡。

晉，元康元年（291），置江州，餘汗屬江州鄱陽郡。

南朝宋、齊餘汗縣仍屬江州鄱陽郡。梁，鄱陽郡改稱吳州；

陳，吳州復名鄱陽郡，餘汗一直為其屬縣。

隋，開皇九年（589）改鄱陽郡為饒州，改餘汗縣為餘干縣。楊守敬《隋書·地理志考證》云：「《元和志》，漢餘汗縣，隋開皇九年，去水存干，名曰『餘干』。考宋、齊志已均作餘干，當是後人追改。」大業三年（607），復改饒州為鄱陽郡，餘干均隸屬之。

唐，武德五年（622），鄱陽郡復改饒州，餘干為屬縣。《舊唐書》卷四十《地理三》載：「漢餘干縣屬豫章郡，古所謂汗越也。汗音干。隋朝去『水』。」

南唐，升元元年（937），改饒州為永平軍，餘干屬永平軍。

宋，開寶八年（975），永平軍復改饒州，餘干仍為屬縣。

元，元貞二年（1296年），餘干縣升為餘干州，屬饒州路，隸屬江浙行省。至正二十一年（1361年），改饒州路為鄱陽府，隸屬江南行省，餘干州屬鄱陽府。

明，洪武二年（1369）改鄱陽府為饒州府。四年（1371），餘干州降為餘干縣，屬饒州府。

清沿明制，餘干仍屬饒州府。

光緒《江西通志》卷四《地理沿革表·饒州府》載：「餘汗縣，古干越之地。漢置餘汗縣，淮南王云，田於餘汗是也。因餘汗之水為名，屬豫章郡。莽曰治干。後漢建安中，吳改屬鄱陽郡。宋曰餘干。隋開皇九年，屬饒州。大業初，屬鄱陽郡。唐，武德四年，分餘干置玉亭縣，七年省。唐屬饒州，宋因之。元，至元十四年，屬饒州路。元貞元年升州。洪武初，仍降為餘干縣，屬饒州府。」

民國元年（1912）廢府，餘干直屬江西省。三年（1914），劃全省為四道，餘干屬潯陽道。十五年（1926）廢道，餘干直屬省政府。二十一年（1932），劃全省為十三個行政區，餘干屬第五行政區。二十四年（1935），全省縮改為八個行政區，餘干屬第六行政區。

1949 年 5 月 7 日，餘干解放，屬鄱陽專區，後改為樂平專區、浮梁專區。1952 年，屬上饒專區。1966 年 2 月，國務院公佈簡化漢字，改餘為余，始稱余干縣。1971 年，余干屬上饒地區。2000 年撤銷上饒地區建制設省轄上饒市，實行市管縣制，余干縣屬上饒市管轄。

八、鄱陽縣

鄱陽縣位於江西省東北部、鄱陽湖東岸。地處東經 116°23'—117°06 '和北緯 28°46'—29°42'。北鄰彭澤縣和安徽省東至縣，東與浮梁縣、景德鎮市昌江區和樂平市接壤，南靠萬年縣和余干縣，西與都昌縣接壤。面積四一二六平方千米。縣人民政府駐鄱陽鎮。

秦，置番縣，屬九江郡，為鄱陽建縣之始。

西漢，改稱鄱陽縣，因在鄱水之北，故名。又置陽縣，均屬豫章郡。新莽改鄱陽為鄉亭，改陽為豫章。

東漢，復名鄱陽、陽。興平元年（194），孫策分豫章郡置廬陵郡，鄱陽、陽屬廬陵郡。建安十五年（210），孫權立鄱陽郡，鄱陽縣為郡治。又析鄱陽北境立廣昌縣，與陽同屬鄱陽郡。

三國，吳赤烏八年（245），鄱陽郡治西移至吳芮故城，即

今縣治。《宋書》卷三十六《州郡二》載：「鄱陽太守，漢獻帝建安十五年，孫權分豫章立，治鄱陽縣。赤烏八年，徙治吳芮故城。」

晉，太康元年（280），改廣昌為廣晉，為鄱陽郡治，鄱陽縣為屬縣。元康元年（291），割揚州之豫章、鄱陽、廬陵、臨川、南康、建安、晉安，荊州之武昌、桂陽、安成合十郡，以江水之名設置江州，鄱陽縣隸屬於江州鄱陽郡。

南朝宋，永初二年（412），廢陽縣。齊，移郡治還鄱陽，廣晉為屬縣。梁，天監二年（503），改鄱陽郡為吳州，鄱陽縣為州治，廣晉為屬縣。陳，廢廣晉入鄱陽縣，仍隸吳州。

隋，開皇九年（589），改鄱陽郡為饒州，鄱陽縣隸饒州。大業三年（607），復改饒州為鄱陽郡。十二年（616），鄱陽林士弘率眾起義，建立楚國，鄱陽為楚境。

唐，武德四年（621），復置饒州，鄱陽縣隸饒州。又析東北境置新平縣。五年（622），復置廣晉縣，並析縣西境及彭澤設置都昌縣，俱隸浩州。八年（625），廢浩州，新平、廣晉併入鄱陽。九年（626），省樂平入鄱陽。開元四年（716），以新平故地及廣晉東地置新昌縣（天寶八年改為浮梁縣）。同年，析東境置樂平縣。天寶元年（742），改饒州為鄱陽郡，鄱陽縣屬之。至德二年（757），析北境置至德縣（今安徽省建德縣）。乾元元年（758），鄱陽郡復改為饒州，鄱陽縣隸饒州。

五代南唐時，改饒州為永興軍，鄱陽為其屬縣。

宋，開寶八年（975），廢永興軍復名饒州，鄱陽為饒州倚郭縣。

元，至元十四年（1277），升饒州為饒州路，鄱陽縣隸屬饒州路。至正二十一年（1361），改饒州路為鄱陽府，鄱陽縣隸屬鄱陽府。

明，洪武二年（1369），鄱陽府改為饒州府，鄱陽縣隸屬饒州府。正德七年（1512），析鄱陽東南地以及餘干、樂平、貴溪地設置萬年縣。

清代沿用明制，鄱陽縣隸屬關係不變。

光緒《江西通志》卷四《地理沿革表‧饒州府》載：「鄱陽縣，本番縣也。以在鄱水之北，故名。秦時，吳芮為番陽令，號曰番君。漢改鄱陽縣，又置陽縣，屬豫章郡。王莽改鄱陽曰鄉亭，改陽曰豫章。東漢初復故。建安中孫權分豫章立鄱陽郡，治鄱陽縣。又分立廣昌縣，與陽同屬鄱陽郡。漢縣在今饒州鄱陽縣東。赤烏八年，徙治吳芮故城，即今縣是也。晉太康元年，廣昌更名廣晉，鄱陽郡治焉。宋因之，永初二年，廢陽縣。齊仍移郡治鄱陽，以廣晉為屬縣。陳廢廣晉。隋開皇中為饒州治，大業初，仍為鄱陽郡治。唐武德五年，復置廣晉縣，隸屬浩州，八年，併入鄱陽。宋為饒州倚郭縣，元改饒州路治，明為饒州府治。」

民國元年（1912），廢府，鄱陽縣直屬江西省。三年（1914）江西全省劃為四道，鄱陽縣屬潯陽道。十五年（1926），廢道，鄱陽縣直屬於省。二十一年（1932），劃全省為十三個行政區，鄱陽縣屬第四行政區。二十四年（1935），全省縮為八個行政區，鄱陽縣屬第五行政區。三十一年（1942），江西省改劃為九個行政區，鄱陽縣屬第五行政區。

1949 年 5 月 1 日，鄱陽解放，鄱陽屬鄱陽地區行政公署所在地。9 月撤鄱陽地區建制，設樂平專區，鄱陽隸屬樂平專區。11 月，樂平專區改浮梁專區，鄱陽為屬縣。1952 年 9 月，浮梁專區與上饒專區合併，鄱陽縣為上饒專區屬縣。1957 年鄱陽縣改為波陽縣。1971 年，上饒專區改稱上饒地區，波陽縣屬上饒地區。2000 年 10 月，撤銷上饒地區建制設省轄上饒市，實行市管縣制，波陽縣屬於上饒市管轄。2003 年 12 月，恢復鄱陽縣名。

九、萬年縣

萬年縣位於江西省東北部、樂安河下游。地處東徑 116°46'48"—117°15'10" 和北緯 28°30'15"—28°54'5" 之間。東毗弋陽縣、貴溪市，東北接樂平市，西與餘干縣接壤，南與餘江縣交界，西北鄰鄱陽縣。面積一一四八平方千米。縣人民政府駐陳營鎮。

漢，萬年屬豫章郡鄱陽、餘汗兩縣之地。興平元年（194），孫策分立盧陵郡，萬年地屬盧陵郡。

三國吳，析餘汗縣東北鄉，置樂安縣，治銀城。建安中，孫權置葛陽縣。建安十五年（210），分置鄱陽郡，萬年為鄱陽縣東南境、餘汗縣孝誠鄉（吳義鄉改為孝誠鄉）、樂安縣西境、葛陽縣西北境，隸屬鄱陽郡。

晉，萬年仍屬鄱陽郡四領縣鄱陽、餘汗、樂安、葛陽之地。

南朝梁，承聖二年（553），鄱陽郡改為吳州，萬年屬其轄。陳，改樂安為銀城，萬年屬鄱陽、餘汗、銀城、葛陽之地。

　　隋，開皇九年（589），廢銀城，入鄱陽；十二年（592）將葛興併入葛陽置弋陽縣；萬年地為鄱陽縣東境、弋陽縣西北境，餘汗縣孝誠鄉，隸饒州。

　　唐，永泰元年（765），將晉興與弋陽縣西境合併置貴溪縣，萬年之地為鄱陽縣東南境，餘汗之萬年、政新二鄉，樂平縣西南境，貴溪縣北境。

　　南唐，改饒州路為永平軍，萬年隸屬如舊，及兼有信州貴溪縣之地。

　　宋、元沿舊制。萬年地分屬鄱陽、餘干、樂平、貴溪四縣。

　　明，正德七年（1512），割鄱陽、餘干、樂平、貴溪之地設萬年縣，治所設於萬年峰下的庫田畈（今青雲鎮），故名「萬年」，隸屬江西布政使司饒州府。

　　清襲明制，萬年縣仍隸屬江西省饒州府。

　　光緒《江西通志》卷四《地理沿革表·饒州府》載：「萬年縣，漢為鄱陽縣南境、餘汗縣東境。吳、晉至隋皆為鄱陽、餘干二縣地。唐以後為鄱陽、餘干、樂平、貴溪四縣地。明正德中，餘干姚源盜起，都御史陳金討之，乃倡招撫立縣之議。七年，以餘干縣之萬春鄉置萬年縣，析鄱陽、樂平及貴溪三縣地益之，屬饒州府。」

　　民國元年（1912），廢府，萬年縣直屬省。三年（1914），江西省份為四道，萬年屬潯陽道。十五年（1926），廢道，萬年縣直屬於省。二十一年（1926），江西劃分為十三個行政區，萬年屬第五行政區。三十一年（1942），全省改化為九個行政區，萬年屬第六行政區。

1949 年 4 月 18 日，萬年縣解放，隸浮梁專區。1952 年，改隸上饒專區。1959 年 1 月 9 日，萬年縣城遷至陳營鎮。1971年，上饒專區改稱上饒地區，萬年縣隸上饒地區。2000 年 10月，撤銷上饒地區建制設上饒市，實行市管縣制，萬年縣屬上饒市管轄。

十、德興市

德興市位於江西省東北部贛、浙、皖三省交界處。地處東經 117°22'—118°05'和北緯 28°38'—29°18'之間。東鄰浙江省開化縣，南接橫峰縣、弋陽縣，東南毗上饒縣、玉山縣，西連樂平市，北接婺源縣。面積二〇八〇平方千米。市人民政府駐銀城街道。

秦，德興地屬九江郡。

西漢，德興地屬豫章郡餘汗縣。

東漢，建安八年（203），孫權析餘汗縣東境樂安鄉置樂安縣（今德興，樂平二縣地），治銀城堡（今德興市新崗山墾殖場銀城畈），隸豫章郡。十五年（210），改隸鄱陽郡。

南朝梁，承聖二年（553），鄱陽郡改為吳州，樂安縣隸吳州。陳，天嘉元年（560），樂安縣更名銀城縣，治銀治堡（今德興銀城鎮東部），隸吳州。光大二年（568），改吳州為鄱陽郡，銀城縣隸之。

隋，開皇九年（589），廢銀城縣，併入鄱陽縣，隸鄱陽郡。

唐，武德四年（621），以樂安故地置樂平縣，治銀城堡，隸饒州。九年（626），復入鄱陽縣。上元二年（675），置鄧公

場冶銀，隸江西鹽鐵都院。

五代南唐，昇元二年（938），升鄧公場為德興縣（取「惟德乃興」之義為縣名）並劃樂平縣的銀山、樂平、南部三鄉為轄區，治銀城（今銀城鎮），隸永平軍（後改稱饒州）。

宋，德興縣屬饒州。

元，德興縣屬饒州路，隸江浙行省。

明、清，德興縣屬饒州府，隸江西省。

光緒《江西通志》卷四《地理沿革表·饒州府》載：「德興縣，本漢餘汗縣地。建安中，吳立樂安縣，屬鄱陽郡。晉及宋、齊、梁因之。縣地嘗產銀及銅，陳因改縣名為銀城。隋平陳，省銀城入鄱陽縣。唐武德四年，置樂平縣於此，仍治銀城。九年，復省入鄱陽縣。其後改建樂平，遂為樂平縣之東境。總章二年，邑人鄧遠上列取銀之利。上元二年，因置場監，即以鄧公為名。南唐昇元間改場為德興縣，屬饒州。宋因之，元屬饒州路，明屬饒州府。」

民國元年（1912）廢府，德興縣直隸江西省。三年（1914），劃全省為四道，德興屬潯陽道。十五年（1926），廢道，德興直屬省。二十一年（1932），劃全省為十三個行政區，德興屬第五行政區。二十四年（1935），全省縮改為八個行政區，德興仍屬第五行政區。

1949 年 5 月 2 日，德興解放，隸上饒專區。6 月，劃隸浮梁專區。9 月，改隸樂平專區。1952 年撤銷樂平專區，復隸上饒專區。1971 年，上饒專區改稱上饒地區行政公署。1990 年 12 月，撤德興縣設德興市（縣級），仍隸上饒地區。2000 年 10 月，撤

銷上饒地區建制設省轄上饒市，德興市由上饒市代管。

十一、婺源縣

婺源縣位於江西省東北，贛、皖、浙三省交界處。地處東經117°22'—118°12'和北緯 29°01'—29°34'之間。東鄰浙江省開化縣，西毗浮梁縣、樂平縣，北接安徽省休寧縣，南界德興市。面積二九六八平方千米。縣人民政府駐紫陽鎮。

秦始皇統一全國，分天下為三十六郡，婺源地屬彰郡轄域。

漢，元封二年（前 109），彰郡改稱丹陽郡，治所在宛陵縣（今安徽宣城縣）。婺源地屬丹陽郡歙縣管轄。《舊唐書》卷四十《地理三》載：「歙，漢縣，屬丹陽郡。縣南有歙浦，因為名。」

三國吳，「分歙縣置休陽縣，後改為海陽」（《舊唐書》卷四十《地理三》）。婺源地屬海陽縣，隸新安郡。

晉，武帝太康元年（280），改海陽縣為海寧縣，婺源地屬海寧縣，仍隸新安郡。

南朝宋、齊、梁、陳，婺源地仍隸新安郡海寧縣。《宋書》卷三十五《州郡二》載：「歙縣，漢舊縣。海寧縣，孫權分歙為休陽縣，晉武帝太康元年更名。分歙縣置諸縣之始，又分置黎陽縣。大明八年，省並海寧。」

隋，改海寧為休寧縣，婺源地屬休寧縣，隸新安郡。

唐，武德四年（621），改新安郡為歙州，休寧縣隸屬歙州。開元二十四年（736），休寧縣人洪真，聚眾建營寨於休寧縣回玉鄉雞籠山，反抗唐朝的統治，數年後被鎮壓。為強化統治，二十八年（740）正月初八置婺源縣（以當地為婺州水之源得名），

割歙州休寧縣回玉鄉，饒州樂平縣懷金鄉為其轄區，縣治設清華。天復元年（901），遷縣治於弦高（今縣治紫陽鎮），隸歙州，屬江南東道。天寶元年（742），歙州改為新安郡，乾元元年（758），新安郡復稱歙州，婺源縣隸屬不變。《舊唐書》卷四十《地理三》載：「歙州，隋新安郡。武德四年，平汪華，置歙州總管，管歙、睦、衢三州。貞觀元年，罷都督府。天寶元年，改為新安郡。乾元元年，復為歙州。」《新唐書》卷四十一《地理志》：「婺源，開元二十八年析休寧置。」

宋，宣和三年（1121），歙州改為徽州，婺源隨徽州隸江南東路。

元，至元十四年（1277），州改路，婺源屬徽州路。元貞元年（1295），婺源縣升為婺源州，仍隸徽州路。至正十七年（1357），徽州路改為新安府，二十四年（1364），興安府復改為徽州府，婺源州均隸屬之。

明，洪武二年（1369），婺源州改為婺源縣，隸安徽省徽州府。

清沿明制，婺源縣仍隸安徽省徽州府。

光緒《安徽通志》卷十九《建置沿革三·徽寧池太廣道·徽州府》載：「婺源縣，漢丹陽郡歙縣。後漢，丹陽郡歙縣。吳，新都郡休陽縣。宋，新安郡海寧縣。齊，新安郡海寧縣。梁，新安郡海寧縣。陳，新安郡海寧縣。隋，新安郡休寧縣。唐，歙州新安郡婺源縣（《唐書·地理志》，開元二十八年析休寧置）。五代，歙州婺源縣。宋，徽州新安郡婺源縣。元，徽州路婺源縣（《元史·地理志》，元貞元年升為州）。明，徽州府婺源縣（《明

史‧地理志》，元為婺源州，洪武二年降為縣）。國朝徽州府婺源縣。」

民國元年（1912），廢府，婺源直屬安徽省。三年（1914），婺源改屬安徽省蕪湖道。十七年（1928），廢道，婺源直屬省。二十一年（1932），隸安徽省第十行政區。二十三年（1934）9月，劃隸江西省，屬第五行政區。三十六年（1947）8月，劃回安徽省，屬第七行政區。

1949年5月11日，婺源解放，劃隸江西省，屬浮梁專區。9月，改屬樂平專區。11月，復屬浮梁專區。1952年10月，改屬上饒專區。1971年上饒專區改為上饒地區行政公署。2000年10月，撤銷上饒地區建制設省轄上饒市，實行市管縣制，婺源縣屬上饒市管轄。

附一：婺源縣名考

婺源於唐開元二十八年（740）建縣，至宋咸淳己巳（1269）始編第一部縣志，前後相距五二九年。其間的歷史記述多屬追溯，嗣後續志亦皆因循沿錄。舊縣志和（徽州）府志對婺源縣名來由各執其說：一說以「婺水繞城三面，故名」；二說「舊以縣本休寧地，曾屬婺州，取上應婺女之說」；三說「以縣東大鱅水流如婺州」故名。民國庚申志按：「諸說未知孰是，似以婺水繞城三面之說為優。」舊志數說並存，教人莫衷一是，為辨其真偽，特作如下考證。

以「婺水繞城三面，故名」之說，是「按《寰宇記》及《祥符經》言」（舊志載）。查《寰宇記》〔北宋興國四年

（979）著〕和《祥符經》〔北宋祥符年間（1008-1017）著〕編寫之時，婺源已經建縣二百多年，非當時記載，是事後追溯。經查考，婺源建縣前，境內河流無有「婺水」之謂，而是建縣後才有「婺水」之稱。據清乾隆縣志訂：「縣西北從障山、大廣山之南出為婺水。此縣治發源之水也，故名婺水。」說明境內主河稱「婺水」，是建縣後因縣名「婺源」，而把縣治發源之水命名為「婺水」的。再在建縣時，縣治設清華，一百六十年後，於唐天復元年（901）縣治遷弦高（即今縣城），經攔河築壩建造城垣，才使河流繞城三面。依此可見，《寰宇記》和《祥符經》所記以「婺水繞城三面故名」之說，脫離了建縣時的實際，撰述有誤，應予訂正。

又「舊以縣本休寧地，曾屬婺州，取上應婺女之說」故名，此說雖不無來由，但不確切。婺源建縣是析休寧縣回玉鄉和樂平縣懷金鄉成立，休寧縣地在隋開皇九年（589）析新安郡置歙州、婺州時曾隸婺州，隋大業三年（607）歙州改新安郡時復隸新安郡，其間休寧縣地屬婺州有十八年的歷史；同時，婺源地域是坐落於婺女星座，古時境內建有婺女廟。這都是實況。但是，這只能為「婺源」二字中的「婺」字來由作解釋，並不能聯繫「源」字說明「源」的來由。故此說不可信。

考據婺源縣名來由，古代和近代有關志書、刊物記述，多以「水流如婺」得名。本縣舊志和（徽州）府志載：「以縣東大鱅水流如婺州」「鱅水東至衢州，過蘭溪入浙江，婺州水源於此出，故縣名婺源。」《東陽記》（唐天寶、至德

年間婺州曾改為東陽郡）對婺源縣名由來載：「隋廢黟歙併入海寧，以屬婺州，水亦流如婺，故以為名也。」《新安志》（南宋淳熙二年著）亦載：「以縣旁婺水為名。」（據縣旁婺水，非指縣內婺水）《古今圖書集成》（中華書局、巴蜀書社出版）對此記述更清楚：「隋以前休寧回玉鄉地，唐開元末析置縣，以縣水流如婺州，故名婺源。」還有一九三六年版《辭海》，在「婺源」詞條中註：「地近婺水之源故名」（該《辭海》把婺源境內的婺水訂名「婺江」，這裡指的「地近婺水」，顯然非指「婺江」，即非指以境內水源因名）。上述這些記載，誠然是經考證有據的。

本縣境內主要河流發源地不是大鱅山，縣水乾流的下流又是樂安河，似乎與「水流如婺」毫無聯繫。但是縣東的大鱅山，是境內的一座名山。舊縣志和（徽州）府志都記述了這座山的傳說。據載：「方輿記云，堯洪水，有大鱅上，至此水涸而斃，鱗骨髻髻積如山阜，故名」；「婺星乘鱅魚上天，遂以名水」。志書記述這座山的山名、水名來由的神奇，說明古時人們對此山、此水的重視。大鱅山古今都與浙江省開化縣接界，縣界非以山脊劃分，東面山背仍屬婺源縣域，現有曉鱅鄉轄的東頭村委會，下屬有坳頭、新建、東坑、下汪、河灘五個自然村，與開化縣轄的河灘等村莊隔溪相鄰，以溪為界。大鱅山東流的「鱅水」仍屬婺源界內水，流向開化，經衢州、蘭溪、金華至富春江，為這一帶江水的發源地之一。而這一帶正是隋唐時設置的婺州地域，是「水流如婺」之地。

綜上考證，婺源縣名由來，不宜兼采眾說，宜取「水流如婺」之說。為了確切稱謂，避免把本縣境內的「婺水」與當時婺州水混稱，本志以「婺州水之源」名「婺源」縣。

附二：婺源置縣區劃考

舊縣志和（徽州）府志載：婺源置縣系「割休寧之回玉鄉和鄱陽之懷金鄉」成立。經考證，婺源立縣於唐開元二十八年（740），當時與婺源縣西南接壤的浮梁縣、樂平縣早已建立。浮梁縣（先名新平縣）建於唐武德四年（621），比婺源建縣早一一九年；樂平縣重建於唐開元四年（716），亦比婺源縣早建二十四年。鄱陽與婺源非接壤之地，中有浮梁、樂平兩縣相隔。

新編《樂平縣志》記載：「唐開元二十八年（740），劃本縣東北境懷金鄉地入置婺源縣……元和七年（812年），又劃縣境東北丹陽鄉入婺源。」經致函波陽（舊稱鄱陽）縣志辦公室調查，答覆劃鄱陽懷金鄉置婺源縣一事「本縣幾部舊志，皆無記載」。據此，應考定：婺源建縣時劃入的懷金鄉原是樂平縣的轄區，非鄱陽縣地域。

（《婺源縣志》，檔案出版社 1993 年版，
第 43 至 44 頁）

第十節 ▶ 吉安市及所轄各縣（市）沿革

吉安市位於江西省中西部，贛江中游。地處東經 113°46'—115°56'和北緯 25°58'32″—27°57'50″之間。東鄰寧都縣、興國

縣、崇仁縣、樂安市，南連贛縣、上猶縣、南康市，西界湖南省桂東縣、炎陵縣，北與豐城市、樟樹市、新余市、萍鄉市接壤。面積二五二八三平方千米。市人民政府駐吉州區。

西周以前，吉安地屬《禹貢》揚州之域。春秋時期，先屬吳後屬越，戰國時期歸楚。

秦，始置廬陵縣，屬九江郡。

漢，廬陵縣屬豫章郡。興平元年（194），孫策分豫章郡置廬陵郡，改廬陵縣為高昌縣，吉安地屬高昌縣。郡、縣治駐今泰和縣境內。《宋書》卷三十六《州郡二》載：「廬陵太守，廬陵本縣名，屬豫章，漢獻帝興平元年，孫策分豫章立。」

晉，太康元年（280），廬陵郡治所從今泰和境內遷至今吉水境內的石陽縣城，吉安地仍屬廬陵郡轄域。咸康八年（342），廬陵太守孔倫將郡治從石陽縣遷至今吉安市區孔家灣。

南朝梁，天監元年（502），高昌縣併入石陽縣，吉安地屬石陽縣。

隋，開皇十年（590），改廬陵郡為吉州，改石陽縣為廬陵縣，縣治設石陽故城；並新建州城於今吉安市區趙公塘一帶。大業三年（607），復改吉州為廬陵郡。

唐，武德五年（622），復改廬陵郡為吉州。永淳元年（682），新建州城於今吉安市區北門街道內，並將廬陵縣治從石陽故城遷入。此後，廬陵縣成為附廓首縣。天寶元年（742），改吉州為廬陵郡。乾元元年（758），復改廬陵郡為吉州。《舊唐書》卷四十《地理三》載：「吉州上，隋廬陵郡。武德五年，討平林士弘，置吉州，領廬陵、新淦二縣。七年，廢潁州，以安福

來屬。八年，廢南平州，以太和縣來屬。天寶元年，改為廬陵郡。乾元元年，復為吉州。」

宋，開寶八年（975），置吉州廬陵郡軍事。紹興年間（1131-1162），吉州廬陵郡領廬陵、吉水、安福、太和、龍泉、永新、永豐、萬安八縣。

元，至元十四年（1277），廢吉州軍事，置吉州路總管府，領廬陵等八縣。元貞元年（1295），吉水、安福、太和、永新四縣升為州，取吉水、安福兩州各一字，改吉州路為吉安路，寓吉泰民安之意。至順年間（1330-1333），析永新地設永寧縣。

明，洪武元年（1368），廢吉安路，置吉安府，領廬郡、太和、吉水、永豐、安福、龍泉、萬安、永新、永寧九縣；二年（1369），太和改稱泰和。

清初沿明制，乾隆八年（1743），析永新、安福地置蓮花廳，吉安府轄九縣一廳，直至清末。

民國元年（1912），廢吉安府，蓮花廳改稱蓮花縣，各縣直屬省政府。三年（1914），置廬陵道於宜春，龍泉、永寧、廬陵三縣分別更名為遂川、寧岡、吉安縣，廬陵道轄吉安、吉水、峽江、永新、新淦、永豐、泰和、遂川、萬安、安福、萍鄉、宜春、新喻等二十一縣。五年（1916），廬陵道遷至吉安。十五年（1926），廢廬陵道，各縣直屬江西省。十六年（1927）春，設吉安市政廳，籌建市政府。次年 5 月，正式設市，直屬於省；10 月，改為市政局。十八年（1929）3 月，撤市政局。二十一年（1932），江西省置第九行政區公署于吉安。二十八年（1939），改第九行政區為第三行政區，設行政督察專員公署於吉安。

1949 年 7 月 16 日，吉安解放，升石陽鎮為吉安市，直屬吉安專區，為專署駐地。1953 年 1 月，改吉安市為縣級吉安鎮，仍直屬吉安專區。同年 12 月，復稱吉安市。1958 年 11 月，吉安市與吉安縣合併為吉安市。1959 年 6 月，恢復吉安市、縣建置。同年 7 月，析寧岡縣，遂川縣地置井岡山管理局，歸省直轄。1968 年 5 月，改吉安專區為井岡山地區，井岡山管理局劃歸井岡山地區管轄。1978 年，恢復省轄井岡山管理局。1979 年，井岡山地區更名為吉安地區。1982 年 12 月，成立井岡山市。1992 年，蓮花縣劃歸萍鄉市管轄。2000 年 5 月，撤銷吉安地區建制設省轄吉安市，同時撤銷寧岡縣併入井岡山市。吉安市轄吉州區、青原區、井岡山市和吉安、吉水、峽江、新淦、永豐、泰和、遂川、萬安、安福、永新十縣。

　　　　附：吉安市建置沿革注
　　一、吉安之名始於何年？明萬曆《吉安府志》、一九八五年版《吉安市地名志》記作皇慶元年。今查《元史》、清光緒《吉安府志》載：「元貞元年，吉水、安福、泰和、永新四縣升為州，改吉州路為吉安路。」本志從《元史》。
　　二、廬陵縣何時始置？史家向有兩種意見：一為秦始皇二十六年，一為西漢高祖五年，至今無定論。今查《史記‧本紀》，有「二十六年……分天下以為三十六郡」一事，三十六郡中有九江郡而無郡轄各縣縣名；《前漢書‧地理志》載，「九江郡，秦置，戶十五萬五千五十二，口七十八萬五百二十五，縣十五」，十五縣中無廬陵縣；「豫章郡，高帝置，

戶六萬七千四百六十二，口三十五萬一千九百六十五，縣十八」，十八縣中有廬陵縣。萬曆《吉安府志》載：「明《一統志》云：『秦始皇二十四年，王翦滅楚，虜負芻，明年置廬陵、安平、新淦三縣，屬九江郡』。」新編吉安地區各縣縣志，除《泰和縣志》記作西漢高祖五年，《永新縣志》記作西漢高祖四年外，均記作秦始皇二十六年。

三、何時分豫章郡置廬陵郡？萬曆《吉安府志》、1985年版《吉安市地名志》、新編《吉安縣志》載：「東漢初平二年（191）析豫章郡置廬陵郡。」然《後漢書‧郡國志》及《太平寰宇記》、光緒《吉安府志》均載：「興平元年孫策分立廬陵郡。」本志從《後漢書》。

四、廬陵郡治是否在隋大業三年移回今吉水縣地？《太平寰宇記》、萬曆《吉安府志》、光緒《吉安縣志》、民國三十六年（1947年）《江西省八十三縣沿革考略》及新編《吉安縣志》《吉水縣志》均記作：「大業三年（607）改吉州為廬陵郡。徙治於今吉水縣東北二十五里；唐永淳元年（682）由今吉水縣東北故州治徙於今所。」然乾隆《吉安府志》考定，郡治自東晉咸康八年（342）從石陽縣城（今吉水縣地）徙於今吉安市區後，未曾遷回吉水。該志云：「今考定，郡城自西晉徙於石陽，東晉徙於今城南，隋又徙於城西南，唐由城西南徙今治。其云由石陽徙今治者，謂廬陵縣，非州也。」同治《廬陵縣志》記述與乾隆府志同。本志從之。

五、今吉安市區始置廬陵縣治，是東晉咸康八年還是唐永淳元年？一九八五年版《吉安市地名志》、新編《吉安縣

志》載:「東晉咸康八年廬陵郡太守孔倫將郡治由今吉水東北之石陽遷今市區孔家灣一帶,石陽縣亦隨遷。」然乾隆《吉安府志》否定了這一說法。該志載:「唐永淳元年,吉州由今城西南徙於今治。廬陵縣亦由石陽而徙為附廓邑。吉州城在今所。廬陵遷為附廓首縣,實自唐永淳壬午始。」新編《吉水縣志》也認定咸康八年石陽縣治未隨郡治遷今吉安市區,該志云:咸康八年「石陽縣治在縣東橋頭村(今屬永豐縣)」。今考定。咸康八年,今吉安市區屬高昌縣,南朝梁天監元年(502)才並高昌入石陽。由此推斷:石陽縣治不可能遷至高昌縣地域。

(《吉安市志》,珠海出版社,1997年版,第46頁。)

一、吉安縣

吉安縣位於江西省中部、吉泰盆地中心。地處東經114°24'—115°03'和北緯26°49'—27°38'。東與吉安市吉州區、青原區、吉水縣為鄰,南連泰和縣,西靠永新縣、安福縣,北接分宜縣、峽江縣、新喻市渝水區。面積二一二二平方千米。縣人民政府駐敦厚鎮。

秦,置廬陵縣,縣治在今泰和縣西三里處,隸九江郡。酈道元《水經注》云,縣名因瀘水而得。

漢,廬陵縣屬豫章郡。新(王莽)始建國元年(9),改豫章為九江郡,改廬陵為桓亭縣。建武元年(25),九江郡復名豫章郡,桓亭縣復名廬陵縣。興平元年(194)孫策分豫章置廬陵郡,改縣名為高昌,隸廬陵郡。

晉，太康元年（280），盧陵郡治由高昌遷石陽縣。咸康八年（342），盧陵太守孔倫遷郡治於今吉安市區，高昌縣隸屬未變。

南朝梁，天監元年（502），並高昌縣入石陽縣，隸盧陵郡。

隋，開皇十年（590），改盧陵郡為吉州，改石陽縣為盧陵縣，盧陵縣隸吉州。次年，撤銷吉陽（今吉水）、興平（今永豐境）、陽豐（今永豐境）三縣，併入盧陵縣。大業三年（607），改吉州為盧陵郡，盧陵縣隸屬不變。

唐，武德五年（622），盧陵郡復名吉州，天寶元年（742），又改吉州為盧陵郡，乾元元年（758），盧陵郡又復名吉州，盧陵縣隸屬均依舊。《舊唐書》卷四十《地理三》載：「盧陵，漢縣，屬豫章郡。後漢改為西昌。隋復為盧陵，州所治也。」

南唐，盧陵縣仍屬吉州。

宋，盧陵縣屬吉州，且為州治所在地。

元，盧陵縣屬江西行省吉安路，且為路治所在地。

明，洪武九年（1376），改江西行省為承宣佈政使司，盧陵縣屬江西布政使司湖西道吉安府。

清，康熙二十一年（1682），廢湖西道，吉安府直屬省。雍正九年（1731），盧陵縣屬贛南道吉安府。

光緒《江西通志》卷三《地理沿革表·吉安府》載：「盧陵縣，漢置，屬豫章郡。莽曰桓亭，東漢初復舊。興平元年，孫策分立盧陵郡，改縣曰高昌，遂為郡治。晉太康中，移郡於石陽縣，今舊州東北故城是也，以高昌屬焉。宋齊因之，梁省高昌入石陽。隋開皇十年，改石陽縣為盧陵縣，因盧水為名。至唐永淳

元年，徙於今治。宋因之，元為吉安路治，明為吉安府治。」

民國元年（1912），廢府撤道，盧陵縣直屬省。三年（1914），改盧陵縣為吉安縣，全省劃為四道，吉安縣屬盧陵道。十五年（1926），廢道，吉安縣直屬省。二十一年（1932），全省劃為十三個行政區，吉安縣屬第九行政區。二十四年（1935），全省縮改為八個行政區，吉安縣屬第三行政區。三十一年（1942），全省劃為九個行政區，吉安縣仍屬第三行政區。

1949 年 7 月 16 日，吉安縣解放。28 日，析縣治石陽鎮置吉安市，同屬吉安專區。1958 年 11 月，吉安縣併入吉安市。1959 年 6 月，復置吉安縣，仍屬吉安專區。1968 年 2 月，吉安專區改名井岡山地區。1979 年，井岡山地區改名吉安地區，吉安縣隸屬關係一直未變。1979 年 11 月，縣治從吉安市五嶽觀遷至敦厚鎮。2000 年 5 月，撤銷吉安地區行署設省轄吉安市，實行市管縣制，吉安縣屬吉安市管轄。

二、吉水縣

吉水縣位於江西中部，贛江中游。地處東經 114°52'—115°37'和北緯 26°50'—27°34'之間。東南鄰永豐縣，北連峽江縣，南毗吉安市青原區，西與吉安市吉州區、吉安縣接壤。面積二五〇六平方千米。縣人民政府駐文峰鎮。

秦統一全國，分天下為三十六郡，吉水地屬九江郡盧陵縣。

漢，盧陵縣隸豫章郡。王莽篡漢立新朝，改盧陵縣為桓亭縣。東漢建武初年，復改桓亭縣為盧陵縣，隸豫章郡。永元八年（96），析新淦、盧陵地置石陽縣，治所在今吉水醪橋鄉故洲

村。初平二年（191），置廬陵郡，石陽縣隸廬陵郡。

三國吳，寶鼎二年（267），析廬陵縣地置吉陽縣。

隋，開皇十年（590），改廬陵郡為吉州，並將石陽、吉陽二縣併入廬陵縣。大業三年（607），改吉州為廬陵郡，郡治移於原石陽縣治舊址。大業末年，分廬陵縣水東的順化、文昌、折桂、中鵠、仁壽、興平、明德、永豐、龍雲、雲蓋、遷恩等十一鄉始置吉水縣。

唐，武德五年（622），改廬陵郡為吉州，天寶年間改吉州為廬陵郡。天寶之亂後。吉水由縣改鎮，鎮治設城南，不久後由鎮復改為縣。

五代梁，開平四年（910），吉水縣隸屬揚吳新淦都制置使。南唐，昇元二年（938），吉水歸隸吉州，但由縣降為吉水場。保大八年（950年），吉水場升改為吉水縣，仍隸吉州。

宋，至和元年（1054），析吉水縣之興平、明德、永豐、龍云、云蓋五鄉置永豐縣。紹興二十一年（1151），吉水的遷恩鄉劃歸永豐縣管轄。

元，吉水縣隸吉州路。元貞元年（1295），吉水升縣為州，仍隸于吉安路。

明，洪武元年（1368），吉安路改稱吉安府，吉水屬之。次年，吉水降州為縣，仍隸吉安府。洪武九年（1376），置江西承宣佈政使司，下設五道，吉安府屬湖西道，吉水屬之。

清康熙二十一年（1682），裁湖西道，吉水縣隸屬于吉安府，直至清末。

光緒《江西通志》卷三《地理沿革表·吉安府》載：「吉水

縣，漢新淦、廬陵二縣地。後漢永元八年，析置石陽縣，仍屬豫章郡。獻帝時，既立廬陵郡，至吳末，復析置吉陽縣，以在吉水之陽而名。自是以來，石陽、吉陽二縣均屬廬陵郡。晉太康中，以石陽為廬陵郡治。宋、齊、梁、陳皆因之。隋開皇十年，廢吉陽縣，改石陽為廬陵縣。唐永淳元年，徙廢。南唐保大八年，析廬陵木東十一鄉置吉水縣，蓋升自吉陽場也。宋因之，元元貞元年，升為吉水州，屬吉安路。明屬吉安府，洪武二年正月，復為吉水縣。」

民國元年（1912），廢府，吉水縣直屬省。三年（1914），江西省份設四道，吉水縣屬廬陵道。十五年（1926），廢道，吉水縣隸屬於省。二十一年（1932），吉水縣屬江西省第九行政區。二十四年（1935）後，吉水縣屬江西省第三行政區。

1949 年 7 月 14 日，吉水縣解放，屬吉安專區。1968 年 5 月，改吉安專區為井岡山地區。1979 年，井岡山地區更名吉安地區，吉水縣隸屬關係依舊。2000 年 5 月 11 日，改吉安地區為省轄吉安市，實行市管縣制，吉水縣隸屬于吉安市。

三、峽江縣

峽江縣位於江西省中部、贛江中游。地處東經 114°53'—115°31'和北緯 27°24'—27°46'之間。東北界新淦縣，南鄰永豐縣、吉水縣，西連吉安縣，西北與新喻市渝水區接壤。面積一二九八平方千米。縣人民政府駐水邊鎮。

秦，峽江地屬九江郡新淦縣。西漢改九江郡為淮南國，高祖五年（前 202），分淮南國置九江、廬江、衡山、豫章四郡，新

淦縣屬豫章郡。新（王莽），改豫章郡為九江郡，改新淦縣為偶亭縣。東漢建武元年（25），復改九江郡為豫章郡、偶亭縣為新淦縣，峽江仍為新淦縣地。永元八年（96），析新淦置石陽縣，故城在峽江玉笥鄉，峽江地分屬新淦、石陽縣。《宋書·州郡志》載：「石陽子相，前漢無，後漢有。」

三國吳，寶鼎二年（267），析新淦、石陽置巴丘縣，隸廬陵郡，縣治在今峽江巴邱鎮北肖家一帶。晉元康元年（291），巴丘改屬豫章郡。

南朝宋、齊、梁、陳，巴丘均屬廬陵郡。隋開皇十年（590），廬陵郡改稱吉州，廢石陽，併入廬陵縣，巴丘撤縣為鎮併入新淦縣，唐、宋、元，峽江地均屬新淦縣。

明，置峽江鎮巡檢司。成化四年（1468），臨江知府陳浩始奏設縣分治，弘治十四年（1501）知府吳敘、正德十三年（1518）知府戴德儒也多次奏報設縣分治，均未果。嘉靖初，臨江知府錢琦以「新淦最廣，難於控馭」為由，與按巡御史秦鉞、陶儼會奏分縣獲准。嘉靖五年（1526），升峽江巡檢司為峽江縣，劃新淦縣揚名、斷金、玉笥、善政、安國、太平六鄉共二十四都為其轄區，隸臨江府，縣治設巴邱鎮。因鎮南的玉峽是贛江的最狹處，山峰對峙，江流湍急，故名峽江縣。

清襲明制，峽江縣仍隸臨江府。

光緒《江西通志》卷三《地理沿革表·臨江府》載：「峽江縣，漢新淦縣地。三國分置巴邱縣，屬廬陵郡。晉以後因之。隋廢巴邱入新淦，以峽江為鎮。唐及宋元，相沿未改。明置峽江巡檢司，嘉靖五年四月，改為峽江縣，析新淦縣六鄉地益之，屬臨

江府。蓋從知府錢琦之議，而巡撫、都御史為之上聞也。」

民國元年（1912），廢府，峽江直隸江西省。三年（1915），分全省為四道，峽江隸廬陵道。十五年（1926），廢道，峽江直屬於省。二十一年（1932），劃全省為十三個行政區，峽江屬第九行政區。二十四年（1935），全省縮改為八個行政區，峽江屬第三行政區。此後至解放前，省行政區有多次調整，峽江均屬第三行政區。

1949 年 7 月 12 日，峽江解放，屬吉安專區。1968 年 5 月，改吉安專區為井岡山地區。1979 年，井岡山地區更名為吉安地區，峽江縣隸屬關係一直未變。1994 年 10 月 22 日經國務院批准，遷縣治至贛江東部的水邊鎮，2000 年 5 月 11 日，改吉安地區為省轄吉安市，實行市管縣制，峽江縣屬吉安市管轄。

四、永豐縣

永豐縣位於江西省中部，地處東經 115°16'—115°56'和北緯 26°38'—27°32'之間。東界樂安縣、寧都縣，西鄰吉水縣、吉安市青原區，南接興國縣，北連峽江縣、餘干縣。面積二七一〇平方千米。縣人民政府駐恩江鎮。

秦，永豐地屬九江郡廬陵縣。

漢，改九江曰淮南國，高祖五年（前 202），分淮南國置九江、廬江、衡山、豫章四郡，廬陵縣隸豫章郡。新（王莽）始建國元年（9），豫章郡改稱九江郡，廬陵縣改稱桓亭縣。東漢建武元年（25），九江復稱豫章，桓亭復稱廬陵，永豐地仍屬之。興平元年（194），孫策分豫章郡立廬陵郡，又析廬陵縣分置陽

城，興平縣，永豐地分屬陽城，興平縣。三國吳，陽城，興平縣隸揚州廬陵郡。

晉，太康元年（280），陽城改稱陽豐，仍隸揚州廬陵郡。元康元年（291），「割揚州之豫章、鄱陽、廬陵、臨川、南康、建安、晉安，荊州之武昌、桂陽、安成，合十郡，因江水之名而置江州」（《晉書・地理志》）。永豐地分屬江州廬陵郡的陽豐、興平兩縣。南朝宋、齊，陽豐、興平仍隸廬陵郡。梁，大同二年（536），割臨川、豫章、廬陵三郡置巴山郡，隸江州。太平元年（556），割屬高州，興平隸高州巴山郡，陽豐隸高州廬陵郡。陳初，隸屬依舊；天嘉四年（563），廢高州，巴山郡、廬陵郡復屬江州。

隋，開皇三年（583），廢廬陵郡置吉州，陽豐縣屬之，興平縣仍屬巴山郡。十年（590），廢巴山郡，陽豐、興平兩縣併入吉州廬陵縣。大業三年（607），復改吉州為廬陵郡，永豐地屬廬陵郡廬陵縣轄域。

唐，武德五年（622），廬陵郡復稱吉州，領廬陵、新淦兩縣，隸洪州總管府。貞觀元年（627），分全國為十道，吉州廬陵縣屬江南道。開元二十一年（733），又分全國為十五道，江南分東、西道，吉州廬陵縣屬江南西道。「天寶元年，改（吉州）為廬陵郡。乾元元年，復為吉州。」（《舊唐書・地理志》）永豐地一直屬其下轄的廬陵縣。

五代南唐，保大八年（950），永豐地屬吉水縣。

宋，至和元年（1054），割吉水縣云蓋、龍云、興平、永豐、明德五鄉置縣，縣治設報恩鎮（即今恩江鎮），以永豐鄉名

為縣名，隸江南西路吉州廬陵郡。紹興十八年（1148），割永豐縣云蓋鄉隸樂安縣。

元，至元八年（1271），永豐縣隸江西行省吉州路。至元十四年（1277），吉州路升為吉州路總管府。元貞元年（1295），改吉州路總管府為吉安路，永豐一直隸屬之。

明，洪武元年（1368），改路為府，永豐縣屬吉安府。九年（1376）分江西全省為五道，永豐屬湖西道吉安府。

清，康熙二十一年（1682），廢湖西道，吉安府直屬省。雍正九年（1731），吉安府屬吉南贛道。乾隆十九年（1754），吉安府屬吉南贛寧兵備道。永豐縣沿屬吉安府。

光緒《江西通志》卷三《地理沿革表·吉安府》載：「永豐縣，漢廬陵縣地。後漢興平中，孫策立廬陵郡，遂置陽城、興平二縣屬焉。武帝太康元年，陽城改曰陽豐，仍屬廬陵郡。宋因之，梁大同二年，以興平縣屬巴山郡，陽豐如故。至隋開皇十年，廢陽豐、興平入廬陵縣。南唐為吉水縣地。宋，至和元年，割吉水之五鄉置永豐縣，屬吉州，以昔之報恩鎮為治所。紹興十八年，割縣之云蓋鄉屬安樂，尋以吉水之遷鶯鄉來屬。元屬吉安路，明屬吉安府。」

民國元年（1912），廢府，永豐縣直屬江西省。三年（1914），劃全省為四道，永豐縣屬廬陵道。十五年（1926），廢道，永豐縣直屬省。二十一年（1932），劃全省為十三個行政區，永豐縣屬第九行政區。二十四年（1935），全省縮改為八個行政區，永豐縣屬第三行政區。此後至解放前，省行政區有多次調整，永豐縣均屬第三行政區。

　　1949 年 7 月 13 日，永豐縣解放，屬吉安專區。1968 年 5 月，改吉安專區為井岡山地區。1979 年，井岡山地區更名為吉安地區，永豐縣隸屬關係一直未變。2000 年 5 月，撤銷吉安地區建制設省轄吉安市，實行市管縣制，永豐縣屬吉安市管轄。

五、泰和縣

　　泰和縣位於江西省中部偏南、贛江中上游兩岸。地處東經 114°17'—115°20'和北緯 26°27'—26°59'之間。東靠吉安市青原區，東南鄰興國縣，南連萬安縣，西南界遂川縣，西毗井岡山市、永新縣，北與東北接壤吉安縣。面積二六六〇平方千米。縣人民政府駐澄江鎮。

　　秦時，泰和屬九江郡轄域，西漢為豫章郡廬陵縣地。東漢建安四年（199），孫策升廬陵縣為郡，析置西昌縣，泰和地屬西昌縣，縣治在今縣治澄江鎮西門上街，稱西昌城。

　　三國吳末年，析西昌置東昌縣（今吉安永和鎮），隸廬陵郡。

　　晉，太康元年（280），廬陵郡遷石陽（今吉水縣東北 20 里），西昌為屬縣。

　　南朝陳，廢西昌縣。

　　隋，開皇九年（589），復置西昌縣。十年，廢西昌，析東昌、遂興（今遂川、萬安）、廣興（今蓮花）、永新諸縣置安豐縣。十一年，「以地產嘉禾，為和氣之所生」而改安豐縣為泰和縣，屬吉州。泰和縣名始於此。

　　唐，武德五年（622），置南平州，領泰和、永新、廣興、

東昌四縣，泰和為州治。八年（625），廢南平州，並永新、廣興、東昌三縣入太和縣（改泰為太），隸吉州。顯慶二年（657），析太和置永新縣，均屬吉州。乾元三年（760年，一說貞元三年，787年），縣治移白下驛西（今縣治澄江鎮實驗小學內），名曰下城。五代南唐，保大元年（943），析太和地置龍泉場，後升為縣（即今遂川縣）。

宋，太和縣隸屬江南西路吉州。

元，元貞元年（1295），太和縣升為州，隸江西行中書省吉安路。

明，洪武二年（1369），廢州，復稱泰和縣（改太為泰），隸江西布政使司吉安府。

清沿明制，泰和仍隸屬江西省吉安府。

光緒《江西通志》卷三《地理沿革表·吉安府》載：「泰和縣，漢為廬陵縣地，屬豫章郡。後漢末，置西昌縣，屬廬陵郡。吳置東昌，在縣西六十里。晉以後因之，陳省西昌縣。隋開皇九年復置，十一年改曰泰和，省東昌入焉。泰和者，以地產嘉禾，為和氣之所生也。唐武德五年，置南平州，領太和、永新、廣興、東昌四縣。八年，州廢，省三縣入太和，仍屬吉州。宋因之。元，元貞元年升太和為州，屬吉安路。洪武二年正月，改為泰和縣，屬吉安府。」

民國元年（1912），廢府，泰和縣直屬江西省。三年（1914），全省份為四道，泰和縣屬廬陵道。十五年（1926），廢道，泰和縣直屬省。二十一年（1932），全省份為十三個行政區，泰和屬第九行政區。二十四年（1935），全省縮改為八個行

政區，泰和屬第三行政區。

　　1949 年 7 曰 28 日，泰和縣解放，屬吉安專區，不久，縣治西昌鎮改稱澄江鎮。1968 年，吉安專區改稱井岡山地區，1979 年，井岡山地區改稱吉安地區。2000 年 5 月，撤銷吉安地區建制設省轄吉安市，實行市管縣制，泰和縣屬吉安市管轄。

六、遂川縣

　　遂川縣位於江西省西南邊陲、贛湘交界處，地處東經 113°56'—114°46'和北緯 25°58'—26°42'之間。東界萬安縣，南鄰南康市、上猶縣，西靠湖南省桂東縣、炎陵縣，西北連井岡山市，北接泰和縣。面積三一〇二平方千米。縣人民政府駐泉江鎮。

　　秦，遂川地屬九江郡。

　　西漢，遂川為豫章郡廬陵縣地。

　　東漢，興平元年（194），孫策分豫章置廬陵郡，遂川地隨廬陵縣改隸廬陵郡。建安四年（199），置遂興縣於遂水之口（今萬安縣五豐鄉雲州），隸廬陵郡，此為遂川建縣之始。

　　三國吳，改遂興為新興縣。

　　晉，太康元年（280），復名遂興縣，並徙縣治於上游光化鄉景雲觀（今雩田鎮中洲），隸廬陵郡。

　　隋，開皇十年（590），廢遂興縣併入安豐縣。次年，安豐縣更名泰和縣，隸吉州。

　　唐，遂川地屬泰和縣。

　　五代，南唐保大元年（943），析太和龍泉鄉什善鎮置龍泉

場。交泰三年（960），升場為縣，名龍泉縣，以舊場治為縣治，在水南十七都慈雲寺（今瑤廈鄉小溪村境內），隸吉州。

宋，宣和三年（1121），龍泉縣改名泉江縣。景祐元年至三年（1034-1036），縣治南遷至水北桐木塢（今縣治泉江鎮）。紹興元年（1131），泉江縣復名龍泉縣，隸江南西路吉州軍。

元，龍泉縣隸屬江西行中書省吉安路。

明，龍泉縣隸屬江西承宣佈政使司湖西道吉安府。

清，雍正九年（1731），吉安府改隸吉南贛道，龍泉縣仍屬吉安府管轄。

光緒《江西通志》卷三《地理沿革表・吉安府》載：「龍泉縣，漢廬陵縣地。漢末及吳為新興縣地。自晉至陳皆為遂川縣地。隋併入泰和，南唐保大元年，析太和之龍泉、光化、遂興、和屬等四鄉置龍泉場，以鄉為名，採擇林木之故也。本太和龍泉鄉什善鎮地。宋建隆元年，南唐升場為縣。開寶元年，析龍泉等四鄉為六鄉，宣和三年，改曰泉江。紹興初復曰龍泉。元屬吉安路，明屬吉安府。」

民國元年（1912），廢府，龍泉縣直屬省。三年（1914），全省份為四道，屬廬陵道。因與浙江、貴州兩省之龍泉縣同名，改名遂川縣。十五年（1926），廢道，遂川直屬省。二十一年（1932），全省劃為十三個行政區，遂川縣屬第十行政區。二十四年（1935），全省縮改為八個行政區，遂川屬第三行政區。

1949 年 8 月 2 日，遂川解放，屬吉安專區。1968 年 2 月，吉安專區改名井岡山專區，1971 年 1 月，改專區為地區，1979年 7 月，井岡山地區復名吉安地區，遂川縣隸屬關係一直未變。

2000 年 5 月，撤銷吉安地區行署建制設省轄吉安市，實行市管縣制，遂川縣屬吉安市管轄。

七、萬安縣

萬安縣位於江西省中部偏西南、贛江上游兩岸。地處東經 114°30'—115°06'和北緯 26°08'—26°43'之間。東界興國縣，南連贛縣、南康市，西鄰遂川縣，北與東北接壤泰和縣。面積二〇三八平方千米。縣人民政府駐芙蓉鎮。

秦時，萬安屬九江郡轄域。

西漢，萬安屬豫章郡廬陵縣地。東漢建安四年（199）置遂興縣，故城在今萬安縣西北十五里，萬安屬遂興縣管轄。宋《太平寰宇記》載：「後漢獻帝立遂興縣……以在遂水口，故為名。」《吉安府志》載：「漢建安四年立遂興縣於遂江口，即今之萬安五云洲。」

三國吳，遂興縣屬廬陵郡。嘉禾四年（235），遂興縣更名新興縣。晉太康元年（280），新興縣復名遂興縣，仍隸廬陵郡。南朝宋、齊、梁、陳，遂興縣隸屬關係依舊。

隋，開皇九年（589），廢遂興縣，併入泰和縣，屬揚州。

唐，萬安仍為太和縣（改泰為太）地，隸吉州。

南唐保大元年（943），分太和縣地置萬安鎮，屬龍泉縣，仍隸揚州。胡銓《萬安縣廳壁記》云：「南唐始立鎮，壁地得石，上有八分書云：地界兩州，神秀所蟠，更為都邑，萬民以安。遂白帥府，採其字義，以萬安名鎮。」因萬安雲洲上空曾出現五彩祥雲，故別稱五雲鎮。

宋，熙寧四年（1071），江南西路轉運使金君卿、提點刑獄使王宜溫，提舉常平使蘇獬合議，以萬安鎮當水陸之沖，舟車之會，控扼贛郡之咽喉，凡漕運重寄，皆屬於此，請改鎮為縣。獲准割龍泉縣永興、和蜀二鄉十一耆，太和縣誠信鄉六堡，贛縣龍泉鄉八，為萬安縣轄區，隸吉州。《宋史》卷八十八《地理志四》載：「萬安，熙寧四年，以龍泉縣萬安鎮置。」

元，萬安縣屬吉安路，隸江西行中書省。

明，改路為府，萬安縣屬吉安府，隸江西布政使司。

清沿明制，萬安縣仍隸江西省吉安府。

光緒《江西通志》卷三《地理沿革表·吉安府》載：「萬安縣，漢廬陵縣地。獻帝時，吳置新興縣，屬廬陵郡。晉改曰遂興，隋唐省入泰和縣。五代時，南唐析置萬安鎮，分屬龍泉縣。宋熙寧四年，置為萬安縣，屬吉州。元屬吉安路，明屬吉安府。」

民國元年（1912），廢府，萬安縣隸江西省。三年（1914），全省劃為四道，萬安縣屬廬陵道。十五年（1926），廢道，萬安直屬於省。二十一年（1932），全省劃分為十三個行政區，萬安屬第九行政區。二十四年（1935），全省縮改為八個行政區，萬安屬第三行政區。二十七年（1938），縣治五云鎮改稱城廂鎮。

1949 年 8 月 7 日，萬安解放，屬吉安專區。1952 年縣治更名城關鎮。1968 年，吉安專區改稱井岡山地區，1979 年井岡山地區改稱吉安地區。1984 年，以縣治處文章嶺芙蓉山下，城關鎮改稱芙蓉鎮。2000 年 5 月，撤銷吉安地區建制改設省轄吉安市，實行市管縣制，萬安縣屬吉安市管轄。

八、安福縣

安福縣位於江西省中部偏西，地處東經 114°00'—114°48'和北緯 27°04'—27°36'之間，東連吉安縣，西接蓮花縣、蘆溪縣，南鄰永新縣，北與宜春市袁州區、分宜縣接壤，面積二七九三平方千米。縣人民政府駐平都鎮。

西周以前，安福屬《禹貢》九州中揚州之域。春秋時期，先屬吳後屬越；戰國時期歸楚。秦王嬴政二十四年（前 223）秦將王翦滅楚，次年於安福境地設安平，安成二縣，安平縣治在今安福縣東南王水口，安成縣治在今安福縣西新茨。

秦始皇統一六國，分全國為三十六郡，安平縣屬九江郡轄域，安成縣屬長沙郡。

漢，高祖五年（前 202），安平縣屬豫章郡，安成縣屬長沙國。《漢書·地理志下》載：「長沙國，秦郡，高帝五年為國。」新（王莽）始建國元年（9），豫章郡改為九江郡，安平縣改稱安寧縣，安成縣改為思成縣，均屬九江郡。東漢建武元年（25），郡縣恢復舊名，安平縣屬豫章郡，安成縣屬長沙郡。和帝永元八年（96），置平都侯國，改安平縣為平都縣，隸屬依舊。獻帝初平二年（191），置廬陵郡，平都屬廬陵郡，隸揚州，安成縣仍屬長沙郡，隸荊州。三國吳寶鼎二年（267），析豫章郡的宜春、新喻，廬陵郡的平都、永新，長沙郡的安成、萍鄉共六縣置安成郡，隸屬揚州，郡治設平都（即今縣城平都鎮）。

西晉，太康元年（280），安成郡改隸荊州，安成縣改稱安復縣。同年，析永新縣西部置廣興縣，屬安成郡。元康元年

（291），設江州，安成郡改屬江州。東晉至南朝宋、齊、梁、陳時期，安成郡和平都、安復二縣的建置隸屬關係依舊。《宋書‧州郡志二》載：「（安成郡領縣有）安復侯相，漢舊縣，本名安成，晉武帝太康元年更名。」

隋，開皇九年（589），廢安成郡，置吉州。同年將安復縣併入平都縣改名為安成縣，隸吉州。十八年（598），又改安成縣為安復縣。

唐，武德五年（622），升安復縣為潁州，隸江南西道。七年（624），廢潁州，改安復為安福縣，縣治平都鎮，隸吉州。《舊唐書‧地理志三》載：「武德七年，廢潁州，以安福縣來屬（吉州）。」《元和郡縣圖志‧卷二十八》載：「安福縣，本漢安平縣，後漢改為平都縣，屬廬陵。吳分置安成郡，隋廢郡為安復縣，武德中改為安福縣。」五代十國時期（907-960），安福縣先後隸屬楊吳和南唐。宋開寶八年（975），安福縣屬江南西路吉州廬陵郡。元，元貞元年（1295）安福縣升為安福州，隸江西省吉安路。明洪武二年（1368），安福降州為縣，隸江西布政司吉安府。清沿明制，安福隸吉安府。

光緒《江西通志》卷三《地理沿革表‧吉安府》載：「安福縣，本漢安平、安成二縣地。初元元年，封長沙孝王子習為安平侯國，屬豫章郡。安成本新茨亭，屬長沙國，今縣六十里有安成故城存，即漢安成侯張普所理也。王莽改安平曰安寧，改安成曰思成。後漢初，復故。永元八年，改安平曰平都縣，屬豫章郡，安成仍屬長沙郡。興平元年，分豫章置廬陵郡，以平都屬焉。吳寶鼎二年，於縣置安城郡治，平都、安城縣自長沙來屬之。縣本

有二鄉，漢縣，理西鄉，張普所理之地。吳又移於東鄉，置郡，縣亦移焉。晉武帝太康元年，改安成縣曰安復。宋齊以下因之。隋平陳，廢安成郡，省安復入平都，因改平都為安成。開皇十八年，又改安成曰安復縣，屬吉州。大業中，屬廬陵郡。唐武德五年，以安復縣置穎州。七年，州廢，改為安福縣，仍屬吉州。宋因之。元元貞元年，升為州，屬吉安路。明屬吉安府，洪武二年正月，復降為安福縣。」

民國元年（1912）廢府，安福縣直屬江西省。三年（1914）全省份為四道，安福屬廬陵道。十五年（1926），廢道，安福直隸省。二十一年（1932），全省劃為十三個行政區，安福縣屬第十行政區。二十三年（1934），安福、永新、蓮花、萍鄉四縣隸屬於洋溪特別區政治局。二十四年（1935），全省縮改為八個行政區，安福屬第三行政區。此後至解放前全省行政區多次調整，安福均屬第三行政區。

1949 年 7 月 14 日，安福解放，屬吉安專區。1968 年，吉安改為井岡山專區，1979 年井岡山專區改稱吉安地區，安福縣均隸屬之。2000 年 5 月，撤銷吉安地區建制改設省轄吉安市，實行市管縣制，安福縣屬吉安市管轄。

九、新幹縣

新幹縣位於江西省中部，贛江中游。地處東經 115°15'—115°44'和北緯 27°30'—27°58'之間。東鄰樂安縣、豐城市，南連永豐縣、峽江縣，西接新余市渝水區，北界樟樹市。面積一二四五平方千米。縣人民政府駐金川鎮。

秦，置新淦縣，縣治淦陽（今樟樹鎮），因境內有紫淦山，淦水流經縣城，立新縣時取「淦」而得名，隸九江郡。

西漢，新淦隸豫章郡，為南部都尉治所。新（王莽）始建國元年（9），改豫章郡為九江郡，改新淦為偶亭縣。

東漢，建武元年（25），復稱豫章郡新淦縣。永元八年（96），析新淦南境置石陽縣。興平元年（194），孫策分豫章置廬陵郡，立南部都尉治新淦。

三國吳，寶鼎二年（267），再析新淦分置巴邱縣。石陽、巴邱隸廬陵郡，新淦仍隸豫章郡。

晉，新淦屬江州豫章郡。

南朝陳，永定二年（558），新淦改隸高州巴山郡。天嘉四年（563），撤銷高州，新淦隨巴山郡歸屬江州。

隋，開皇十年（590），廢巴山郡，並石陽、巴邱二縣入新淦縣，遷縣治至南市村（今金川鎮），隸吉州。大業三年（607），吉州改名廬陵郡，新淦隸廬陵郡。

唐，武德五年（622），廬陵郡復名吉州。天寶元年（742），吉州又改稱廬陵郡。乾元元年（758），廬陵郡復稱吉州，新淦隸屬關係未變。《舊唐書·卷四十》載：「武德五年，討平林士弘，置吉州，領廬陵、新淦二縣……天寶元年，改為廬陵郡。乾元元年，復為吉州。」

五代後樑，開平四年（910），設都制置使駐新淦，兼轄吉水、新喻、豐城三縣，並於縣治贛水西岸（今界埠鄉湖田、袁家村南）建監軍城。南唐升元二年（938），割新淦縣崇學鄉、高安縣建安鄉、修德鄉置清江縣，新淦縣仍隸吉州。

宋，淳化三年（992），置臨江軍，治清江（今臨江鎮），轄清江、新淦、新喻三縣。治平三年（1066），割新淦茂才鄉歸清江縣，新淦仍隸臨江軍。

元，至元十四年（1277），改臨江軍為臨江路，新淦隸屬依舊。元貞元年（1295），新淦縣升為州，仍隸臨江路。

明，洪武二年（1369），新淦復為縣，隸臨江府。嘉靖五年（1526），析新淦二十八個都置峽江縣，新淦、峽江二縣均屬臨江府。

清，新淦仍屬臨江府。

光緒《江西通志》卷二《地理沿革表·臨江府》載：「新淦縣，本漢舊縣，縣有淦水，因以為名。莽曰偶亭，東漢初復故。自漢及陳，縣治皆在今清江縣境。隋開皇十年，縣令李子樂以去州懸遠，請移市南邨，置即今理縣。隋唐皆屬吉州。後樑開平四年，楊吳既得吉州，欲遂圖虔州，用淮南節度判官嚴可求策，以新淦為都制置使治所，置兵城守，移吉水、新喻、豐城三城隸之，尋以門下侍郎楊伯彥之言而罷。南唐復設制置使，仍領三縣。從邑人陳濬與其子喬請也。昇元二年，還隸吉州。宋淳化三年，自吉州來隸臨江軍。元屬臨江路，元貞元年升為新淦州。明洪武二年，復降為縣，屬臨江府。」

民國元年（1912），廢府。新淦縣直屬省。三年（1914），全省劃分為四道，新淦屬廬陵道。十五年（1926），廢道，新淦復屬於省。二十一年（1932），全省劃分為十三個行政區，新淦屬第一行政區。二十四年（1935），全省縮改為八個行政區，新淦屬第二行政區。三十一年（1942），全省又改為九個行政區，

新淦屬第一行政區。

1949 年 5 月 22 日，新淦解放，屬南昌專區。1952 年，新淦改屬吉安專區。1956 年 1 月，清江縣親睦鄉劃入新淦縣。1957 年 5 月，新淦縣改名新幹縣。1968 年 2 月，吉安專區改名井岡山專區，1971 年 1 月，改專區為地區，1979 年 7 月，井岡山地區復稱吉安地區，新幹隸屬關係一直未變。2000 年 5 月 11 日，經國務院批准，撤銷吉安地區設立地級吉安市，實行市管縣制，新幹縣屬吉安市管轄。

十、永新縣

永新縣位於江西省西部邊境，禾水中上游，地處東經 113°50'—114°29' 和北緯 26°47'—27°14' 之間。東及東南鄰吉安縣、泰和縣，南和西南界井岡山市，西連蓮花縣和湖南省茶陵縣，北接安福縣。面積二一八一平方千米。縣人民政府駐禾川鎮。

秦，永新屬九江郡轄域，西漢為豫章郡廬陵縣地。東漢建安四年（199），孫策析揚州豫章郡置廬陵郡，並設西昌縣，永新地屬西昌。建安九年至二十年（204-215）之間，析廬陵縣置永新縣，縣治在今高洲（今縣西沙市下排洲與澧田洲頭的交界處）隸屬於廬陵郡。此為永新設縣之始。

三國吳，寶鼎二年（267），析長沙、豫章、廬陵三郡地置安成郡，永新縣隸屬揚州安成郡。《宋書》卷三十六《州郡二》載：「永新男相，吳立。」晉和南朝宋、齊、梁、陳，永新一直屬安成郡。

　　隋，開皇十一年（591）廢安成郡，置吉州，並廢永新併入泰和縣。唐武德五年（622），析泰和縣置南平州和永新縣，永新隸南平州。「八年，廢南平州，以永新等三縣並太和，屬吉州。」（《舊唐書》卷四十《地理三》）顯慶二年（657），鄉民以「太和道路阻遠，請別置縣」。獲准再析太和復置永新縣，縣治設禾川鎮（即今縣治地），屬吉安州。《新唐書·地理志》：「吉州永新縣，顯慶二年置。」

　　宋，永新縣仍隸吉州。

　　元，元貞元年（1295）吉州改稱吉安路，永新升縣為州。

　　明，洪武二年（1369），永新復降為縣，隸吉安府。

　　清沿明制，永新縣隸江西省吉安府。

　　光緒《江西通志》卷三《地理沿革表·吉安府》載：「永新縣，本漢廬陵縣地，後漢末，立廬陵郡，尋析置永新縣屬焉。吳，寶鼎二年，隸安城郡。晉以後因之。隋，開皇中入泰和縣。唐，武德五年，置南平州並置永新縣。八年，州廢，復省永新入太和。顯慶二年，永新之民以太和道路阻遠，請別置縣於禾山東南六十七里，即今理也。宋仍唐故，元祐七年，割太和高行鄉三堡地來屬。元，元貞元年升為永新州。明洪武二年正月，復為縣，屬吉安府。」

　　民國元年（1912）廢府，永新縣直屬江西省。三年（1915），分全省為四道，永新屬廬陵道。十五年（1926），廢道，永新直隸省。二十一年（1932），全省劃為十三個行政區，永新屬第十行政區。二十四年（1935），全省縮改為八個行政區，永新屬第三行政區。此後至解放前，省行政區多次調整，永

新均屬第三行政區。

　　1949 年 7 月 28 日，永新解放，屬吉安專區。1968 年吉安專區改稱井岡山地區，1979 年井岡山地區改稱吉安地區。2000 年 5 月，撤銷吉安地區行署建制設省轄吉安市，實行市管縣制，永新縣屬吉安市管轄。

十一、井岡山市

　　井岡山市位於江西省西部邊陲、湘贛之交羅霄山脈中段。地處東經 113°50'—114°21'和北緯 26°22'—26°49'之間。東北鄰泰和縣，東南界遂川縣，西南與湖南省茶陵縣、炎陵縣毗連，北接永新縣。面積一二八八平方千米。市人民政府駐廈坪鎮。

　　秦，井岡山屬九江郡轄域，西漢為豫章郡廬陵縣地。新（王莽）始建國元年（9），廬陵縣改稱桓亭縣。東漢建武元年（25），復稱廬陵縣。東漢末年，析廬陵縣置永新縣，井岡山地屬永新縣，隸廬陵郡。三國吳，寶鼎二年（267），永新縣隸屬揚州安成郡。晉太康以後，井岡山地為廣興縣地，隸屬荊州安成郡。南朝宋、齊、梁、陳，安成郡改隸江州。

　　隋，廢廣興入泰和縣。唐，顯慶二年（657）。析太和（泰改太）置永新縣，隸吉州，原廣興之地大半屬永新縣。

　　元，至順元年（1330），「守土官以永新州之勝業鄉去州城道險而遠，民罷征役，乞別置縣」。獲准以升鄉寨巡檢司為縣，取「長治久安」之義，名永寧縣，屬吉安路。縣治始設昇平鄉（今古城），至正十二年（1352）遷至瓦岡（今新城）。

　　明，改路為府，永寧縣屬吉安府，隸江西布政使司。

清沿明制，永寧縣隸江西省吉安府。

光緒《江西通志》卷三《地理沿革表·吉安府》載：「永寧縣，本漢廬陵縣地，後漢至陳皆為永新縣地，隋省入泰和縣。唐武德五年，復屬永新縣，八年，改隸太和。顯慶二年，參軍馬重熾請立永新縣。自唐及宋遂仍為永新縣地。縣舊有寨置巡司，元至順初，守土官以永新州之勝業鄉去州城道險而遠，民罷征役，乞別置縣，從之。因分勝業鄉八保有奇，改邑升鄉寨巡檢司為永寧縣，屬吉州路。明屬吉安府。」

民國元年（1912）廢府，永寧縣直屬江西省。三年（1915），全國統一定縣名，因國內與永寧同名之地有四，而改縣名為寧岡。同年分全省為四道，寧岡屬廬陵道。十五年（1926），廢道，寧岡直隸省。二十一年（1932），全省劃為 13 個行政區，寧岡屬第十行政區。次年縣治遷龍市。二十四年（1935），全省縮改為八個行政區，寧岡屬第三行政區。二十八年（1939）全省增為十一個行政區，三十一年（1942）全省調整為九個行政區，寧岡均屬第三行政區。

1949 年 8 月 10 日，寧岡解放，屬吉安專區。1950 年，成立井岡山特別區，治茨坪，屬遂川縣管轄。1958 年設立國營井岡山墾殖場，1959 年成立井岡山管理局，劃寧岡縣、永新縣拿山區、遂川縣井岡山鄉（井岡山特別區改名）為其轄區，治茨坪，直屬省政府領導，由吉安專區代管。同年，撤銷寧岡縣併入永新縣。1961 年 11 月，恢復寧岡縣建置。1968 年，井岡山管理局改名井岡山革命委員會。1969 年，改屬井岡山地區。1977 年，復名井岡山管理局，仍由省政府直轄。1981 年，改井岡山管理局

為井岡山縣，仍治茨坪，隸屬吉安地區（井岡山地區改名）。1984 年 12 月，井岡山撤縣設市，仍由吉安地區領導。2000 年 5 月，撤銷吉安地區建制設省轄吉安市，同時撤銷寧岡縣併入井岡山市，市址由茨坪遷至廈坪鎮，由吉安市代管。

第十一節 ▶ 撫州市及所轄各縣沿革

撫州市位於江西省東部，撫河中上游。地處東經 115°35'—117°18'和北緯 26°29'—28°30'之間。東界福建省南平市、三明市，南鄰贛州市，西連吉安市、宜春市，北接南昌市、上饒市、鷹潭市。面積一八七九九平方千米。市人民政府駐臨川區。

夏商時，撫州地屬《禹貢》揚州之域。西周屬吳，春秋亦屬吳。戰國時先屬吳，中屬越，後屬楚。

秦統一六國，分天下為三十六郡，撫州地屬九江郡。

西漢，撫州地屬豫章郡南城縣。東漢，永元八年（96），分南城西北地置臨汝縣，因境內有臨水、汝水而得名。

三國吳，太平二年（357），析豫章郡東境置臨川郡，又析臨汝地置西平縣（今臨川榮山鄉與宜黃縣交界處），屬臨川郡，郡治臨汝縣。《宋書》卷三十六《州郡二》載：「臨川內史，吳孫亮太平二年，分豫章東部都尉立。」

晉，太康元年（280），改西平為西豐縣。

南朝齊，建元元年（479）遷臨川郡治於南城縣。梁，大通二年（528），析臨汝北境置定川縣（今臨川縣羅針與云山鄉交界處）。大同二年（536），郡治遷回臨汝縣。

隋，開皇九年（589），臨川郡改名為撫州，臨汝縣改名為

臨川縣，為撫州治。同年，省西豐、定川縣入臨川縣。

唐，江西隸屬江南西道，轄洪州、吉州、袁州、信州、撫州等八個州三十七個縣，臨川為撫州治。《舊唐書》卷四十《地理三》載：「撫州中，隋臨川郡。武德五年，討平林士弘，置撫州，領臨川、南城、邵武、宜黃、崇武、永城、東興、將樂八縣。七年，省東興、永城、將樂三縣，以邵武隸建州。八年，省宜黃縣。天寶元年，改為臨川郡。乾元元年，復位撫州。」

五代楊吳、南唐，臨川為撫州昭武軍治。

宋，江西屬江南東西路，設洪州、袁州、撫州等九個州，四個郡，六十八個縣，臨川為撫州治。

元，設江西行中書省，下轄臨江、建昌、撫州等十一個路，二個州，二個總管府，領五十一個縣，臨川屬撫州路。

明，設江西省，下轄南昌、建昌、撫州等十三個府，一個直隸州，七十七個縣，臨川為撫州府治。

清，臨川仍為撫州府治。

光緒《江西通志》卷三《地理沿革表・撫州府》載：「臨川縣，本漢南城縣也，屬豫章郡。後漢永元八年，分南城縣西北境立臨汝縣，仍屬豫章。吳太平二年，分臨汝西南立西平縣，與臨汝同屬臨川郡。晉太康元年，改西平縣曰西豐。宋因之，齊移郡治於南城，以臨汝為屬縣，梁復為郡治。大通二年，分臨川北境置定川縣。隋平陳，改臨汝為臨川，為撫州治，省西豐、定川入焉。大業初，仍為臨川郡治。唐宋復為撫州治。元，撫州路治。明，撫州府治。」

民國元年（1912）冬，廢府，臨川縣直屬省。三年

（1914），劃全省為豫章、潯陽、廬陵、贛南四個道，領八十一個縣，臨川屬豫章道。十五年（1926），廢道，臨川直屬省。二十一年（1932），全省劃分為十三個行政區，臨川屬第五行政區。此後至解放前，省行政區多有增減調整，臨川均屬第七行政區未變。

　　1949 年 5 月 9 日，臨川解放，以縣城為基礎建立臨川市人民政府，隸屬贛東北區貴溪分區。同年 7 月，改屬撫州專區。1950 年 4 月，臨川市併入臨川縣，改為城關區。1951 年 6 月，改為撫州市，仍屬臨川縣。1953 年 4 月，復降為鎮。1954 年 4 月，撫州鎮升為縣級鎮，屬撫州專區。1955 年 2 月，撫州鎮改為省轄市，但由撫州專署代管。1958 年，降為地區轄市。1963 年 10 月，復降為鎮。1968 年，臨川縣治從撫州鎮移至上頓渡鎮。1969 年 10 月，復設撫州市（縣級）。1987 年 8 月 22 日，國務院批准，撤銷臨川縣和撫州市建制，設縣級臨川市，以原縣、市轄區為臨川市轄區，隸屬撫州地區，但直至 1995 年 4 月，才正式落實縣、市合併。2000 年 6 月，撤銷撫州地區，設立地級撫州市，由省直轄。撫州市轄臨川區和南城、黎川、南豐、崇仁、樂安、宜黃、金溪、資溪、東鄉、廣昌十縣。

一、南城縣

　　南城縣位於江西省東部、撫河中游盱江兩岸。地處東經 116°24'—116°57'和北緯 27°18'—27°47'之間。東鄰資溪縣，南連南豐縣、黎川縣，西靠宜黃縣、撫州市臨川區，北接金溪縣。面積一七一三平方千米。縣人民政府駐建昌鎮。

夏商西周，南城屬古揚州地。春秋戰國，南城先屬吳，越王勾踐滅吳，南城屬越。周顯王四十六年（前 323），楚懷王盡取越地，南城屬楚。

秦始皇統一全國，分天下為三十六郡，南城地屬九江郡。

西漢，高祖四年（前 203）七月，封英布為淮南王，南城屬淮南國。五年（前 202）分淮南部分地區為豫章郡，下設十八縣，始有南城縣，以其在豫章郡城之南而得名。

新（王莽），始建國元年（9），改豫章郡為九江郡，南城屬之。

東漢建武元年（25），改九江郡為豫章郡，永元八年（96），分南城西北境置臨汝縣。

三國吳，太平二年（257），析出豫章郡東部建臨川郡，又由南城分出南豐、東興、永城三縣，俱隸臨川郡。

西晉，太康元年（280），縣治由硝石遷至現北門外楊埠街，改縣名為新南城，仍屬臨川郡。

東晉，建武元年（317），改新南城為南城，仍屬臨川郡。《宋書》卷三十六《州郡二》載：「南城男相，漢舊縣，晉武帝太康元年，更曰新南城，江左復舊。」

南朝齊，建元元年（479），臨川郡治遷至南城。

隋，開皇九年（589），改臨川郡為撫州，州治遷臨汝。復將南豐、東興，永城三縣併入南城，隸屬撫州。大業三年（607），隋煬帝改撫州為臨川郡，南城屬之。

唐，武德五年（622），改臨川郡為撫州，從南城分出東興、永城兩縣，南城、東興、永城俱屬撫州。七年（624），復將東

興、永城兩縣併入南城。貞觀元年（627），分天下為十道，南城從撫州，屬江南道。景雲二年（711），從南城分出南豐縣。開元元年（713年），將南豐併入南城。開元八年（720），又復從南城分出南豐縣。開元二十一年（733），分天下為十五道，南城從撫州，屬江南西道。天寶元年（742），復改撫州為臨川郡，南城屬臨川郡。乾元元年（758），又改臨川郡為撫州，南城屬撫州。乾符三年（876），縣治南移至羅城。

五代吳，順義元年（921），升撫州為昭武軍。南唐昇元元年（937），改昭武軍為撫州，南城屬之。後主九年（969），升南城為建武軍。

宋，太平興國三年（978），改建武軍為建昌軍，軍治仍設南城。元豐年間（1081年前後），知軍事鄭琰築新城，縣治遷今址（建昌鎮）。紹興八年（1138），分南城東南五鄉設新城縣。分南豐南部三鄉設廣昌縣，仍歸建昌軍轄。

元，至元十四年（1277），改建昌軍為建昌路。

明，洪武二年（1369）正月，改建昌路為肇昌府。九月，改肇昌府為建昌府，領治南城、新城、廣昌、南豐。萬曆六年（1578），分南城東北境十八個都（56至73都）設瀘溪縣，建昌府轄南城、南豐、廣昌、新城、瀘溪五縣，南城為首縣，府治設南城。

清，順治二年（1645）七月，南城縣隸建昌府，為建昌府治。

光緒《江西通志》卷三《地理沿革表·建昌府》載：「南城縣，高帝六年命大將軍灌嬰立豫章，其年分豫章南境立南城縣。

以其在郡城之南，故曰南城，屬豫章郡。後漢因之。吳，太平二年，分屬臨川郡。晉，太康元年更曰新南城。江左復舊。齊，建元元年，徙臨川郡來治。梁，仍為臨川郡屬縣。陳，因之。隋，平陳，屬撫州。大業初，屬臨川郡。唐，仍屬撫州，南唐，置建武軍治此。宋，太平興國四年，改建武軍為建昌軍，南城為倚郭望縣。元為建昌路治，明為建昌府治。」

民國元年（1912），廢府，南城縣直屬省。三年（1914），全省劃分為四道，南城縣屬豫章道。十五年（1926），廢道，南城直屬省。十九年（1930），設南昌行營黨政委員會南城區分會於南城，轄南城、黎川、南豐三縣。二十一年（1932），江西省下設十三個行政區，南城屬第八行政區，督察專員公署仍設南城。二十四年（1935），江西省將十三個行政區改劃為八個，南城屬第七行政區，督察專員公署仍設南城。

1949 年 5 月 10 日，南城解放，屬撫州專區。縣治設盱南鎮。1954 年縣治駐地更名為城關鎮。1971 年，改撫州專區為撫州地區，南城仍屬之。南城縣府駐地城關鎮於 1983 年 9 月 15 日改為建昌鎮。2000 年，撤銷撫州地區建制設省轄撫州市，實行市管縣制，南城縣屬撫州市管轄。

二、黎川縣

黎川縣位於江西省東部，贛閩兩省交界處，撫河支流黎灘河上游。地處東經 116°42'—117°10'和北緯 26°59'—27°35'之間。東鄰福建省光澤縣、邵武市，南連福建省泰寧縣、建寧縣，西界本省南豐縣，北與本省南城縣、資溪縣接壤。面積一七〇九平方千

米。縣人民政府駐日峰鎮。

西漢，黎川屬豫章郡下轄十八縣之一南城縣地。東漢，南城縣仍隸豫章郡。

三國吳，太平二年（257），析南城置東興、永城二縣，俱隸臨川郡。東興縣治在今黎川縣東三十里之石門里，轄區為今荷源、洵口、厚村、湖坊一帶，永城縣治在今黎川縣北三里之城頭，轄今黎川縣北部、中部、西部和南部地區。

晉和南朝宋、齊、梁、陳，東興、永城二縣一直隸屬臨川郡。

隋，開皇九年（588），臨川郡改稱撫州郡，東興、永城二縣併入南城縣，隸撫州郡。大業三年（627），撫州郡復稱臨川郡。

唐，武德五年（622），復置東興、永城二縣，七年（624），撤東興、永城二縣，復併入南城縣，隸撫州。

北宋，南城縣隸建武軍，太平興國四年（979），建武軍改名建昌軍。南宋，紹興八年（1138），安撫使李綱與轉運使逢汝霖、徐霖合奏：南城，南豐兩縣疆域闊遠，戶口繁多，非各添一縣，則難以督租賦，息盜賊。高宗趙構准奏，析南城東南豐義、旌善、禮教、東興、德安五鄉置新城縣，縣治設黎灘鎮（即今縣治日峰鎮）。因縣內主河黎灘河又名中川，故縣名別稱黎川。《宋史·地理志四》載，建昌軍屬縣「新城，紹興八年，析南城五鄉置」。

元，新城縣屬建昌路，隸江西行中書省。

明，改路為府，新城縣屬建昌府，隸江西布政使司。

清沿明制，新城縣仍隸於江西省建昌府。

光緒《江西通志》卷三《地理沿革表・建昌府》載：「新城縣，漢南城縣地。吳太平二年，立東興、永城二縣，屬臨川郡。晉以後因之，隋並二縣入南城縣。唐武德五年，復置永城縣及東興縣。七年，省。宋紹興八年，析南城東南五鄉置新城縣，辟黎灘鎮為縣治，屬建昌軍。元屬建昌路，明屬建昌府。」

民國元年（1912），廢府，新城縣隸江西省。三年（1914），全國統一定縣名，因江西，河北、浙江、貴州四省都有新城縣，江西新城縣改稱黎川縣。同年，全省劃為四道，黎川隸屬豫章道。十五年（1926），廢道，黎川縣直屬省。二十一年（1932），全省劃為十三個行政區，黎川屬第八行政區。二十四年（1935），全省縮改為八個行政區，黎川屬第七行政區。

1949 年 5 月 28 日，黎川縣解放，屬撫州專區。1971 年，撫州專區改稱撫州地區。2000 年，撤銷撫州地區建制設省轄撫州市，實行市管縣制，黎川縣屬撫州市管轄。

三、南豐縣

南豐縣位於江西省東部、撫河中上游盱江兩岸。地處東經116°09'—116°45'和北緯 26°51'—27°22'之間。東靠黎川縣、福建省建寧縣，南接廣昌縣，西毗寧都縣、宜黃縣，北鄰南城縣。面積一九一三平方千米。縣人民政府駐琴城鎮。

夏商西周，南豐屬古揚州地。春秋戰國時，南豐先屬吳，越王勾踐滅吳，南豐屬越。周顯王四十六年（前 323），楚懷王盡取越地，南豐屬楚。

秦統一中國後，南豐地屬九江郡。

漢，南豐為南城縣地，屬豫章郡。

三國吳，太平二年（257），析豫章郡東部建臨川郡，劃南城南部設置南豐縣，屬臨川郡。據史料記載，縣境常產嘉禾，初名豐縣，別號嘉禾；因當時有徐州豐縣，故稱南豐縣。

晉，太康元年（280），從荊州、揚州中劃出 10 郡新置江州，南豐從臨川郡屬之。南朝宋、齊、梁、陳，南豐均仍屬臨川郡。

隋，開皇九年（589），滅陳，南豐廢縣併入南城，隸屬撫州。大業三年（607），改撫州為臨川郡，南城縣屬撫州。

唐，景雲二年（711），從南城分出南豐縣。先天二年（713），南城縣屬撫州，又廢。開元八年（720），復置南豐縣，縣治嘉禾驛，隸撫州。《舊唐書》卷四十《地理三》載：「南豐，開元八年，分南城置。」開成二年（837），縣治移西里坊，即今縣城琴城鎮。

五代吳，順義元年（921）升撫州為昭武軍。南豐屬昭武軍，南唐升元元年（937），改昭武軍為撫州，南豐屬之。

宋，淳化二年（991）南豐改隸建昌軍。紹興八年（1138）春，江西安撫使李綱與轉運使逢汝霖、徐霖合奏，以南豐人口繁伙，境界闊遠，難於撫寧，提請分地建邑，於是年三月十八日劃出南豐南境的揭坊者（今廣昌縣城）和天授鄉、南豐鄉、興城鄉設置廣昌縣。

元，至元十四年（1277），改建昌軍為建昌路，南豐從建昌路屬江西行中書省。十九年（1282），升格為南豐州，直隸江西

行中書省。明，洪武二年（1369）正月，改建昌路為肇昌府。九月，改肇昌府為建昌府，南豐復降為縣，屬建昌府。清沿明制，南豐仍屬建昌府。

光緒《江西通志》卷三《地理沿革表・建昌府》載：「南豐縣，漢南城縣地。三國吳，太平二年析置南豐縣於今廣昌縣界。晉以後因之。隋開皇九年，廢入南城縣。景雲二年，又置。先天二年，廢。開皇八年，刺史盧元敏奏，田地豐饒，川谷重深，時多剽劫，乃復置南豐縣。繼而縣令游茂洪徙縣治於今縣東一里嘉禾驛。開成二年，再徙治西理坊，即今南豐縣也，屬撫州。宋，淳化二年，自撫州來隸建昌軍。元初屬建昌路，至元十九年，升為南豐州，直隸行省。明洪武初，仍降為縣，屬建昌府。」

民國元年（1912），廢道，南豐縣直屬省。三年（1914），全省劃分為四道，南豐屬豫章道。十五年（1926），廢道，南豐直屬省。十九年（1930），設南昌行營黨政委員會南城區分會，南豐屬之。二十一年（1932），江西省下設十三個行政區，南豐屬第八行政區，二十四年（1935），江西省將十三個行政區改劃為八個，南豐屬第七行政區。

1949 年 8 月 17 日，南豐解放，屬撫州分區。1952 年 8 月，屬撫州專區。1971 年，屬撫州地區。2000 年，撤銷撫州地區建制設省轄撫州市，實行市管縣制，南豐縣屬撫州市管轄。

四、崇仁縣

崇仁縣位於江西省中部偏東、撫河支流崇仁河流域。地處東經 115°49'—116°17'和北緯 27°25'—27°56'之間。東北界撫州市臨

川區，東南鄰宜黃縣，西南連樂安縣，西北與豐城市接壤。面積一五二○平方千米。縣人民政府駐巴山鎮。

秦始皇統一六國分全國為三十六郡，崇仁屬九江郡轄域。

西漢，高祖五年（前202），置豫章郡，下轄南城縣，崇仁地屬南城縣管轄。東漢，永元八年（96），析南城縣置臨汝縣，崇仁地域屬臨汝縣。《宋書·州郡志》載：「臨汝侯相，漢和帝永元八年立。」

三國吳，太平二年（257），劃臨汝縣置新建、西城（晉元康元年改稱西寧縣）兩縣，崇仁分屬新建、西城兩縣地，隸臨川郡，新建縣治在今崇仁縣西南四十七點五公里處，西城縣治在今崇仁縣南三十公里處。

南朝蕭梁，普通三年（522），析新建、西寧兩縣地置巴山縣，縣治在今崇仁縣西南十五點五公里處（即今樂安縣公溪鎮古城）。大同二年（536），置巴山郡，新建、西寧、巴山等七縣隸之。

隋，開皇九年（589），廢巴山郡，以原巴山、西寧、新建三縣地置崇仁縣，隸撫州，縣治即今巴山鎮。大業三年（607），改撫州為臨川郡，崇仁縣屬之。

唐，武德五年（622），復改臨川郡為撫州郡，並析崇仁縣地置宜黃縣；八年（625）並宜黃入崇仁縣，隸撫州郡。《舊唐書·地理志三》載：「崇仁，吳分臨汝置新建縣，梁改為巴山縣，仍僑置巴山郡。隋平陳，改巴山為崇仁縣。」

宋，乾德五年（967）劃崇仁縣仙桂、待賢、崇賢三鄉置宜黃場；「開寶三年，升宜黃場為縣」。紹興十九年（1149）劃崇

仁縣天授、樂安、忠義三鄉及永豐縣雲蓋鄉置樂安縣，「析惠安，穎秀二鄉入崇仁」。（《宋史・地理志四》）崇仁縣仍屬撫州郡，隸江南西路。

元，改郡為路，崇仁縣屬撫州路。

明，改路為府，崇仁縣隸撫州府。

清沿明制，崇仁縣仍屬撫州府。

光緒《江西通志》卷三《地理沿革表・撫州府》載：「崇仁縣，漢南城縣地，後漢為臨汝縣地。吳太平二年，分臨汝置西城，新建二縣，屬臨川郡。晉改西城為西寧。宋永初元年，省。梁普通三年，置巴山縣。大同二年，復置西寧縣，又置巴山郡，治巴山縣，新建、西寧俱屬焉。隋開皇九年，郡縣皆廢，更置崇仁縣，屬撫州。大業三年，仍屬臨川郡。唐屬撫州，宋因之。元屬撫州路，明屬撫州府。」

民國元年（1912），廢府，崇仁縣直屬江西省。三年（1914），全省劃為四道，崇仁縣屬豫章郡。十五年（1926），廢道，崇仁直屬省轄。二十一年（1932），全省設十三行政區，崇仁縣屬第八行政區。二十四年（1935）後，全省先後改縮為八、十一、九個行政區，崇仁縣一直屬第七行政區。

1949 年 5 月 10 日，崇仁解放，隸撫州專區。1971 年，隸撫州地區。2000 年，撤銷撫州地區建制設省轄撫州市，實行市管縣制，崇仁縣屬撫州市管轄。

五、樂安縣

樂安縣位於江西省中部，恩江上游。地處東經 115°35′—

116°05'和北緯 26°58'—27°45'之間。東鄰崇仁縣、宜黃縣，東南連寧都縣，西南接永豐縣，北毗豐城市，西北靠新淦縣。面積二四一〇平方千米。縣人民政府駐鰲溪鎮。

春秋時，樂安屬吳；戰國初屬越，周顯王三十五年（前334）屬楚。

秦統一後，分全國為三十六郡，樂安地屬九江郡。

西漢初年，為豫章郡南城、盧陵二縣地。東漢永元八年（96），以南城縣境析置臨汝縣，樂安地分屬臨汝、盧陵二縣。

三國吳，太平二年（257），樂安縣境內設置新建、安浦兩縣，屬於臨川郡；又設置興平縣，屬盧陵郡。

南朝梁，普通三年（522），分安浦縣屬臨川郡；分新建、西寧、興平三縣置巴山郡（郡治設公溪古城）。太平二年（557），置高州，轄臨川、安城、豫寧、巴山等郡。

隋，開皇九年（589），廢高州，將巴山郡及其所領新建、西寧、興平縣地合置崇仁縣，樂安屬今崇仁縣地。

唐，武德七年（624），將興平地還吉州；新建、安浦仍屬崇仁縣。

南宋，紹興十九年（1149），劃崇仁的天授、樂安、忠義三鄉和永豐的云蓋鄉置樂安縣，因境內有一鄉名「樂安」，故以此為縣名。《宋史》卷八十八《地理四》載：「樂安，紹興十九年置，割崇仁、吉水四鄉隸之。二十四年，以云蓋鄉還隸永豐。」樂安建縣後屬撫州，縣治古塘，後徙縣學側，再徙詹墟（均在今縣城鰲溪鎮）。

元，樂安縣屬撫州路。

明、清，樂安縣屬撫州府。

光緒《江西通志》卷三《地理沿革表・撫州府》載：「樂安縣，漢南城縣地。後漢，臨汝縣地。吳太平二年置安浦縣，以安浦村為名，屬臨川郡。晉以後因之。隋開皇九年，併入崇仁。宋紹興十七年，崇仁縣丞張請於轉運副使鉤光祖，割崇仁之天授、樂安、忠義三鄉，及永豐之云蓋一鄉置縣。於是江西諸司奏，以崇仁疆土闊遠，山嶺重複，盜賊出沒不時，請析本縣及永豐二縣閒地並置。從之。十九年，遂立樂安縣，以樂安鄉為名，屬撫州。初以古塘為縣治，一徙學側，再徙詹墟。二十四年復以云蓋鄉還永豐縣。元屬撫州路，明屬撫州府。」

民國元年（1912），廢府，樂安縣直屬省。三年（1914），江西全省劃為豫章、潯陽、盧陵、贛南四道，樂安屬豫章道。十五年（1926）廢道，樂安直屬於省。二十一年（1932），全省改設行政區分統各縣後，全省行政區雖有多次變動，但樂安一直屬第七行政區管轄。

1949 年 9 月 13 日，樂安解放，屬撫州專區管轄；1971 年專區改稱地區後，仍屬撫州地區管轄。2000 年，撤銷撫州地區建制設省轄撫州市，實行市管縣制，樂安縣屬撫州市管轄。

六、宜黃縣

宜黃縣位於江西省中部偏東，撫河支流宜黃河上游。地處東經 116°01'—116°28'和北緯 27°03'—27°43'之間。東北與撫州市臨川區接壤，東部與南城縣相毗，南與寧都縣接界，東南與南豐縣相連，西與樂安縣、崇仁縣接境。面積一九三七平方千米。縣人

民政府駐鳳岡鎮。

秦，宜黃地屬九江郡。

西漢，宜黃為南城縣地，隸豫章郡。東漢，宜黃地分屬南城、臨汝二縣管轄，仍隸豫章郡。

三國吳，太平二年（257）分豫章郡的臨汝、南城設立臨川郡。同年，析臨汝地立宜黃縣，因縣治在宜、黃二水匯合處，故名宜黃，屬臨川郡。

西晉，太康元年（280），析荊、揚等十郡置江州，轄臨川郡，宜黃隸之。南朝陳，永定元年（557），析江州立高州，宜黃仍屬臨川郡，為侯國。

隋朝初年，改高州為江州。開皇九年（589），廢臨川郡設臨川縣，廢巴山郡立崇仁縣，宜黃併入崇仁縣。

唐，武德五年（622），又析崇仁置宜黃，隸撫州。八年（625），復併入崇仁。

宋，乾德六年（968），南唐後主李煜割崇仁縣之崇賢、仙桂、待賢三鄉置宜黃場，仍屬崇仁。開寶三年（970），李煜升場為縣，設縣治於黃填鎮（今鳳岡鎮），隸撫州。《宋史》卷八十八《地理四》載：「宜黃，開寶三年，升宜黃場為縣。」

元，宜黃縣屬撫州路。

明，洪武元年（1368），撫州路改撫州府，宜黃屬之。

清代承襲明制，宜黃縣仍隸撫州府。

光緒《江西通志》卷三《地理沿革表・撫州府》載：「宜黃縣，漢南城縣地，後漢臨汝縣地。三國吳，太平二年，立宜黃縣，以宜、黃水為名，屬臨川郡。晉及梁、陳因之。隋開皇九

年，廢入崇仁。唐武德五年，復析置宜黃縣，八年，省。宋，乾德六年，南唐割崇仁縣之仙桂、崇仁、待賢三鄉立宜黃場。開寶三年，以宜黃場升為縣，仍屬撫州。元屬撫州路，明屬撫州府。」

民國元年（1912），廢府，宜黃縣直轄於省。三年（1914），江西省份為四道，宜黃屬豫章道；十五年（1926）廢道，宜黃縣直轄於省。二十一年（1932），江西省八十三縣劃為十三個行政區，宜黃屬第八行政區。二十四年（1935）後，江西省多次變動行政區，而宜黃至解放前均屬第七行政區。

1949 年 5 月 10 日，宜黃解放，隸屬撫州專區。1971 年，隸撫州地區。2000 年，撤銷撫州地區建制設省轄撫州市，實行市管縣制，宜黃縣屬撫州市管轄。

七、金溪縣

金溪縣位於江西省中部，撫河中游。地處東經 116°27'—117°03'和北緯 27°41'—28°06'之間。東與資溪縣、貴溪市交界，南和南城縣接壤，西與撫州市臨川區相鄰，北連東鄉縣和余江縣。面積一三五三平方千米。縣人民政府駐秀谷鎮。

金溪歷史上出產金銀，縣城東附近的白面塢產銀，南唐李煜時，此地曾開設採銀場；在縣城南門外，有小溪自上幕嶺發源，鏽水較重，其色如金，當地人稱為金溪水。有山出產金銀，有溪水色如金，故縣得名金溪。西周以前，據《尚書·禹貢》載，金溪地屬揚州之域，春秋戰國時，金溪地始屬吳，越滅吳後屬越，楚滅越又屬楚。

秦，劃全國為三十六郡，金溪屬九江郡。

漢初，將九江郡改為淮南國，金溪屬淮南國，後又把淮南的江南區域劃分出來設置豫章郡，管轄南城等十八縣，金溪為南城縣之地。東漢永元年間（89-104）劃南城西北之境設立臨汝縣，金溪屬臨汝縣地。

三國時，吳國設置臨川郡，轄臨汝等縣，金溪屬臨汝縣地。

隋，改臨川郡為撫州郡，改臨汝縣為臨川縣，金溪屬撫州郡臨川縣地。

唐，金溪地仍屬臨川縣，寶歷元年（825）在今縣址上設上幕鎮（因上幕嶺而得名），因附近的白面塢、金窟山、寶山產銀，故置銀監煉銀。寶歷元年（825），「銀絕而治廢」。五代梁，開平三年（909），撫州歸於吳國；後晉，天福二年（937），撫州又歸南唐，此間，金溪仍屬撫州臨川縣地。後周，顯德五年（958），南唐以臨川縣的上幕鎮及靠近該鎮的歸政鄉，並割饒州餘干縣白馬鄉設置了金溪場，復置爐冶銀。

宋，開寶八年（975），金溪場歸於宋，淳化五年（994），割臨川縣的歸德、順德、順政連同原來的歸政共四鄉立為金溪縣，縣治為今秀谷鎮，屬撫州管轄。《宋史》卷八十八《地理四》載：「金溪，開寶五年，升金溪場為縣。」景德二年（1005），割饒州安仁縣（今余江縣）延福、白馬、永和三鄉歸金溪縣。

元，撫州改為路，金溪屬撫州路。

明，洪武元年（1368）撫州路改府，金溪屬撫州府。

清，金溪仍屬撫州府。

光緒《江西通志》卷三《地理沿革表・撫州府》載：「金溪

縣，漢南城縣地。後漢為臨汝縣地。隋以後為臨川縣地。本臨川之上幕嶺，其山岡出銀礦，唐嘗為銀監，其址猶存。至周顯德五年，南唐析臨川近鎮之歸政一鄉，並取饒州餘干白馬一鄉立金溪場，復置爐以烹銀礦。宋淳化五年，以臨川縣之歸德、順德、順政合歸政凡四鄉立金溪縣。縣有金溪水，在上幕嶺東，水如金色，因以名，屬撫州。元屬撫州路，明屬撫州府。」

民國元年（1912），廢府，金溪縣直屬江西省。三年（1914）全省份為四道，金溪屬豫章道；十五年（1926），廢道，金溪直隸省。二十一年（1932），全省劃為十三個行政區，金溪縣屬第七行政區。二十四年（1935），全省縮改為八個行政區，金溪仍屬第七行政區。

1949 年 5 月 7 日，金溪縣獲得解放，屬贛東北區貴溪督察專員公署，同年 8 月改屬撫州專區。1971 年，金溪縣屬撫州地區。2000 年 10 月，撤銷撫州地區建制設省轄撫州市，實行市管縣制，金溪縣屬撫州市管轄。

附：金溪建縣時間考

關於金溪建縣時間說法有四：

一是宋淳化五年（994）說。持這種說法的主要有：北宋文學家地理學家樂史著的《太平寰宇記》、宋元史學家馬端臨著的《文獻通考》《江西通志》（清光緒版）、《臨川縣志》（清同治版）。《太平寰宇記》云：「本臨川縣上幕鎮其山崗出銀礦，唐朝常為銀監，至周顯德五年（958）、析臨川近鎮一鄉並取饒州余干白馬一鄉立金溪場，後置爐以烹銀礦，

宋淳化五年改場為縣。」《文獻通考》云：「淳化五年升金溪場為縣，屬江西路。」《江西通志》云：「淳化五年，金溪場升，屬撫州。」《臨川縣志》云：「周顯德五年析歸政一鄉為金溪場，宋淳化五年又益以歸德、順德、順政三鄉為金溪縣。」

二是宋開寶五年（972）說。持這種說法的主要有《宋史·地理志》、清蔡上翔著的《王荊公年譜考略》、臨川名士傅占衡作的《臨川記》。《宋史·地理志》載：「宋開寶五年升金溪場為縣。」《王荊公年譜考略》載：「金溪本臨川地，宋開寶五年始置縣。」《臨川記》載：「宋開寶五年以金溪場為縣。」

三是宋初說。持這種說法的主要有《明一統志》。此志載：「金溪縣本唐臨川之上幕鎮，南唐於鎮立金溪場，宋初升場為縣，屬撫州。」

四是宋開寶初說。持這種說法的主要有元虞集著的《道園集》，此書云：「金溪縣因金溪場名也，唐時有銀礦，發其地作場以冶之，曰金溪場，寶歷乙已年（825）銀絕而冶廢，宋開寶初始置縣。」

關於金溪建縣時間的四種說法分別來自正史和富有史書價值的志書及典籍，那麼，哪種說法站得住腳呢？應該說，任何一個朝代，對行政區劃的變更、調整，其掌權者是會有明文下達的，明文下達的時間就是行政區劃變更時間。《明一統志》和《道園集》均未說明金溪建縣的具體時間，可見兩書的作者都沒有作詳細的考證，金溪建縣於宋開寶初和宋

初的說法是不準確的，也是站不住腳的。

在此次修志中，對剩下的兩種說法作了考證，認為宋淳化五年說可信，其理由是：

一、《太平寰宇記》系北宋地理總志，詳細地記載了全國各州縣的地理、沿革、山川、形勢、風俗、物產、古蹟、人物、藝術和傳說等，且每「沿波討源，窮本知末，旁搜遠紹，考據精核」。清代著名學者錢大昕曾讚歎說：「有宋一代志輿地者，多以樂氏為巨擘。」其作者樂史生於後唐天成五年（930），死於宋景德四年（1007），初仕南唐，入宋後舉進士，官至水部員外郎。淳化四年，奉詔巡撫兩浙，其家鄉宜黃縣和金溪縣同屬撫州管。應該說，作為飽學之士的樂史對鄰縣的設立是知曉的，他所記的金溪建縣時間不是信手胡來的，可信程度是高的。如果金溪建縣確實是在宋開寶五年，安有不記之理？治學嚴謹的史學家馬端臨著的《文獻通考》以及清光緒版《江西通志》、清同治版《臨川縣志》為何不予採用？

二、宋史修於元順帝至正三年至五年（1343-1345）。《辭海》載：「該書卷帙浩繁，成書倉促，資料剪裁，史實考訂，訛舛頗多，如記志表傳間相互矛盾，一人兩傳，有目無文等。但也保存不少今已散佚的原始資料，具有一定的史料價值。」《宋史·太祖本紀》云：「開寶八年（975）始下江南。」《宋史·地理志》亦云：「宋太祖開寶八年平江南。」那就是說，金溪在開寶八年以前仍屬南唐，到開寶八年始屬宋。宋在未滅南唐以前是不可能把南唐之地的金溪場升格為

縣的。在宋開寶期間，金溪場升為縣只有一種可能，那就是南唐政權將金溪場升格為縣，但查南唐書，沒有在開寶五年升金溪場為縣的記載。

三、清道光三年版《金溪縣志》對金溪建縣時間作了如下考證：按《宋史・地理志》小注，開寶五年升金溪場為縣，而《文獻通考》《宋會要》皆謂置縣在淳化五年。又邑人周袞（宋嘉祐八年進士，以員外郎出知滕縣）距建縣時未遠，其《永興院記》云：「院在撫之東南，去州城百餘里，初隸臨川縣，皇朝淳化中析地為金溪縣。」邑人危素（元朝歷史學家，負責主編宋、遼、金三史）撰《長慶寺碑》，亦然。則宋史未可據也。至吳敏為淳化三年進士，緣開寶八年地已歸宋，自應赴春官考試，不得據此遂謂立縣之始也，故將並錄以備觀覽，而斷自淳化五年為立縣之始。

四、從金溪歷史沿革來看，金溪建縣以前為臨川縣屬地。那麼，臨川到底於何時分地置金溪縣？應該說，《臨川縣志》的記載是可信的。既然《臨川縣志》記載為宋淳化五年分地置金溪縣，那宋開寶五年建金溪縣的說法也就被否定了。

五、舊縣志其他幾處記載也可作為佐證。

1. 金溪自建縣至清同治九年，共修縣志九次。宋景定年間和明永樂年間修的兩部縣志早已散失，現今存下來的最早一部縣志為明嘉靖六年（1527）纂修，邑人王萱為之作序。此序寫道：「宋淳化間始縣。」明嘉靖二十四年知縣馮元重刻時，在後序中也寫道：「金溪縣始於宋之淳化。」此志還

轉錄了明永樂十九年（1421）邑人進士徐孟恕作的序，此序載：「金溪為撫之壯邑，自淳化五年割臨川、安仁、貴溪之地以為縣。」

2.明嘉靖版《金溪縣志》載：宋知縣，劉世昌，未詳何許人，宋淳化五年始升金溪場為縣，以世昌知縣事。

3.現有的史料皆認為金溪是由場升格為縣的，但為何要由場升為縣呢？清康熙十一年版《金溪縣志·銀冶》載：「宋太祖乾德四年（966），李煜奉正朔，改鎮為場，遂名為金溪場，興復舊治。開寶二年己巳，南唐知場事張惲作銀坑記，開寶八年，宋滅南唐，場入於宋。太宗淳化五年甲午，有司以利不償費，舉二女事上聞，遂罷場置縣。」此版縣志為清著名學者王有年獨修，他對以上記述還作了如下說明：「按舊志，金溪場建於周顯德五年，縣建於宋淳化五年，王經作《烈女祠記》則云，宋太祖乾德四年，李煜奉正朔，改鎮為場。又太宗淳化五年甲午，有司以利不償費，舉二女事上聞，遂罷場置縣，俱與舊異。經之先曾為場官，而白面塢碑猶及見其詳，其言當不誤，故仍之。」

基於以上理由，金溪建縣從淳化五年說。為備後人考核，仍將其他諸說並存。

（《金溪縣志》，新華出版社 1992 年版，第 34 至 36 頁）

八、資溪縣

資溪縣位於江西省東部贛閩兩省交界處、信江支流白塔河上

游。地處東經 116°47'—117°18' 和北緯 27°28'—27°55' 之間。東與福建省光澤縣交界，南與黎川縣毗鄰，西與南城縣接壤，北與金溪縣、貴溪市相連。面積一二四八平方千米。縣人民政府駐鶴城鎮。

西周以前，據《尚書・禹貢》載，資溪屬揚州之域。春秋戰國時，資溪縣地始屬吳，越滅吳後屬越，楚滅越又屬楚。

秦時，全國劃為三十六郡，資溪屬九江郡。

漢初，將九江郡改為淮南國，資溪地屬淮南國，後又把淮南國的江南區域劃分出來設置豫章郡，析豫章郡南境立南城縣，資溪屬南城縣地。

三國時，吳國設置臨川郡，轄臨汝、南城等縣，資溪屬南城縣地。

晉及南朝宋、齊、梁、陳，南城縣仍隸臨川郡。

隋，改臨川郡為撫州郡，資溪屬撫州郡南城縣地。唐時因之。

五代梁，開平三年（909），撫州歸於吳國；後晉，天福二年（937），撫州又歸南唐，以南城置建武軍，隸屬撫州。

宋，太平興國三年（978）改建武軍為建昌軍。元豐四年（1018），建昌軍於南城之東北境瀘溪設撫建都巡檢使。元朝因之。

明，洪武三年（1371）改瀘溪都巡檢使為瀘溪巡檢司，仍屬南城縣。後因隔南城縣百餘里，山川險阻，萬曆六年（1578），建昌府知府王知屏和南城縣縣令范淶議改巡檢司為縣治，獲准。遂析南城之五十六都至七十二都之地置瀘溪縣（因瀘溪又名瀘

水，為縣內較大之河流而名縣），隸屬建昌府。

　　清，瀘溪縣仍屬建昌府。

　　光緒《江西通志》卷三《地理沿革表‧建昌府》載：「瀘溪縣，本古南城縣。宋，元豐四年，邵武賊廖思作亂，知建昌軍事鄭揆請於南城東北鄉置寨設撫，建都巡檢使戍之。紹興三年，毀於叛兵，就瀘溪南廣仁院駐泊。二十六年，都巡陳通始復還舊址。元，至正十二年，又毀。明，洪武三年，改瀘溪都巡檢使為瀘溪巡檢司，仍屬南城。萬曆六年十二月，改為瀘溪縣，屬建昌府。蓋割南城縣南城、藍田二鄉置縣，而仍治廣仁故址也。」

　　民國元年（1912）廢府，瀘溪直屬江西省。三年（1914）全省為四道，瀘溪屬豫章道，因避湖南省瀘溪縣同名，奉命改為資溪縣。十五年（1926），廢道，資溪直隸省。二十一年（1932），全省劃為十三個行政區，資溪縣屬第七行政區。二十四年（1935），全省縮改為八個行政區，資溪屬第七行政區。

　　1949 年 5 月 8 日，資溪縣解放，屬贛東北區貴溪督察專員公署，同年 8 月改屬撫州專區。1971 年，資溪縣屬撫州地區。2000 年 10 月，撤銷撫州地區建制設省轄撫州市，實行市管縣制，資溪縣屬撫州市管轄。

九、東鄉縣

　　東鄉縣位於江西省中部偏東。地處東經 116°20'—116°51'和北緯 28°02'—28°30'之間。東靠余江縣，南臨金溪縣，西接撫州市臨川區、進賢縣，北毗余干縣。面積一二六八平方千米。縣人民政府駐孝崗鎮。

漢，東鄉屬南城、餘汗縣地。此後至宋，為臨川、金溪、餘干、進賢等縣地。

東鄉建縣於明代。宣德七年（1432），撫州知府王升，鑒於東鄉民眾逃欠賦稅等抗官事件發生，而距府城又較遠，為便於徵斂治理，乃請求建縣長林，並擬好縣名為「長興」；但當年因逢災荒，建縣之議作罷。弘治十八年（1505），東鄉農民暴動，波及鄰縣，餘干士紳趙顯為鎮壓農民暴動，赴京請求建縣。正德七年（1512），都御史陳金率兵鎮壓農民起義後上疏報功於朝廷，並請求設縣，以強化統治。是年八月析出臨川東部的大片土地，並由金溪、安仁（今余江）、餘干、進賢四縣分別劃出小部分土地合成新縣。因其前身主要是臨川東鄉之地，故縣名定為東鄉。縣治始設於長林，正德八年（1513），將縣治移到北面三里開外的孝崗（即今縣治孝崗鎮），屬撫州府。

清沿明制，東鄉縣屬撫州府。

光緒《江西通志》卷三《地理沿革表·撫州府》載：「東鄉縣，漢南城、餘汗二縣地。後漢臨汝縣地，隋為臨川、餘干二縣地。宋為臨川、金溪、餘干、安仁、進賢諸縣地。先是臨川縣之東有地曰長林者，去郡百里而遠，形勢壯闊，屹然雄鎮。明宣德七年，知撫州府王升，行部過之，始議建縣，上其事於台省不報。弘治間，鄉民趙顯詣闕陳建縣之宜，下有司議。巡撫林俊躬至長林度之，尋以憂去不果。正德六年二月，江西盜起，都御史陳金受命總制軍務。明年二月先進兵東鄉，擊賊大勝。土官岑兵要賞千金，金靳不予，乃縱賊使逸，桀黠者多不死，尚數千人。金急欲成功，遂下令招撫，議立縣以處降人。正德七年八

月，以臨川縣之孝岡置東鄉縣，析金溪、進賢、餘干、安仁四縣地益之，屬撫州府。益分臨川之長壽、移風、遵化、延壽、安寧、崇德六鄉，凡二十有五都，又分金溪延福鄉之兩都，餘干習秦鄉之一都，安仁云錦鄉之兩都，進賢崇信鄉之三都為其版圖區宇焉。初議設縣長林，終以孝岡者，兵備道胡世寧言長林地非要也。」

民國元年（1912），廢府，東鄉縣直屬省。三年（1914），江西省劃分為四道，東鄉縣屬豫章道。十五年（1926），廢道，東鄉直屬省。二十一年（1932），東鄉屬第七行政區。

1949 年 5 月 5 日，東鄉解放，屬貴溪專區。9 月，屬上饒專區。1971 年，屬撫州地區。2000 年，撤銷撫州地區建制設省轄撫州市，實行市管縣制，東鄉縣屬撫州市管轄。

十、廣昌縣

廣昌縣位於江西省東部、撫河上游，武夷山西麓。地處東經 116°06'—116°34'和北緯 26°30'—26°59'之間。東鄰福建省建寧縣、寧化縣，西連寧都縣，南接石城縣，北毗南豐縣。面積一六〇三平方千米。縣人民政府駐盱江鎮。

秦始皇二十六年（前 221），全國劃為三十六郡，廣昌地屬九江郡。

西漢初年，廣昌隸屬豫章郡。廣昌屬南城縣轄域，隸豫章郡。興平中（194-195）析豫章郡置臨川郡，廣昌隨南城屬之。

三國吳，太平二年（257），析南城縣南部，分置南豐縣，廣昌屬南豐縣地。歷兩晉、南北朝未變。

隋，開皇九年（589），並南豐入南城，廣昌為南城轄域。

唐，景雲二年（711），復置南豐縣，廣昌隸屬之。先天二年（713），並南豐縣入南城縣。開元八年（720），再置南豐縣，廣昌地屬南豐縣。

五代，廣昌先屬吳後屬南唐。開寶二年（969）廣昌屬南豐縣，隸江南西道。

北宋，太平興國四年（979），改建武軍為建昌軍，轄南豐、南城二縣，廣昌屬南豐縣，隸江南西路。南宋紹興八年（1138），安撫使李綱與轉運使逢汝霖，徐霖「奏以人口繁伙，疆界闊遠，難以撫寧，請以南豐置一縣」，是年三月二十五日，分南豐縣天授、南豐、興城三鄉建廣昌縣，縣治揭坊耆（即今旴江鎮），屬建昌軍轄域。因道通二廣、郡屬建昌，因名廣昌縣。《宋史》卷八十八《地理四》載：「廣昌，紹興八年，析南豐南境三鄉置。」

元，改軍為路，廣昌縣隸屬建昌路。

明，洪武二年（1369），建昌路改為肇昌府；九年，復改為建昌府，廣昌隸屬依舊。

清沿明制，廣昌縣仍屬建昌府。

光緒《江西通志》卷三《地理沿革表・建昌府》載：「廣昌縣，漢南城縣地。三國吳置南豐縣於此。晉以後因之。隋省，南豐為南城縣地。唐復為南豐縣地。宋紹興八年，安撫使李綱等，以南豐縣舊管六鄉，闊遠難治，奏分揭坊耆、天授、南豐、興城三鄉置縣，曰廣昌。以道通二廣，而屬建昌軍故名。元屬建昌路，明屬建昌府。」

民國元年（1912），廢府。廣昌直屬江西省。三年（1914）全省份為四道，廣昌屬豫章道。十五年（1926）廢道，廣昌由江西省直轄。二十一年（1932），全省劃為十三個行政區，廣昌為第十一行政區。二十四年（1935）後，屬第八行政區。

1949 年 9 月 27 日，廣昌解放，屬寧都專區。1952 年，改屬撫州專區。1954 年 7 月改屬贛南行政區。1964 年改屬贛州專區。1970 年贛州專區改稱贛州地區，廣昌為其轄區。1983 年廣昌劃歸撫州地區。2000 年，撤銷撫州地區建制設省轄撫州市，實行市管縣制，廣昌縣屬撫州市管轄。

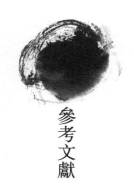

參考文獻

江西省地方志編纂委員會：《江西省自然地理志》。北京，方志出版社，2003 年版。

江西省地圖集編纂委員會：《江西省地圖集》。北京，中國地圖出版社，2008 年版。

上海師範大學等：《中國自然地理》。北京，人民教育出版社，1980 年版。

《江西省情匯要》編委會：《江西省情匯要》。南昌，江西人民出版社，1985 年版。

譚鉅生等：《江西省地理》。南昌，江西教育出版社，1989 年版

《鄱陽湖研究》編委會：《鄱陽湖研究》。上海，上海科技出版社，1988 年版

中國自然地理編委會：《中國自然地理（歷史自然地理）》。北京，科學出版社，1982 年版

江西省地質礦產志編委會：《江西省地質礦產志》。北京，

方志出版社，1998 年版

　　朱宏富：《從自然地理特徵探討鄱陽湖的綜合治理和利用》，江西師範學院學報（自然科學版），1982 年第 1 期

　　朱宏富等：《從構造因素討論鄱陽湖的形成、演變》，江西師範學院學報（自然科學版），1983 年第 12 期

　　楊巧言等：《略論鄱陽湖地貌發育與環境變遷》，環境與開發，1988 年第 2 期

　　張本：《江西經濟研究》。南昌，江西人民出版社，1984 年

　　《鄱陽湖研究》編委會：《鄱陽湖區自然和社會經濟歷史資料選》。南昌，江西科技出版社，1985 年。

　　《江西農業地理》編寫組：《江西農業地理》。南昌，江西人民出版社，1982 年

　　江西省地質礦產局：《江西省區域地質志》。北京，地質出版社，1984 年

　　黃弟藩等：《長江下游三大淡水湖的湖泊地質及形成發展》，海洋與湖沼，1965 年 7（4）

　　李四光：《冰期之廬山》，前中央研究院地質研究所專刊乙種，1937 年（2）

　　曹家欣：《第四紀地質》。上海，商務印書館，1983 年。

　　張光業：《地貌學簡明教程》。開封，河南大學出版社，1986 年。

　　曾昭璇：《中國地形》。廣州，廣東人民出版社，1979 年。

　　胡善美：《武夷縱橫談》。福州，福建人民出版社，1979 年。

　　方彥等：《江西學》。上海，同濟大學出版社，1989 年。

陳星等：《江西通觀》。北京，人民日報出版社，1987 年。

張義軍等編著：《氣象災害叢書——雷電災害》，北京，氣象出版社，2009 年 5 月。

沈永平等編著：《氣象災害叢書——冰雪災害》，北京，氣象出版社，2009 年 10 月。

國家氣候中心編著：《2008 年初我國南方低溫雨雪冰凍災害及氣候分析》，北京，氣象出版社，2008 年 11 月第一版。

溫克剛等：《中國氣象災害大典》，北京，氣象出版社，2006 年 11 月。

俞衛平主編：《中國氣象災害年鑑》（2006 年），北京，氣象出版社，2007 年 2 月第一版。

俞衛平、蘭學東主編：《中國氣象災害年鑑》（2007 年），，北京，氣象出版社 2007 年 2 月第一版。

俞衛平、黃潤恆主編：《中國氣象災害年鑑》（2008 年），北京，氣象出版社，2008 年 12 月第一版。

李太宇等主編：《中國氣象災害年鑑》（2009 年），北京，氣象出版社，2009 年 11 月第一版。

中國大百科全書編輯部：《中國大百科全書－生物學》。北京，中國大百科全書出版社，1991 年 12 月第一版。

刑福武主編：《中國的珍稀植物》。長沙，湖南教育出版社，2005 年 11 月第一版。

江西省氣象學會編、氣象與減災研究編輯部：《氣象與減災研究》。北京，氣象出版社。

熊小群等主編：《江西水系》。武漢，長江出版社，2006 年

12 月。

趙其國等主編:《江西紅壤》。南昌,江西科學技術出版社,1988 年 4 月第一版。

朱道清主編:《中國水系辭典》。青島,青島出版社,2007 年 1 月第二版。

江西國土資源開發整治委員會、江西計劃委員會主編:《江西國土資源》。南昌,江西科技出版社,1990 年 4 月。

李榮昉、楊榮清等:《江西水資源開發利用面臨的問題及其對策》,江西水利科技,第 26 卷第 4 期,2000 年 12 月。

江榮峰、江霞:《21 世紀江西水資源的思考》,江西水利科技,第 31 卷第 2 期,2005 年 6 月。

圩彬,許愛華:《2003 年江西高溫酷暑天氣特徵分析》,江西氣象科技,第 26 卷第 4 期,2003 年 11 月。

胡菊芳等:《2008 年 1-2 月江西低溫雨雪冰凍災害分析評估》,第 31 卷第 1 期,2008 年 3 月。

周國強、董保華:《江西省自然災害狀況及減災對策初探》,自然災害學報,第 16 卷第 4 期,2007 年月。

趙魯、劉建國等:《都昌老爺廟風電場風能資源研究》,江西能源,2007 年 3 月。

余定仙、竇維娥:《關於江西農業水資源合理利用的建議》,江西農業學報,2008.20(4):107-110。

曾凱、萬和平等:《江西稻田生態土壤肥力監測實驗設計與結果分析》,江西氣象科技,第 28 卷第 3 期,2005 年 8 月。

黃國勤:《江西耕地資源及其可持續利用》,古今農業,

2000 年第 3 期。

　　劉沐生等：《江西省耕地資源現狀及保護對策的研究》，佛山科學技術學院學報（自然科學版），第 22 卷第 3 期，2004 年 9 月。

　　王保生等：《江西省旱澇災害風險評估與農業可持續發展》，氣象與減災研究，第 29 卷第 2 期，2006 年 6 月。

　　曹曉初等：《江西省冷空氣氣候特徵分析》，江西氣象科技，第 24 卷第 4 期，2001 年 11 月。

　　邊江：《江西水資源利用的問題極其對策》，江西農業大學學報，第 7 卷第 3 期，2008 年 9 月。

　　戴梅芳等：《江西省土壤污染分析和防治》，江西能源，2007（4）：123-125。

　　張超美等：《江西盛夏高溫乾旱的氣候分析及預測研究》，江西氣象科技，第 26 卷第 4 期，2003 年 11 月。

　　黃自文：《江西土壤肥力變化及改良措施》，現代園藝，2008 年第 9 期。

　　魏林根：《江西土壤環境與綠色食品可持續發展》，江西農業學報，2008，20（1）：59-162。

　　於少康等，《土地資源可持續利用評價研究—以江西省廬山區為例》，國土資源科技管理，第 25 卷第 5 期，2008 年 10 月。

　　劉群紅、葉瀅：《對鄱陽湖區農田澇漬問題的討論》，江西師範大學學報（自然科學版），第 26 卷第 3 期，2002 年 8 月。

　　李道松：《江西暴雨洪水及防災減災》，江西水利科技，第 20 卷第 3 期，1994 年 9 月。

吳文譜：《江西常綠闊葉林的研究》，江西大學學報（自然科學版），1984 年第 1 期。

萬文豪：《江西的國家保護植物》，江西教育學院學報，1988 年第 2 期。

黃國琴：《江西乾旱災害研究》，災害學，第 16 卷第 1 期，2001 年 3 月。

閆雙喜等：《中國木蘭科植物的地理分佈》，武漢植物學研究，2008，26（4）：379-384。

王芳等：《論近代江西水災及防治構想》，南昌大學學報（人社版），第 30 卷第 4 期，1999 年 12 月。

黃國琴：《論江西洪澇災害》，災害學，第 15 卷第 2 期，2000 年 6 月。

陳春泉等：《井岡山自然保護區珍惜動物資源及保護》，井岡山學院學報（自然科學版），第 27 卷第 12 期，2006 年 12 月。

黃族豪等：《井岡山自然保護區兩棲動物多樣性與保護》，江西科學，第 25 卷第 5 期，2007 年 10 月。

許海泉：《近代江西自然災害分析》，江西師範大學學報，第 17 卷第 3 期，1993 年 8 月。

楊光耀等：《江西竹類植物區系研究》，江西農業大學學報，第 17 卷第 4 期，1995 年 12 月。

姚振生：《江西珍惜瀕危藥用植物優先保護評價》，武漢植物學研究，2000，18（16）：487-496。

謝國文：《江西稀有植物資源及其保護》，植物資源與環境，1994，3（1）：52-55。

葉居新等：《江西的木蓮林》，植物生態學與地植物學叢刊，第 9 卷第 3 期，1985 年 7 月。

江西省地方志編纂委員會：《江西省人口志》，北京，方志出版社，2005 年版。

趙文林等：《中國人口史》。北京，人民出版社，1988 年版

許懷林：《江西史稿》。南昌，江西高校出版社，1993 年版

馬巨賢等：《中國人口‧江西分冊》。北京，中國財政經濟出版社，1989 年版

國務院人口普查辦公室編：《人口普查資料分析技術》，1991 年 5 月

歷年《江西統計年鑑》。北京，中國統計出版社。

江西省人口普查辦公室：《江西省第三次人口普查資料彙編》、《江西省第四次人口普查資料彙編》

司馬遷：《史記》，中華書局，1959 年版。

班固：《漢書》，中華書局，1962 年版。

范曄：《後漢書》，中華書局，1965 年版。

陳壽：《三國志》，中華書局，1959 年版。

房玄齡：《晉書》，中華書局，1974 年版。

沈約：《宋書》，中華書局，1974 年版。

蕭子顯：《南齊書》，中華書局，1972 年版。

魏徵：《隋書》，中華書局，1973 年版。

劉昫：《舊唐書》，中華書局，1975 年版。

歐陽修、宋祁：《新唐書》，中華書局，1975 年版。

歐陽修：《新五代史》，中華書局，1974 年版。

薛居正：《舊五代史》，中華書局，1976 年版。

司馬光：《資治通鑑》，中華書局，1956 年版。

脫脫：《宋史》，中華書局，1977 年版。

宋濂：《元史》。中華書局，1976 年版。

張廷玉：《明史》。中華書局，1974 年版。

趙爾巽：《清史稿》。中華書局，1977 年版。

吳任臣：《十國春秋》，中華書局，1983 年版。

杜預《春秋左傳集解》，上海人民出版社，1977 年版。

李心傳：《建炎以來繫年要錄》，中華書局，1983 年版。

王溥：《唐會要》，中華書局，1955 年版。

徐松：《宋會要輯稿》，中華書局，1957 年版。

馬端臨：《文獻通考》，中華書局，1986 年版。

洪邁：《容齋隨筆》，上海古籍出版社，1978 年版。

黎靖德：《朱子語類》，中華書局，1986 年版。

樂史：《太平寰宇記》，中華書局（影印本），2000 年版。

李吉甫：《元和郡縣圖志》，中華書局，1983 年版。

王存：《元豐九域志》，中華書局，1984 年版。

穆章阿、潘錫恩等：《嘉慶重修一統志》，中華書局，1986 年版。

吳宗慈：《江西省古今政治地理沿革圖》。民國 36 年本，江西省文獻委員會印行。

吳宗慈，辛際周：《江西省古今政治地理沿革總略八十三縣沿革考略》。民國 36 年本，江西省文獻委員會印行。

李國強、傅伯言：《贛文化通典》。南昌，江西教育出版社，

2004 年版。

　　陳橋驛、葉光庭、葉揚：《水經注全譯》。貴陽，貴州人民出版社，2008 年版。

　　田餘慶：《東晉門閥政治》。北京，北京大學出版社，2005 年版。

　　鄒逸麟：《中國歷史地理概述》。上海，上海教育出版社，2005 年版。

　　彭適凡：《江西通史·先秦卷》。南昌，江西人民出版社，2008 年版。

　　盧星、許智范、溫樂平：《江西通史·秦漢卷》。南昌，江西人民出版社，2008 年版。

　　周兆望：《江西通史·魏晉南北朝卷》。南昌，江西人民出版社，2008 年版。

　　陳金鳳：《江西通史·隋唐五代卷》。南昌，江西人民出版社，2008 年版。

　　許懷林：《江西通史·北宋卷》。南昌，江西人民出版社，2008 年版。

　　許懷林：《江西通史·南宋卷》。南昌，江西人民出版社，2009 年版。

　　吳小紅：《江西通史·元代卷》。南昌，江西人民出版社，2008 年版。

　　方志遠、謝宏維：《江西通史·明代卷》。南昌，江西人民出版社，2008 年版。

　　梁洪生、李平亮：《江西通史·清前期卷》。南昌，江西人

民出版社，2008 年版。

趙樹貴、陳曉鳴：《江西通史・晚清卷》。南昌，江西人民出版社，2008 年版。

何友良：《江西通史・民國卷》。南昌，江西人民出版社，2008 年版。

趙之謙等：《光緒江西通志》，京華書局（影印本），1967 年版。

彭適凡：《江西史前考古的重大突破——談萬年仙人洞與吊桶環發掘的主要收穫》，《農業考古》，1998 年第 1 期。

王炳萬：《從萬年仙人洞、吊桶環遺址看新石器時代早期三大技術創新》，《農業考古》，2007 年第 1 期。

鐘禮強：《論贛鄱地區新石器時代晚期文化》，《南方文物》，1997 年第 1 期。

鄒芙都：《商代考古文化研究的力作——〈吳城文化研究〉品讀》，《農業考古》，2006 年第 4 期。

江西省文物考古研究所、江西省樟樹市博物館：《江西樟樹吳城商代遺址西城牆解剖的主要收穫》，《南方文物》，2003 年第 3 期。

彭明翰：《吳城文化研究三十年的回顧與前瞻》，《殷都學刊》，2005 年第 4 期。

曹正茂、許智范：《江南「青銅王國」揭秘》，《江南文史》，第 2 輯.

郭沫若：《釋應監甗》，《考古學報》，1960 年第 1 期。

李學勤：《應監甗新解》，《江西歷史文物》，1987 年第 1 期。

劉正：《江西所出應國銅器銘文研究》，《南方文物》，2006年第 2 期。

徐長青：《江西靖安李洲坳東周墓葬初步認識》，《江南文史》，第 2 輯.

何蘇仲：《一字釀成千古錯——「灌嬰築南昌、九江城說」辨正》，《九江師專學報》（哲社版），1995 年第 1 期。

俞兆鵬：《南昌城非漢高祖六年灌嬰或陳嬰所築》，《南昌大學學報學報》（人文社會科學版），2010 年第 2 期。.

俞兆鵬、俞暉：《羅珠與漢初南昌城的修築》，《江西社會科學》，2010 第 6 期。

吳雁：《灌嬰定豫章郡築南昌城瑣談》，南昌市網上家長學校，2008-9-19.

江西省行政區劃志編纂委員會：《江西省行政區劃志》。北京，方志出版社，2005 年版。

南昌市地方志編纂委員會：《南昌市志》。北京，方志出版社，1997 年版。

南昌縣志編纂委員會：《南昌縣志》。海口，南海出版公司，1990 年版。

新建縣地方志編纂委員會：《新建縣志》。南昌，江西人民出版社，1991 年版

進賢縣史志編纂委員會：《進賢縣志》。南昌，江西人民出版社，1989 年版。

景德鎮市地方志編纂委員會：《景德鎮市志》。北京，中國文史出版社，1991 年版。

樂平縣志編纂委員會：《樂平縣志》。上海，上海古籍出版社，1987 年版。

浮梁縣地方志編纂委員會：《浮梁縣志》。北京，方志出版社，1999 年版。

萍鄉市志編纂委員會：《萍鄉市志》。北京，方志出版社，1996 年版。

安源區志編纂委員會：《安源區志》。北京，方志出版社，2006 年版。

蓮花縣地方志編纂委員會：《蓮花縣志》。南昌，江西人民出版社，1989 年版。

蘆溪縣志編纂委員會：《蘆溪縣志》。北京，方志出版社，2006 年版。

上栗縣志編纂委員會：《上栗縣志》。北京，方志出版社，2005 年版。

湘東區志編纂委員會：《湘東區志》。北京，方志出版社，2007 年版。

九江市志編纂委員會：《九江市志》。南京，鳳凰出版社，2004 年版。

九江縣志編纂委員會：《九江縣志》。北京，新華出版社，1996 年版。

彭澤縣志編纂委員會：《彭澤縣志》。北京，新華出版社，1992 年版。

修水縣志編纂委員會：《修水縣志》。深圳，海天出版社，1991 年版。

永修縣志編纂委員會：《永修縣志》。南昌，江西人民出版社，1987 年版。

都昌縣志編修委員會：《都昌縣志》。北京，新華出版社，1993 年版。

星子縣志編纂委員會：《星子縣志》。南昌，江西人民出版社，1990 年版。

瑞昌縣志編纂委員會：《瑞昌縣志》。北京，新華出版社，1990 年版。

德安縣志編纂委員會：《德安縣志》。上海，上海古籍出版社，1991 年版。

武寧縣志編纂委員會：《武寧縣志》。南昌，江西人民出版社，1990 年版。

湖口縣志編纂委員會：《湖口縣志》。南昌，江西人民出版社，1992 年版。

新余市地方志編纂委員會：《新余市志》。上海，漢語大詞典出版社，1993 年版。

分宜縣志編纂委員會：《分宜縣志》。北京，檔案出版社，1993 年版。

鷹潭市志編纂委員會：《鷹潭市志》。北京，方志出版社，2003 年版。

貴溪縣志編纂委員會：《貴溪縣志》。北京，中國科學技術出版社，1996 年版。

餘江縣志編纂委員會：《餘江縣志》。南昌，江西人民出版社，1993 年版。

贛州市地方志編纂委員會：《贛州市志》。北京，中國文史出版社，1999 年版。

興國縣志編纂委員會：《興國縣志》，內部發行，1988 年版。

會昌縣志編纂委員會：《會昌縣志》。北京，新華出版社，1993 年版。

南康市地方志編纂委員會：《南康市志》。武漢，武漢出版社，2005 年版。

于都縣志編纂委員會：《于都縣志》。北京，新華出版社，1991 年版。

寧都編纂委員會：《寧都縣志》，內部發行，1986 年版。

瑞金市志編纂委員會：《瑞金市志》。西安，三秦出版社，2007 年版。

龍南縣志編修工作委員會：《龍南縣志》。北京，中共中央黨校出版社，1994 年版。

定南縣志編纂委員會：《定南縣志》，內部發行，1990 年版。

石城縣縣志編纂委員會：《石城縣志》。北京，書目文獻出版社，1990 年版。

上猶縣志編纂委員會：《上猶縣志》，中華人民共和國地方志叢書，1992 年版。

尋烏縣志編纂委員會：《尋烏縣志》。北京，新華出版社，1996 年版。

安遠縣志編纂委員會：《安遠縣志》。北京，新華出版社，1993 年版。

虔南縣志編纂委員會：《虔南縣志》。南昌，江西人民出版

社，1995 年版。

信豐縣志編纂委員會：《信豐縣志》。西安，三秦出版社，2010 年版。

贛縣志編纂委員會：《贛縣志》。北京，新華出版社，1991 年版。

大余縣志編纂委員會：《大余縣志》。海口，南海出版社，1990 年版。

崇義縣編史修志委員會編：《崇義縣志》。海口，海南人民出版社，1989 年版。

宜春市地方志編纂委員會：《宜春市志》。海口，南海出版公司，1990 年版。

清江縣志編纂委員會：《清江縣志》。上海，上海古籍出版社，1989 年版。

奉新縣地方志編纂委員會：《奉新縣志》。海口，南海出版公司，1991 年版。

高安縣史志編纂委員會：《高安縣志》。南昌，江西人民出版社，1988 年版。

上高縣史志編纂委員會：《上高縣志》。海口，南海出版公司，1990 年版。

豐城縣縣志編纂委員會：《豐城縣志》。上海，上海人民出版社，1989 年版。

萬載縣志編纂委員會：《萬載縣志》。南昌，江西人民出版社，1988 年版。

靖安縣縣志編纂委員會：《靖安縣志》。南昌，江西人民出

版社，1989 年版。

　　宜豐縣地方史志編纂委員會：《宜豐縣志》。北京，中國大百科全書出版社，1989 年版。

　　銅鼓縣縣志編纂委員會：《銅鼓縣志》。海口，南海出版公司，1989 年版。

　　上饒地區地方志編纂委員會：《上饒地區志》。北京，方志出版社，1997 年版。

　　彭家桂等：《（乾隆）婺源縣志》。台灣，成文出版社（影印本），1984 年版。

　　萬年縣地方志編纂委員會：《萬年縣志》。北京，方志出版社，2000 年版。

　　波陽縣志編纂委員會：《波陽縣志》。南昌，江西人民出版社，1989 年版。

　　上饒縣縣志編纂委員會：《上饒縣志》。北京，中共中央黨校出版社，1993 年版。

　　弋陽縣縣志編纂委員會：《弋陽縣志》。海口，南海出版公司，1991 年版。

　　玉山縣志編纂委員會：《玉山縣志》。南昌，江西人民出版社，1985 年版。

　　婺源縣志編纂委員會：《婺源縣志》，檔案出版社，1993 年版。

　　德興市地方志編纂委員會：《德興縣志》，光明日報出版社，1993 年版。

　　鉛山縣縣志編纂委員會：《鉛山縣志》。海口，南海出版公

司，1990 年版。

　　廣豐縣志編纂委員會：《廣豐縣志》，內部發行，1988 年版。

　　餘干縣志編纂委員會：《餘干縣志》。北京，新華出版社，1991 年版。

　　橫峰縣志編纂委員會：《橫峰縣志》。杭州，浙江人民出版社，1992 年版

　　吉安市地方志編纂委員會：《吉安市志》。珠海，珠海出版社，1997 年版。

　　新幹縣志編纂委員會：《新幹縣志》。北京，中國世界語出版社，1990 年版。

　　安福縣志編纂委員會：《安福縣志》。北京，中共中央黨校出版社，1995 年版。

　　萬安縣志編纂委員會：《萬安縣志》。合肥，黃山書社，1996 年版。

　　永新縣志編纂委員會：《永新縣志》。北京，新華出版社，1992 年版。

　　吉水縣地方志編纂委員會：《吉水縣志》。北京，新華出版社，1989 年版。

　　遂川縣地方志編纂委員會：《遂川縣志》。南昌，江西人民出版社，1996 年版。

　　永豐縣志編纂委員會：《永豐縣志》。北京，新華出版社，1993 年版。

　　泰和縣地方志編纂委員會：《泰和縣志》。北京，中共中央黨校出版社，1993 年版。

峽江縣志編纂委員會：《峽江縣志》。北京，中共中央黨校出版社，1995 年版。

吉安縣志編纂委員會：《吉安縣志》。珠海，珠海出版社，1997 年版。

井岡山志編纂委員會：《井岡山志》。北京，新華出版社，1992 年版。

寧岡縣志編纂委員會：《寧岡縣志》。北京，中共中央黨校出版社，1995 年版。

梅體萱等：《（同治）南城縣志》。台灣，成文出版社（影印本），1989 年版。

袁章華等：《（道光）崇仁縣志》。台灣，成文出版社（影印本），1989 年版。

餘干縣志編纂委員會：《餘干縣志》。北京，新華出版社，1991 年版。

南城縣志編纂委員會：《南城縣志》。北京，新華出版社，1991 年版。

臨川縣縣志編纂委員會：《臨川縣志》。北京，新華出版社，1993 年版。

宜黃縣志編纂委員會：《宜黃縣志》。北京，新華出版社，1993 年版。

南豐縣地方志編纂委員會：《南豐縣志》。北京，中共中央黨校出版社，1994 年版。

崇仁縣志編纂委員會：《崇仁縣志》。南昌，江西人民出版社，1990 年版。

金溪縣志編纂領導小組:《金溪縣志》。北京,新華出版社,1992 年版。

黎川縣志編纂委員會:《黎川縣志》。合肥,黃山書社,1993 年版。

廣昌縣縣志編纂委員會:《廣昌縣志》。上海,上海社會科學院出版社,1994 年版。

東鄉縣志編纂委員會:《東鄉縣志》。南昌,江西人民出版社,1989 年版。

資溪縣縣志編纂委員會:《資溪縣志》。北京,方志出版社,1997 年版。

樂安縣志編纂委員會:《樂安縣志》。南昌,江西人民出版社,1989 年版。

江西文庫 A0701B23

贛文化通典（地理及行政區劃沿革卷） 第四冊

主　　編　鄭克強
版權策畫　李　鋒
責任編輯　林以邠

發 行 人　陳滿銘
總 經 理　梁錦興
總 編 輯　陳滿銘
副總編輯　張晏瑞
編 輯 所　萬卷樓圖書股份有限公司
排　　版　菩薩蠻數位文化有限公司
印　　刷　維中科技有限公司
封面設計　菩薩蠻數位文化有限公司

出　　版　昌明文化有限公司
桃園市龜山區中原街 32 號
電話　(02)23216565
發　　行　萬卷樓圖書股份有限公司
臺北市羅斯福路二段 41 號 6 樓之 3
電話　(02)23216565
傳真　(02)23218698
電郵　SERVICE@WANJUAN.COM.TW
大陸經銷　廈門外圖臺灣書店有限公司
　　電郵　JKB188@188.COM

ISBN 978-986-496-350-8
2018 年 1 月初版
定價：新臺幣 340 元

如何購買本書：

1. 轉帳購書，請透過以下帳戶
　合作金庫銀行　古亭分行
　戶名：萬卷樓圖書股份有限公司
　帳號：0877717092596

2. 網路購書，請透過萬卷樓網站
　網址 WWW.WANJUAN.COM.TW

大量購書，請直接聯繫我們，將有專人為您
服務。客服：(02)23216565 分機 610

如有缺頁、破損或裝訂錯誤，請寄回更換

國家圖書館出版品預行編目資料

贛文化通典. 地理及行政區劃沿革卷 / 鄭克
強主編.-- 初版.-- 桃園市：昌明文化出版；
臺北市：萬卷樓發行, 2018.01
　冊；　公分
ISBN 978-986-496-350-8 (第四冊 ：平裝). --
1.地方政治 2.江西省
672.408　　　　　　　　　　　107002011

本著作物經廈門墨客知識產權代理有限公司代理，由江西人民出版社授權萬卷樓圖書
股份有限公司出版、發行中文繁體字版版權。
本書為金門大學華語文學系產學合作成果。　　　校對：劉懿心